TRADUCTION

DU DISCIPLE

DE LHOMOND.

TRADUCTION

DU DISCIPLE

DE LHOMOND,

Par L'Auteur même.

TOME PREMIER.

A LYON,

CHEZ RUSAND, LIBRAIRE, IMPRIMEUR DU ROI.

A PARIS,

A LA LIBRAIRIE ECCLÉSIASTIQUE DE RUSAND,

rue de l'Abbaye, n.º 8.

1823.

[illegible]

[illegible]

[illegible]

[illegible]

[illegible]

OBSERVATIONS

TIRÉES

DE LA MÉTHODE DE PORT-ROYAL.

J'AIME à me persuader que ces observations pourront faire plaisir à Messieurs les Professeurs, attendu qu'on a de la peine aujourd'hui à se procurer la méthode de Port-Royal. D'ailleurs, elles pourront servir à expliquer, ou, si l'on veut, à justifier quelques phrases de la traduction que je présente au public.

Des Pronoms réciproques, suî *et* suus.

NOUS avons mis cette règle la dernière, parce qu'elle semble un peu difficile. Mais il n'y a rien de plus naturel, si on la veut une fois bien considérer.

.Si nous voulons faire le rapport au cas qui précède immédiatement le verbe dans l'ordre naturel, nous nous servirons du réciproque pour ôter toute ambiguité; *Cæsar Ariovisto dixit, non sese Gallis, sed Gallos sibi bellum intulisse;* où l'on voit que *sese* et *sibi* se rapportent à *Cæsar,* comme au nominatif qui précède immédiatement le verbe dans l'ordre naturel de la construction.

a 3

Que s'il n'y a point d'ambiguité à craindre, nous mettrons indifféremment, ou un réciproque, ou un de ces relatifs, *ille*, *ipse*, *hic*, *is*, en même lieu et en même sens ; comme, *est verò fortunatus ille, cujus ex salute non minor penè ad omnes, quàm ad illum ventura sit, lætitia pervenerit* (Cicéron). Marcellus est heureux de voir que sa conservation n'est pas moins chère aux autres, qu'elle l'est à lui-même : où l'on voit qu'il eût pu dire *ad se.*

Et de même : *Omnes boni, quantùm in ipsis fuit, Cæsarem interfecerunt....,* où il eût pu dire, *quantùm in se fuit.*

Au contraire, les Auteurs mettent aussi le réciproque, où ils auroient pu mettre le relatif ; *Medeam prædicant in fugá, fratris sui membra in iis locis quà se, parens persequeretur dissipavisse....* (Cicéron). On dit que Médée, s'enfuyant de son pays, semoit les membres déchirés de son frère, par les lieux où son père la poursuivoit : où il eût pu dire, *quà eam persequeretur.*

Orare jussit, si se ames, hera, jam ut ad sese venias (Téren.) *:* où il eût pu dire, *si eam ames, ut ad eam venias.*

Hæc proptereà de me dixi, ut mihi Tubero, cùm de se eadem dicerem, ignos-

ceret (Cicéron). Il eût pu dire, *cùm de ipso eadem dicerem.*

On voit que toute la règle qu'il y a à garder en ceci, c'est d'éviter l'obscurité.

En la première et seconde personne, il ne peut y avoir d'ambiguité.....

On peut dire, *cepit columbam in nido suo*, ou *in nido ejus*, ou *ipsius*, de même que Térence a dit, *timet ne deseras se*, pour *eam*. Et plus bas : *meritam esse ut memor esses suí* pour *ejus*. Et Cicéron : *mihi gratias agunt quòd se reges meâ sententiâ appellaverim... Suis eum certis propriisque criminibus accusabo... Non emit à te enim, sed priusquàm tu suum sibi venderes, ipse possedit :* et semblables.

Vix tamen sibi de meâ voluntate concessum est (Cicéron), où *sibi* est formellement pour *illi.*

Sumpsit supplicium de famoso fure cum sociis suis, ou *sociis ejus.* Mais on ne pourroit pas dire : *sumpsit supplicium de fure et sociis suis*, mais seulement, *ejus*, parce que *suis* marquant alors le rapport au nominatif du verbe, il sembleroit qu'on veut parler des compagnons de celui qui punit.

De même, quand Cicéron a dit : *Cererem*

esse sublatam à Verre ex templis suis; *suis* a rapport à *Cererem*, comme au cas qui précède immédiatement le verbe *esse;* ce que l'on pourroit tourner : *Quòd Ceres à Verre sublata sit ex templis suis;* parce que *suis* se rapporteroit toujours à *Ceres*, nominatif du verbe. Mais on ne pourroit pas dire : *Verres sustulit Cererem ex templis suis;* parce qu'alors *suis* se rapporteroit à *Verres*, comme étant devenu le nominatif du verbe; de sorte que pour ôter l'ambiguité, il faudroit mettre *ex templis ejus.*

Et cette maxime est si véritable, que hors cela l'on trouve souvent et le relatif et le réciproque avec rapport à la même personne. *Abisari Alexander nuntiare jussit, si gravaretur ad se venire, ipsum ad eum esse venturum* (Quint. Cur.), où *se* et *ipsum* se rapportent tous deux à Alexandre.

In provinciâ pacatissimâ ita se gessit, ut ei pacem esse expediret (Cicéron), où *se* et *ei* se rapportent tous deux à *Ligarius* pour qui il parle.

Quel sujet donc, après cela, de s'étonner s'ils mettent le réciproque, quoique sans rapport au nominatif du verbe, lorsqu'il ne peut causer d'ambiguité? comme Virgile parlant de la nourrice de Didon :

Namque suam patriâ antiquâ cinis ater habebat, où *suam* se rapporte à Didon, quoique *cinis* soit le nominatif du verbe. — Valère-Maxime parlant de Métellus dit : *Tectum continuò in statum suum restituit*, où *suum* se rapporte à *tectum* et non à Métellus.

Cicéron parlant de Denys le tyran dit : *Candente carbone sibi adurebat capillum*, où *sibi* se rapporte à Denys, parce qu'il est le nominatif du verbe. — Dans un autre endroit parlant de la même chose, il dit : *Dionysius filias suas tondere docuit, instituitque ut candentibus juglandium putaminibus barbam sibi et capillum adurerent*, où *sibi* ne se rapporte plus au nominatif du verbe *adurerent*, c'est-à-dire, à ses filles, mais se rapporte à Denys même : parce que le sens fait voir qu'il ne peut y avoir d'ambiguité ; que s'il y avoit seulement, *Dionysius instituit ut filiæ suæ capillum sibi adurerent*, cela se pourroit entendre des cheveux des filles ; et pour ôter l'ambiguité, il faudroit dire, *ut capillum ipsi* (Dionysio) *adurerent*.

Mais remarquez que c'est particulièrement dans ces rencontres, où il se trouve deux troisièmes personnes, qu'il naît de l'ambiguité, surtout quand il y a deux différens verbes, comme : *Pater jussit filio ut iret in cubiculum suum.—Verres rogat Dolabellam ut de suâ provinciâ decedat.* Car alors il faut user de discernement par le sens, et considérer celui qui est le principal dans le discours, pour rapporter ordinairement le réciproque à son nominatif. Ainsi, quand Cicéron a dit : *Tùm Pythius piscatores ad se vocavit et ab his petivit ut antè suos hortos posterâ die piscarentur;* il n'a pas dû parler autrement, parce que le verbe *petivit* a devant soi pour nominatif *Pythius*, à qui sont ces jardins, et qui est le nominatif principal. Mais s'il eût entendu les jardins des pécheurs, il eût fallu mettre *hortos ipsorum*, pour ôter l'ambiguité, ainsi qu'il a dit de Milon : *Obviam fit Clodio antè fundum ejus, nempè, Clodii.*

A ces exemples cités dans la méthode de Port-Royal, on me permettra d'en ajouter quelques autres tirés du *Selectæ è profanis scriptoribus historiæ.*

M. Antoninus... agit gratias diis... quòd dederint sibi sæpiùs monita, etc. (*Liv.* 1. *chap.* 8. *art.* 3.)

Interrogatus Dionysius quid Plato philosophiaque ipsi profuissent... (*Liv.* 2. *chap.* 8. *art.* 3.)

Heraclides et Theodotes.. se ultrò dedidère... orantesque ut benignior in ipsos esset, quàm ipsi in eum fuerant... (*Liv.* 3. *chap.* 17. *art.* 4.)

Cæsar omnibus qui contrà se arma tulerant ignovit. (*Liv.* 3. *chap.* 18. *art.*3.)

Diogenes, cùm eum interrogâsset quidam... (*Liv.* 3. *chap.* 20. *art.* 1.)

Hiero, cum ei quidam inimicus... exprobrâsset. (*Liv.* 3. *chap.* 20. *art.* 4.)

Aristides Deos oravit ne unquàm Athenienses operâ suâ indigerent... Camillus dicitur ab diis precatus esse ut, si sibi innoxio injuria fieret, desiderium suî facerent ingratæ patriæ... (*Liv.* 3. *chap.* 34.)

Cùm miles quidam Cræsum sibi ignotum jamjam occisurus videretur... (*Liv.* 3. *chap.* 36. *art.* 2.)

Cùm Pythagoras accepisset Pherecydem, qui ejus præceptor fuerat... (*Liv.* 3. *chap.* 46. *art.* 4.)

Tota civitas... postulabat à Zaleuco, ut filio suo indulgeri pateretur... (*Liv.* 3. *chap.* 49. *art.* 2.)

Alexander Achillem felicem sibi videri dixit quòd... (*Liv.* 3. *chap.* 65. *art.* 1.)

Hanc Cæsari laudem eximiam tribuit Cicero, quòd iram suam non minùs fortiter vicisset quàm, etc. (*Liv.*4.*ch.*4.*art.*3.)

Fabius maluit ut se hostis metueret, quàm. (*Liv.*4. *chap.* 14.*art.* 1.)

Cùm Socrati orationem attulisset Lysias..

quâ pro se apud judices uteretur... (*Liv. 4. ehap.* 17. *art.* 1.)

Respondit Socrates id se meruisse ut sibi victus... (*Ch.* 17. *art.* 1.)

Theodosio imperatori quòd lapsos mores exemplo suo restituerit his verbis gratulatur Latinus Pacatus... (*Liv. 4. ch. 43. art.* 2.)

Agesilaüs eâdem domo fuit contentus quâ Euristhenes progenitor majorum suorum fuerat usus... (*Liv. 4. chap.* 43. *art.* 3.)

Trajanus respondit talem se imperatorem esse privati , quales esse sibi imperatores privatus optaret... (*Liv.* 4. *chap.* 40. *art.* 1.)

Cùm Sisygambi... misisset, admonerique jussisset, ut neptes suas assuefaceret vestes conficere... (*Liv.* 4. *chap.* 19. *art.* 2.).

TRADUCTION

TRADUCTION

DU

DISCIPLE DE LHOMOND.

1.re RÈGLE : *Ludovicus rex* , et autres règles.

I. SANCTUS Ludovicus , Franciæ rex , in cœlo nunc cum Jesu Christo regnat.

II. Rex Salomon , regis Davidis filius , Deo vero magnificum templum ædificavit. — Pilatus , ignavus iniquusque Judex , Barabbam , latronem atque interfectorem , Jesu Christo , vitæ auctori , anteposuit.

III. Ochi , Persarum regis , crudelitas omnibus nota est. — In conspectu Alexandri, Macedoniæ regis , siluit terra.

IV. Cyrus Cambysis , Persiæ regis , et Mandanæ , Astyagis Medorum regis filiæ , erat filius. — Saül, primus Hebræorum rex, celsâ erat staturâ, et magnâ corporis dignitate præditus.

V. Alexander, Macedoniæ rex , Darium , postremum Persarum regem, devicit. — Zacharias , pontificis Joiadæ filius , regis Joæ jussu , lapidibus cæsus est.

VI. Arthabasus in Ochum, Persarum regem, rebellavit, et ad Philippum , Macedoniæ regem, confugere coactus est. — Catilinæ, pravi sanguinemque sitientis hominis , conjuratio , à Cicerone , vigilante consule claroque oratore, patefacta est.

2.e RÈGLE : *Urbs Roma* , et autres règles.

I. URBEM Romam condidit Romulus. — Imperator Severus urbem Byzantium occupavit atque evertit.

II. Imperatoris Severi copiæ , urbem Lugdunum , quò victus Albinus confugerat , vastàrunt atque incenderunt. — Imperator Marcus Aurelius urbem Athenas suis cumulavit beneficiis.

III. Imperator Antoninus urbes Romam , Narbonem , Antiochiam et Carthaginem , variis incendiis insigniter devastatas , reficiendas curavit.

IV. Urbem Antiochiam , ubi hiemabat Trajanus , evertit terræ quassatio. — Marcus Aurelius, urbem Smyrnam terræ motu eversam , de integro ædificandam curavit.

V. Rex Pharao, ad Hebræos eradicandos , infantes masculos recèns natos in flumen Nilum jussit projici. — Urbem Constantinopolim sæpè depopulata sunt pestis , terræ quassationes atque incendia.

VI. Urbem Tyrum Alexander nonnisi ægrè occupavit. — Cyrus haud sperans urbem Babylonem impressione factà expugnatum iri , illam fame in ditionem suam se velle redigere simulavit.

3.ᵉ RÈGLE : *Liber Petri* , et autres règles.

I. OLEA est pacis effigies. — Cyri regnum libertatis regnum fuit.

II. Amici sunt regum thesauri. — Erat Jobus cæci oculus , claudi pes , et pauperum pater.

III. Omnium vitiorum parens est desidia. — Prosperæ valetudinis mater est frugalitas.

IV. Alcibiades Lacedæmoniorum Persarumque per vices fuit terror atque præsidium.

V. Agnus mansuetudinis atque innocentiæ; canis fidelitatis et amicitiæ est effigies ; contrà, lupus , leo et tigris imago sunt impotentiæ, rapacitatis et sævitiæ.

VI. Cùm exercitui primùm præfuit Alexander, veteris imperatoris solertiam , nec non juvenis ducis bellicam virtutem exhibuit. — Agrippina , principis imperio destinati filia , imperatoris fuit soror , conjux et mater. (*Germanicus* , *Caligula* , *Claude* , *Néron*.)

4.ᵉ RÈGLE : *Puer egregiá indole* , etc.

I. VIRGO egregiæ pulchritudinis erat Rebecca. — Senex mirandà constantià erat Eleazarus.

II. Sisygambis , Darii mater, mulier erat eximià singularique prudentià. — Princeps mansuetæ nec non pacificæ indolis erat Darius.

III. Galetes , qui in regis Ptolemæi aulà

versabatur , adolescens erat egregiâ formâ et indole eximiâ.

IV. Parentum sortem doleo quibus , tanquam Heli , sunt liberi pravis moribus. — Quis nescit Samsonem stupendi fuisse roboris ?

V. Taxiles sex et quinquaginta mole stupendâ elephantis Alexandrum donavit. — Divo Ludovico erat mater eximiæ pietatis.

• VI. Socrati accidit ut conjugem morosæ et rixosæ indolis , filiosque ingenii asperi haberet.

————————

5.e Règle : *Tempus legendi* , etc.

I. Perfidus Judas Jesu Christi prodendi consilium animo versavit.

II. Nabuchodonosor omnes terrarum orbis populos subigendi consilium animo agitavit.

III. Annibal , belli renovandi captans occasionem , urbem Saguntum , Romanis fœderatam , obsedit.

IV. Felix puer qui solo flagrat desiderio Deo serviendi , cœlumque adipiscendi ! — Pharao ultimâ tandem victus plagâ , abeundi copiam Hebræis fecit.

V. Cyrus, Hierosolymam redeundi potestatem Judæis concessit.

VI. Vix Dion occidendi Heraclidis fecit copiam , cùm jam nec gaudere nec quiescere valuit. — Alcibiadi adeò infensi erant optimates Spartani , ut illius trucidandi consilium animo agitaverint.

6.ᵉ Règle : *Scelus est mentiri* , etc.

I. Bonum est opus captivos invisere , et ignaros edocere.

II. Sævitia est pauperibus quæ ipsis sunt necessaria non erogare.

III. Apud Spartanos , dedecus erat arma deponere , et præ hoste diffugere.

IV. Summa est calamitas in Dei vivi manus incidere.

V. Marcus Aurelius miseros curæ habebat; quos sublevare summa illi erat voluptas.

VI. Romanis erat scelus scribere aut proferre nomen Getæ , quem sævus Caracalla inter Juliæ ipsorum matris brachia trucidandum curaverat.

———————

7.ᵉ Règle : *Deus est sanctus*, et autres règles.

I. Paradisus terrestris hortus erat amœnissimus.

II. Mercedem accipiet sedulus discipulus, et piger pœnas dabit.

III. Indociles rebellesque pueri Deo summè justo pœnas persolvent.

IV. Princeps justus, castus et moderatus imago est numinis verissima.

V. Horrenda abominandæ urbis Sodomæ flagitia, Lotho viro justo, perpetuo erant cruciamento.

VI. Marcus Antoninus , Romanus imperator , princepsque admodùm pius , diis gratias agebat quòd bonos parentes , magistros eximios , amicosque sinceros sibi tribuissent.

8.e RÈGLE : *Pater et Filius boni , Mater , etc.*

I. Pessimæ erant Messalina et Agrippina , Claudii imperatoris uxores.

II. Valdè depravatæ erant Julia ac ejus filia.

III. Admodùm pios se præstiterunt rex Numa atque Antoninus imperator.

IV. Claudii avia et mater ergà illum imperatorem sese valdè acerbas exhibuerant.

V. Marcus Aurelius et Commodus propensi erant , prior ad mansuetudinem et temperantiam , alter verò ad crudelitatem et libidinem.

VI. Multùm abest ut Marcus Aurelius et Lucius Verus, qui unà aliquandiu regnavêre , æquali virtute essent præditi.

9.e RÈGLE : *Pater et Mater boni , etc.*

I. Prodigi erant Antonius et Cleopatra.

II. Adamus et Eva , postquàm peccavêre, gravissimis ærumnis facti sunt obnoxii.

III. Insigni præditi erant virtute Zacharias et Elisabetha.

IV. Admodùm pii erant Ludovicus ejusque mater. — Piso ejusque conjux Romanis invisi erant.

V. Divi Basilii pater et mater suâ pietate erant commendandi ; decemque ipsorum liberi illis similes fuêre. — Josephus et Maria valdè solliciti erant de Jesu , qui , ipsis insciis , Hierosolymæ remanserat.

VI. Vafri suîque obtegentes erant Tiberius ejusque mater Livia. — Commodus istiusque soror longè alios sese præstitêre quàm Marcus Aurelius ipsorum pater.

10.ᵉ Règle : *Virtus et vitium contraria* , etc.

I. Panis et vinum homini sunt necessaria.

II. Pestis bellumque humano generi sunt exitiosa.

III. Mendacium et veritas sunt contraria.

IV. Detestabilia semper visa sunt perjurium et calumnia.

V. Utilissima sunt aqua et ignis , at nonnunquàm valdè exitiosa.

VI. Famem et bellum magis horrenda quàm pestem rex David existimavit.

11.ᵉ Règle : *Verè sapientes* , etc.

I. Paupertatem avarus , et divitias verè pauper formidat.

II. Seriùs ociùs agnoscitur falsò strenuus. — Verè doctus fatetur , veluti Socrates , se nihil scire.

III. Falsò pœnitens homines potest fallere ; at Deum non fallit. — Dei filii sunt verè nobiles.

A 4

IV. Verè humilis, cùm de se loqui cogitur, semper veretur ne plùs æquo dicat.

V. Ubinam gentium, ait Seneca, reperire est verè sapientem quem tot à seculis requirunt?

VI. Reperiesne ità stultum hominem qui suâ vitâ emat imperium ? At quàm multos videas falsò sapientes, qui inani voluptati, argenti pugillo, terræ unciæ suam postponunt salutem !

12.ᵉ **Règle** : *Turpe est mentiri*, etc.

I. **Suave** est miseros sublevare.

II. Præclarum est injuriæ oblivisci.

III. Saulo dixit Dominus : Tibi durum est in stimulum calcitrare.

IV. Quàm acerbum est dæmoni servire ! at Jesu Christo quàm suave est !

V. Annon turpe est , ait Seneca , multò post solem ortum stertere , et diei noctisque vices invertere ? — Quàm periculosum est divitiis inhærere , cùm ità facilè in Deum vertantur !

VI. Dicebat Tobias sibi satius esse mori quàm vivere. — Ne dubites quin præclarius sit regnum recusare quàm illud possidere.

13.ᵉ **Règle** : *Deus est sanctus*, etc.

I. **Bonus** ego sum, ait Dominus, æternus haud erit furor meus.

II. Mansuetus , affabilis , beneficus et liberalis erat Cyrus.

III. Sanctus Auxentius primùm fuit simul strenuus miles humilisque christianus.

IV. Vel minimarum avium aliquandò pabulum est leo.

V. Vulgus , ait Plato , animal est inconstans , ingratum , crudele ac invidum.

VI. Solus Deus ego sum , ait Dominus ; nullum alium quàm me adorabitis.

14.e Règle : *Credo Deum esse sanctum. Mihi non licet esse pigro , etc.*

I. Nos credimus omnipotentem esse Deum. — Tibi licet esse liberali , non autem esse decoctori.

II. Nos credimus summè justum esse Deum. — Adolescentes , haud vobis licet esse otiosis.

III. Edoctus es Jesum Christum omnium esse hominum redemptorem. — Tibi licet esse docto , at tibi non licet esse superbo.

IV. Nobis dicit Jesus Christus se bonum esse pastorem. — Adolescenti licet colloquendo esse festivo , non autem esse mendaci aut maledico.

V. Petre , nos fatemur te fortissimum fuisse , et Jesu magistri tui valdè studiosum ; at tibi non licebat tibi confidenti esse ac temerario.

VI. Omnes fatentur historici Alexandrum Severum , imperatorem Romanum , pium fuisse , æquum , ad mansuetudinem et clementiam propensum. — Quàm turpe est

A 5

viris christianis minori virtute esse præditis quàm nonnulli erant falsorum numinum cultores !

15.e RÈGLE : *Refert adolescentis esse impigrum*, etc.

I. MINUCII, equitatûs magistri, referebat esse prudentem ac docilem.

II. Divitis refert beneficum esse liberalemque erga pauperes.

III. Matris christianæ magni refert modestam esse.

IV. Vitellii, Romani imperatoris, referebat non esse adeò crudelem et gulæ deditum. — Nigri cum Severo de imperio certantis referebat magis impigrum esse et voluptatibus minùs deditum.

V. Juliæ, imperatoris Augusti filiæ, magni intererat magis modestam esse.

.VI. Procul dubio Pilati referebat Judæis ergà Jesum humaniorem esse ; at illius haud minùs intererat esse æquiorem minùsque pavidum.

15.e RÈGLE : *Graculus rediit mœrens*, etc.

I. DAVID in dies potentior evadebat.

II. Primus Adami et Evæ filius Caïni, secundus autem Abelis nomine dictus est.

III. Obiit Cyrus à cunctis populis æqualiter desideratus.

IV. Tobias pater obiit novem et nonaginta annos natus. — Dathan et Abiron in inferos vivi descenderunt.

V. Ex Ægypto rediit Abrahamus, pecoribus, auro et argento prædives.

VI. Ægypto abierunt Israelitæ, Ægyptiorum spoliis onerati. — Epaminondas graviter vulneratus, semianimis in castra delatus est.

16.ᵉ RÈGLE : *Avidus laudum*, etc.

I. NAVIGATIONIS periti erant Athenienses.

II. Augustus, primus Romanus imperator, ornatûs haud erat cupidus.

III. David citharam pulsabat; cujus artis erat peritissimus.

IV. Alexander eloquentiæ, poesis litterarumque erat studiosus. — Aristides haud magis gloriæ quàm divitiarum erat avidus.

V. Memnon Rhodius vir admodùm strenuus artisque bellicæ peritissimus habebatur. — Ne putes Socratem, gravem illum philosophum, artis militaris rudem fuisse.

VI. Plurima testantur monumenta quàm Ægyptii architecturæ, picturæ, sculpturæ cæterarumque artium essent studiosi. — Refert Tacitus Vespasianum veritatis fuisse summoperè patientem.

17.ᵉ RÈGLE : *Cupidus videndi*, etc.

I. Cyrus discendi, et gloriæ acquirendæ erat cupidus.

II. Sagittandi et equitandi peritus erat Jugurtha.

III. Socrates ironicè loquendi erat peritissimus.

IV. Dionysius videndi Platonis erat maximè cupidus.

V. Quis unquam astus et stratagemata excogitandi Datame et Annibale fuit peritior ?

VI. Philippus divitias colligendi quàm servandi peritiorem sese exhibebat. Idcircò narrant illum, quamvis assiduò latrocinarétur, pauperem semper exstitisse.

18.ᵉ RÈGLE : *Similis patris* ou *patri*, etc.

I. Numæ, Romanorum regi, similis erat imperator Antoninus.

II. Ipsi Deo similis homo creatus est. — Patri Filius, et Patri Filioque æqualis est Spiritus Sanctus.

III. Remus oris lineamentis suæ matris erat similis. — Virginis Sanctæ affinis erat Joannes Baptista.

IV. Socratis liberi suæ matri quàm patri similiores fuère.

V. Alexander Pheræus multò minùs homini quàm belluæ erat similis. — Divi Lupi, Senonensis archiepiscopi, familia regum erat affinis.

VI. Regis Nabuchodonosoris , in feram conversi , ungues in longitudinem excrevêre, aviumque unguibus similes evaserunt. — Claudii , imperatoris Romani , affinis erat diva Mustiola.

19.ᵉ RÈGLE : *Mihi utile est.... Corpus assuetum labori ,* etc.

I. DOMINO grata fuit Salomonis postulatio. — Rex Saül Davidi erat iratus.

II. Parcæ , duræ et labori deditæ vitæ ab infantiâ assuetus erat Socrates. — Suæ Manassi calamitates utiles fuère.

III. Dominus Israelitis iratus , illis dixit : Jam non ego vos in posterum liberabo ; abite , quos vobis elegistis deos , illos implorate. — Divus Paulus christianis primùm infensus exstiterat.

IV. Hæc dicit exercituum Dominus : In montem ascendite , asportate lignum , domum meam ædificate , et hæc mihi erit gratissima. — Ecquandò christianis infensi jam non erunt Judæi ?

V. Duræ et laboriosæ vitæ maturè assueti Cadusii , pro nihilo ducebant labores et pericula , ideòque bello erant aptissimi.

VI. Græci Dario summas experto calamitates ad extremum fideles perstitêre. — Alexander Clito adeò iratus erat , ut hunc lanceâ transfixerit.

20.ᵉ Règle : *Corpus assuetum tolerando laborem...., ou tolerando labori*, etc.

I. Tolerandis jocis assueti erant Spartani.

II. Frigori æstuique tolerandis assueti sunt milites.

III. Sinè cunctatione primùm magistris, dein magistratibus obtemperando à teneris annis assueti erant Lacedæmonii.

IV. Suæ uxoris morositati tolerandæ assuetus erat Socrates.

V. Spartani nudis ingrediendo pedibus, humi cubando, nec non frigori et calori tolerandis erant assueti.

VI. Mihi dubium est an unquam aliquis asperrimis anni tempestatibus tolerandis magìs assuetus fuerit quàm Agesilaüs rex Spartanus.

———————

20.ᵉ Règle : *Aptus ad militiam, natus ad arma*, etc.

I. Ad summa natus erat Epaminondas.

II. Ad laborem natus est homo, tanquam avis ad volandum.

III. Ad cursum equus, ad agrorum cultum bos aptus est.

IV. Homo ad libertatem natus, cum servitute non consuescit.

V. Annibal ad civilia munia haud minùs aptus erat quàm ad militaria.

VI. Affirmare licet Alcibiadem ad quietem

haud fuisse natum. — Cretes , ut aiunt , ad stratagemata bellique astus erant aptissimi.

21.e RÈGLE : *Propensus ad lenitatem , etc.*

I. SOCRATIS conjux ad iracundiam erat prona.

II. Ad commiserationem ergà pauperes propensus erat Tobias. — Ad facetias pronus erat Vespasianus.

III. Ad voluptatem libidinemque naturâ proni erant Capuani.

IV. Propter primorum parentum nostrorum delictum , ad malum nos quàm ad bonum sumus procliviores.

V. Ad beneficentiam adeò propensus erat Gillias , ut illi liberalitatis viscera tribuerint.

VI. Dionysius junior ad bonum virtutemque propensus videbatur , nedùm naturâ improbus exstiterit.

22.e RÈGLE : *Pronus ad irascendum , etc.*

I. Ad sublevandos miseros propensus erat Tobias.

II. Cretes ad mentiendum fallendumque erant valdè proclives.

III. Xantippe ad evomendas injurias erat alacris.

IV. Ad effundendum sanguinem pronus erat Vitellius.

V. Theodosius imperator , quamvis præclaris præditus esset dotibus, ad irascendum erat promptior?

VI. Præviderat Tiberii præceptor, illum pronum fore ad profundendum sanguinem. — Ad obliviscendas injurias suisque ignoscendum adversariis paratus semper erat Vespasianus.

23.ᵉ Règle : *Populabundus agros*, etc.

I. Gabriel angelus Mariam venerabundus, ineffabile mysterium illi nuntiavit.

II. Attila divi Lupi virtutem mirabundus urbi Trecis pepercit.

III. In Apuliam progressi sunt Annibalis milites, agros populabundi, obviosque Romanos trucidantes.

IV. Ubi propiùs accessit Porus, Alexander constitit, cùm staturam, tùm egregiam ejus formam mirabundus.

V. Sisygambis, Alexandri liberalitatem mirabunda, sese illius captivam esse fatebatur.

VI. David ante arcam diù stetit Dei benignitatem mirabundus, qui sibi jam tot beneficiis cumulato, tanta in posterum promittebat.

24.ᵉ Règle : *Præditus virtute.... Dignus laude*, etc.

I. Dei hominumque exsecratione dignus est virtutis simulator.

II. Justi morientis spectaculum, dicebat

quidam autor celeberrimus , Deo , angelis hominibusque dignum est.

III. Dion qui suam tyrannidi eripuit patriam , egregiis præditus erat dotibus.

IV. Rex David cum suis patribus obdormivit , annis , divitiis et gloriâ cumulatus.

V. Neminem fugit Annibalem omnibus periti ducis dotibus fuisse præditum.

VI. Quas ad Aristotelem , qui ipsius filium Alexandrum olim erat educaturus , scripsit Philippus litteras , eæ equidem summo principe patreque optimo erant dignæ.

25.ᵉ Regle : *Mirabile visu*, etc.

I. Urbs Babylon obsessu haud erat facilis.

II. Vir bonus , aiebat Cicero , inventu est difficilis.

III. Urbs Tyrus expugnatu difficilior fuit , quàm primùm Alexander putaverat.

IV. Voluptas , dicebat Cyrus , vinculum est fractu difficilius quàm validissimæ è ferro catenæ.

V. Socrates , suæ uxoris morositatem tolerando , illos imitabatur equitandi magistros, qui equum domitu difficillimum eligunt , quò faciliùs flectant cæteros.

VI. Si Juvenali adhibenda est fides , mulier examussim optima inventu æquè difficilis est ac phænix. Cæterùm de viro probo item affirmat Seneca.

26.e Règle : *Difficile est studere lectioni meæ*, etc.

I. Naturali historiæ studere jucundum est.

II. Omnem abjicienti disciplinam exercitui præesse difficile est.

III. Facile est à philosophis objecta refellere.

IV. Difficilius est divitias acervare quàm prodigere.

V. Capillum lapide fundâ librato ferire haud facile est.

VI. Dæmonem, si vel minimùm sinas accedere, arcere arduum est.

27.e Règle : *Doctior Petro*, etc.

I. Dario Alexander fortior erat; Alexandro prudentior Philippus.

II. Quisnam est Daniele sapientior ? — Græcis nihil libertate erat pretiosius.

III. Deo dixit Elias propheta : Domine, mihi vitam adime ; ego enim patribus meis haud sum melior.

IV. Meorum minimus digitorum, dicebat stultus Roboamus, mei patris amplior est corpore.

V. Dubitant an ullus unquam dux Annibale peritior exstiterit. — Saül non potuit quin exclamaret : Mi fili David, tu me es justior.

VI. Cùm Persarum magni regis, præsente

Agesilao , jactarent potentiam , hic exclamavit : An ille est major Agesilao , nisi eo
sit justior ?

28.e Règle : *Felicior quàm prudentior*, etc.

I. Audacior quàm prudentior erat Pelopidas.

II. Eloquentior orator quàm dux peritior
erat Demosthenes.

III. Cupiebat Scytha Anacharsis è Græciâ
non quidem ditior quàm doctior , at doctior
quàm ditior in suam redire patriam.

IV. Eratne Alexander liberalior quàm fortior , an fortior quàm liberalior ? Nescio.

V. De Pericle quid dicis ? Eratne dux
peritior quàm orator eloquentior , an eloquentior orator quàm dux peritior ? Ignoro.

VI. Nescio an imperator Severus amicus
foret generosior ac constantior quàm vio-
lentior et formidabilior adversarius.

29.e Règle : *Magìs pius quàm tu* , etc.

I. Magis necessaria est aqua quàm vinum.

II. Magìs pius erat Numa Pompilius quàm
Romulus primus rex Romanorum.

III. Multò magìs necessaria est animæ
quàm corporis sanatio. — Achabus vel
magìs impius fuit quàm ipsius pater.

IV. Betis , Gazæ præfectus , se Dario magìs fidelem simulque magìs strenuum præstitit
quàm cæterarum urbium præfecti. — nun-

quam apud Romanos exstitit orator magìs conspicuus quàm Cicero.

V. Antiochus , quamvis valdè impius foret , Hierosolymæ præfecit homines qui magìs etiam quàm ipse erant impii. — Dubito an ullus inter Pythagoræ discipulos , magìs quàm famosus Milo è Crotone assiduus fuerit.

VI. Quanticunquè æstimanda sit scientia, ne dubites quin virtus magìs quàm scientia sit necessaria. — Manasses extremo suo regno magìs pium quàm ineunte se præstitit.

3o.ᵉ Règle : *Majori virtute præditus* , etc.

I. Octavia , Augusti soror , majori prædita erat virtute quàm Livia , istius imperatoris conjux.

II. Samuel majori quàm sui filii virtute fuit præditus.

III. Domitianus minori quàm Titus suus frater virtute fuit præditus. — Alexander captivas invisens reginas , teneriori misericordiâ quàm Ephæstion visus est commotus.

IV. Haud intelligo , dicebat Agesilaüs , quomodò me major sit Persarum rex, nisi majori sit virtute præditus. — Nunc fraga abundantiori quàm anteà saccharo aspersa edimus.

V. Majori virtute præditus fuerat Marcus Aurelius quàm Commodus suus filius qui ipsi successit. — Galerius in Jesu Christi discipulos asperiori irâ incitatus erat quàm Diocletianus.

VI. Admodùm pius erat Antoninus ; illius

autem conjux longè minori virtute erat prædita. — Affirmant pejori veneno infecta esse
nonnullorum recentium poetarum, quàm
poetarum ethnicorum opera.

31.ᵉ RÈGLE : *Doctior est quàm putas....
Nihil turpius est quàm mentiri*, etc.

I. CALLIDIOR erat Brutus quàm putaverant
Tarquinii filii. — Nihil turpius est quàm
fallere.

II. Plura quàm debat pollicebatur. Philippus. — Nihil gloriosius est quàm inimico
ignoscere

III. Post diluvium homines pejores quàm
priùs fuerant sese præstitêre. — Nihil difficilius est quàm injuriæ oblivisci ; at nihil
quoque præclarius.

IV. Infirmior erat Petrus quàm putabat.
— Satius est dare quàm accipere.

V. Sæpè plura dat Deus quàm petere ausi
eramus. — Nihil magìs regium est, dicebat
Alexander, quàm sibi benefacienti maledi-
centem placidè audire.

VI. Crux minùs gravis est quàm putamus.
Nihil suavius est quàm illam cum Jesu
Christo portare.

32.ᵉ RÈGLE : *Altissima arborum*, ou *ex*, etc.

I. LATINORUM oratorum eloquentissimus
est Cicero.

II. Socrates et Plato veteres inter philo-sophos sunt celeberrimi.

III. Terrestria inter animalia elephas est amplissimum.

IV. Quis nescit Samsonem hominum fuisse robustissimum ?

V. Dion, Dionysii junioris sororis maritus, è Syracusanis sapientissimus habebatur.

VI. Sancti viri Jobi operam ita fortunavit Deus, ut inter orientis cultores ditissimus ac potentissimus evaserit.

33.ᵉ Règle : *Ditissimus urbis*, etc.

I. Homerus est poeta Græciæ celeberrimus.

II. Lysias orator suæ ætatis peritissimus habebatur.

III. Thessali optimi Græciæ equites exis-timabantur.

IV. Constat Ochum sui generis principem crudelissimum ac pessimum exstitisse.

V. Judice Cicerone, Epaminondas vir totius Græciæ illustrissimus exstitit.

VI. Alexandrum mox pœnituit quòd Per-sepolim, urbem Persiæ opulentissimam in-cendisset. Ignis, quamvis ille jussisset, exstingui non potuit.

---

34. Règle : *Validior manuum*, etc.

I. Diù æmulæ fuerunt Roma et Carthago ; fuit tandem Roma valentior.

II. Fratres erant Titus et Domitiánus ; sinè controversiâ melior fuit Titus.

III. Statiram duarum Darii filiarum natu majorem Alexander uxorem duxit , Ephæstion autem juniorem.

IV. Ex eâdem matre nati erant Josephus et Benjaminus ; erat Benjaminus junior.

V. Caracalla Getaque , imperatoris Severi filii, simul aliquandiu regnavère : Geta junior erat melior.

VI. Haud te fugit ambos Dionysios in Siciliâ deinceps regnavisse : natu major crudeliorem se præstitit.

35.ᵉ **Règle** : *Maximè omnium conspicuus.*

I. Avarus est maximè omnium hominum anxius.

II. Jesu Christi gratia est maximè omnium rerum homini necessaria.

III. Varro maximè romanorum imperatorum temerarius habetur. — Habetur Archimedes maximè architectorum industrius.

IV. David Saülis sui hostis mortem acerbè lugens , maximè omnium heroum magnanimum sese exhibuit.

V. Manasses primò maximè omnium Juda (1) regum impium se præstitit. At postea suorum illum pœnituit scelerum.

VI. Non dubitare videtur Cicero quin Epaminondas vir maximè omnium Græcorum conspicuus exstiterit.

---

(1) Juda indéclin.

36.ᵉ Règle : *Unus militum*, ou *ex*, etc.

I. Unus duodecim inter Apostolos Jesum Christum prodidit.

II. Solon unus è septem Græciæ sapientibus exstitit.

III. Habetur Hypocrates unus è medicis peritissimis.

IV. Existimatur Cyrus unus è clarissimis ducibus qui unquàm exstiterint.

V. Unus inter milites qui Jesum Christum cruci affixum servabant, latus ejus lanceâ aperuit, exivitque indè sanguis et aqua.

VI. Unus è tribus scelestis qui sanctum episcopum Narcissum fuerant calumniati, suâ cum familiâ crematus est ; secundus correptus est lepris quæ ipsum celeriter corrosêre ; tertius autem adeò acerbè suum luxit scelus ut oculos perdiderit.

37.ᵉ Règle : *Optimus quisque illi favet*, etc.

I. Ditissimus quisque pauperibus debet opitulari.

II. Doctissimus quisque ignaros erudiat.

III. Humillimus quisque in Jesu Christi regno primam sedem impetrabit.

IV. Optimus quisque regis Davidis partes in ejus filium Absalonem amplexus est.

V. Doctissimus quisque ibat Socratem auditurus, qui Græciæ oraculum existimabatur.

VI.

VI. Scelestissimus quisque ad Catilinam qui suam in patriam juraverat, ad Ciceronem verò optimus quisque se adjunxit.

38.e RÈGLE : *Ego audio*, etc.

I. Dux imperat, parent milites.

II. Loquitur pater, audiunt liberi.

III. Dictat præceptor, scribuntque discipuli.

IV. Divus Ludovicus primus in mare armatus insiluit, suique eum imitati sunt milites.

V. Vitæ suæ metuens Darius terga vertit, suæque illum secutæ sunt copiæ.

VI. Athenienses, judice Demosthene, peritiùs quàm Philippus loquebantur; at Philippus prudentiùs quàm Athenienses agebat.

39.e RÈGLE : *Tu rides, ego fleo.... Tu loqui sic audes !* etc.

I. Saule, ego sum Jesus, et tu me persequeris !—Juda, tu hominis Filium audes prodere !

II. Ego sum Dominus Deus vester, vos autem meus estis populus. — Petre, tu tuum magistrum audes ejurare ?

III. Captiva ego sum, Alexandro dicebat Sisygambis, tuque me reginæ insignis nomine !—Brute, mi fili, exclamavit Cæsar, tu me pugione audes percutere !

IV. Cinna, dixit Augustus, tu me vis per insidias interficere ; at ego, quem à me non audes petere consulatum tibi tribuo.—Nicanor, tu cœli et terræ Deo audes insultare !

V. O plebs mea, quid ego tibi feci ? ego te manna (1) in deserto nutrivi, at tu felle et aceto me inebrias ! — Pilate, tu innocentem capite damnare sustines !

VI. Nisus Euryalum jam jam trucidandum videns, exclamavit : O Rutuli, ille nihil fecit, egomet telum intorsi : innocens ille est, nocens ego solus. — Mundi asseclæ, vos nunc gaudetis, nosque gemimus ; aderit dies cùm gaudebimus nos, vosque lugebitis.

* * *

40.ᵉ RÈGLE : *Petrus et Paulus ludunt*, etc.

I. JACOBUS et Joannes, Zebedæi filii, apostoli erant.

II. Petrus et Andreas, Jesu Christi apostoli, cruci affixi sunt.

III. Divus Petrus divusque Paulus eâdem die martyres occubuerunt.

IV. Romulus et Remus, si credere licet, à lupâ nutriti sunt.

V. Titus et Domitianus Vespasiani sui patris solium deinceps occupavère. — Rex et Aman ad reginam se contulerunt.

---

(1) *Manna* indéclin.

VI. Nabarzanes , equitatûs magister , Bessusque Bactrorum dux , Darii sui domini et regis vinciendi detestandum machinati sunt consilium.

———

41.e RÈGLE : *Ego et tu valemus ,* etc.

I. REGI Saüli dixit Samuel : tu tuique filii cras mecum eritis.

II. Lotho dixit Abrahamus : ego et tu in eâdem regione habitare haud possumus. — Ego meusque pater , ait Jesus Christus , unum sumus.

III. Populo dixit Samuel : Dominum timete : tunc vos rexque vester felices eritis.—Tu et tui , agno dicebat lupus , mihi raró parcitis.

IV. Josepho qui ipsi duo retulerat somnia , dixit Jacobus : num ego , mater tua , tuique fratres olim te in terris adorabimus ? —Ego et rex , aiebat Aman superbus , cras apud reginam prandebimus.

V. David summi sacerdotis filio dixit : mecum versare : mihi et tibi sors eadem erit : simul peribimus nos , vel unà salvi erimus.—Suis servis dixit Abrahamus : istic exspectate : ego meusque filius imus sacrum in monte facturi.

VI. Ezechiæ regi dixit Isaias : aderit dies cùm quidquid divitiarum tu patresque tui congessistis , Babylonem transferetur. — Peccato obnoxiis , imò et suæ fidei desertoribus divus dicebat Franciscus :

accedite, filii mei, ego et Deus vobis aderimus.

———

42.e Règle : *Turba ruit* ou *ruunt*, etc.

I. Multitudo Jesu Christi effatis repugnant.

II. Populus Atheniensis facetiis delectabatur.

III. Plebs tota triginta diebus luxit Mosen qui viginti et centum annos natus obiit.

IV. Jacobi familia in Ægyptum migravêre.—Maris fluctibus obrutus est Pharaonis exercitus.

V. Ezechieli prophetæ dixit Deus : Israelis domus te audire nolunt, quia memet nolunt audire.

VI. Ad Mosen properavit populus, eique dixit : nos peccavimus, Dominum obsecra ut quos adversùs nos misit serpentes, ab iis nos liberet. — Conclamavit plebecula : crucifigatur.

———

43.e Règle : *Amo Deum*, etc.

I. Solem, lunam et stellas creavit Deus.

II. Terram colebat Caïnus, Abel greges pascebat. — Desidiam pati haud poterat imperator Antoninus.

III. Post diluvium Noemus vineam cœpit serere.

IV. Jesum Christum duosque cum ipso latrones milites crucifixerunt.

V. O Maria, quàm felix tu, quæ ante Dominum gratiam inveneris ! ecce filium concipies ac paries.

VI. Alexander, post devictum Darium, Persarum regem, plurima commisit prælia, urbes expugnavit validissimas, populos et reges subegit.

44.ᵉ RÈGLE : *Imitor Patrem*, etc.

I. Nos virtutem miramur, et scelus detestamur.

II. Angelus Raphael juniorem Tobiam comitatus est.

III. Benjaminum et dein alios suos fratres amplexus est Josephus.

IV. Divus Clodoaldus sanctum Arnulfum suum patrem, qui sedem Metensem priùs occupaverat, planè imitatus est.

V. Sanctus Theobaldus, quam in solitudinibus egerant propheta Elias, divus Joannes Baptista, divus Paulus Solitarius, sanctusque Antonius, vitam diu demiratus, illos imitari voluit.

VI. Attila, urbes Galliæ validissimas depopulatus, à Romanis et Gallis profligatus est, voluitque ut sanctus Lupus, cujus venerabatur virtutem, reliquas suas copias ad Rhenum comitaretur.

45.ᵉ RÈGLE : *Musica me juvat... Id te non fugit*, etc.

I. LUSCINIÆ cantus nos delectat.—Doctissimum quemque multa fugiunt.

II. Impios æterna manent supplicia. —
Augustum fugiebant Juliæ flagitia.

III. Jugurtham juvabat adversùs leones
et alias feras venatio. —Adolescentem decet
modestia.

IV. Ciceronem haud fallebant horrenda
Catilinæ consilia.—Solam innocentiam decet
gaudium.

V. Haud intelligo quomodo Romanos ju-
vare possent gladiatorum certamina. —
Regulum Carthaginem Româ proficiscentem
non fugiebat quanti semetipsum manerent
cruciatus.

VI. In tuo si perstas proposito , Coriolano dicebat Veturia, mors prompta aut
diuturna servitus tuos manet liberos. —
Sanctus Xistus qui ad supplicium ducebatur,
divo Laurentio , solandi gratiâ , dixit : mi
fili , haud te desero , clarius te manet prælium : post triduum tu me sequeris.

———

46.e RÈGLE : *Studeo grammaticæ* , etc.

I. Viris litteratis favebat Augustus imperator. — Saül Deo non obtemperavit.

II. Adolescentibus monstrosè nocent pravi
libri. — Viris doctis invidebat imperator
Adrianus.

III. Invidebat Caïnus Abeli fratri suo,
cujus munera Domino placuerant.—Narrant
Coriolanum suæ matri Veturiæ per omnia
satisfecisse.

IV. Nolite oblivisci , adolescentes , Jesum

Christum , Dei filium , suis parere parentibus dignatum fuisse. — Soli Noemo ejusque familiæ pepercit Deus.

V. Benedixit Deus Abrahamo qui , ut ipsi
obtemperaret , suo unico filio non pepercerat.

VI. Quis non miretur Dei Patris benignitatem, qui , ut nocentes salvos faceret, suo
dilecto Filio non pepercit ? — Aristophanes
poeta, ne Diis quidem parcebat , nedum
clarissimis Athenarum viris indulgeret.

47.ᵉ RÈGLE : *Defuit officio* , etc.

I. ASTUS Annibali nunquam defuêre.

II. Divus Ludovicus Isabellæ sororis suæ
exsequiis interfuit.

III. Nihil habenti , dicebat Abdalonymus ,
nihil tamen mihi defuit. — Præerat Titus
Romanis copiis quæ urbem Hierosolymam
obsederunt.

IV. Summus pontifex Innocentius divæ
Claræ exsequiis toto cum Romano collegio
adesse voluit. — Curabant Lacedæmonii ut
senes nonnulli suorum liberorum ludis semper interessent.

V. Spectaculo modò interfuerat Caligula ,
cùm sicâ confectus est. — Abfuit David à
prælio in quo occisus est ipsius filius Absalon.

VI. Socrates plurima meruit stipendia ,
plurimis interfuit præliis , narrantque illum ,
quantùm qui maximè , virtute bellicâ in-
claruisse.

B 4

48.ᵉ Règle : *Magna calamitas mihi imminet*, etc.

I. Mors celeris impudicis imminet.

II. Pueris scelus committentibus imminent morbi acerbissimi.

III. Quantæ calamitates Vitellio in solium ascendenti impendebant !

IV. Mors singulis momentis nobis impendet, et plerique de morte minimè cogitant.

V. Judæis Antiochus bellum facit ; at nescit horrendam mortem sibi impendere. — Judæis Jesu Christi interfectoribus quot et quanta imminebant infortunia !

VI. Quanta calamitas Herodi in suum tribunal ascendenti impendet ! istum mox percutiet Dei angelus, et corpus istius à vermibus corrodetur.

49.ᵉ Règle : *Id mihi accidit, expedit, placet*, etc.

I. Regi Pharaoni placuit Josephi consilium.

II. Quæ Absaloni accidit calamitas, ea quoque rebellibus pueris accidet.

III. Judæis dixit Caïphas : vobis expedit ut homo unus pro toto populo moriatur.

IV. Senum consilium haud placuit Roboamo, qui in suam perniciem juvenum consilium præposuit.

V. O divites, utinam intelligatis quantùm pauperes sublevare vobis expediat !

VI. Timebat Raguel ne quæ suæ filiæ septem maritis acciderat calamitas, eadem quoque Tobiæ accideret.

50.ᵉ **RÈGLE** : *Homo irascitur mihi*, etc.

I. MOSI iratus est Dominus. — Alexander urbi Hierosolymæ minatus est.

II. Româ in exilium ejectus Coriolanus, suæ ingratæ minatus est patriæ.

III. Iratus est Theodosius imperator divo Amphilocho qui ipsius filio Arcadio, veluti puero vulgari, palpatus fuerat.

IV. Putiphar nimis credulus Josepho iratus est, illumque in carcerem conjici jussit.

V. Divo Ludovico irati sunt Saraceni, et sancto huic regi, atque aliis captivis minari ausi fuerunt.

VI. Tyriis adeò iratus erat Alexander, ut secundùm maris littus hominum duo millia crucifigi jusserit.

51.ᵉ **RÈGLE** : *Est mihi liber*, etc.

I. XERXI erant copiæ innumerabiles.

II. Alexandro erat equus valdè industrius nec non ad prælia maximè idoneus.

III. Vulpibus sunt latibula, nidi avibus, hominis Filio domus non erat.

IV. Cyro erant trecenti currus falcati, quorum quisque à quatuor equis trahebatur.

V. Apud quemdam auctorem legi, Epaminondæ , Thebanorum clarissimo duci , vestem unam fuisse.

VI. Ferunt Sertorio quamdam fuisse cervam candidam , quæ vocem ejus audiebat, illumque quocunquè sequebatur.

———

52.ᵉ Règle : *Hoc erit tibi dolori.*, etc.

I. ABELIS mors Adamo et Evæ acri fuit dolori.

II. Judæ scelus Jesu Christo summo fuit mœrori.

III. Capuæ deliciæ Annibalis copiis majori quàm Alpes detrimento fuerunt.

IV. Viro principi majori sunt gloriæ beneficentia et ergà miseros miseratio quàm maximè insignes victoriæ.

V. Tanto gaudio Apostolis fuit Jesu Christi resurrectio , quanto mors ejus ipsis fuerat dolori. — Annibal inermis septuagintaque annos natus Romanis tamen erat terrori.

VI. Illud imperatori Tito summæ est gloriæ , quòd mortuus etiam magìs quàm vivus fuit collaudatus.

———

53.ᵉ Règle : *Crimini dedit mihi, meam fidem* , etc.

I. O divites , Jesus Christus vestram in pauperes inclementiam vobis vertet crimini.

II. Varro , tuam temeritatem Romani tibi jure vitio verterunt.

III. Jobi uxor suam huic viro sancto patientiam vertebat crimini.

IV. Sibi honori vertebat Philippus, quòd Epaminondæ, clari philosophi et ducis periti, ipse discipulus nec non alumnus fuisset.

V. Sua equiti Romano obesitas vertebatur crimini, suumque ei equum censores adimebant.

VI. Philippus, Alexandri pater, sibi vertebat gloriæ, quòd à nemine beneficiis se vinci pateretur. — Divus Ludovicus sibi majori vertebat gloriæ quòd Pisciaci sacro fonte fuisset ablutus, quàm quòd Rhemis insigni evinctus fuisset regio.

54.e Règle : *Abundat divitiis... nullâ re caret.*

I. Porcina carne abstinent Judæi. — Claudii imperatoris liberti divitiis abundabant.

II. Qui Dominum timet puer, is re nullâ carebit. — Hanno Annibalis victoriis non gaudebat.

III. Væ divitibus qui bonis abundantes, pauperibus omni re carentibus nihil largiuntur. — Sui filii Coriolani victoriis gaudebat Veturia.

IV. Delphis ultrò obiit Lycurgus, quandoquidem omni cibo abstinuerat. — Summoperè gaudebant Romani navali victoriâ, quam in Pœnos Duillius reportaverat.

V. David, auditâ Saülis morte, lacrymas

fudit, nedum sui hostis morte gauderet. — Ferunt Darii matrem, Alexandri morte auditâ, omni cibo abstinuisse.

VI. Antiochi à Deo percussi corpus tot scatebat vermibus, ut putrefacta istius membra fetorem cùm exercitui, tùm ipsi ægro intolerandum longè effunderent. — Narrant priscos Britones superstitionis causâ lepore abstinuisse.

55.ᵉ Règle : *Fruor otio, vescor pane, etc.*

I. Malis, piris, aliisque istius generis fructibus vescebantur Cadusii.

II. Ferreâ duntaxat monetâ aliquandiu usi sunt Lacedæmonii. — Regnante Salomone, Judæi otio fruebantur.

III. In Ægypto, ferè solis fructibus ac oleribus opifices vescebantur.

IV. Cyrus, à Persis et populis subactis pariter dilectus, laborum suorum ac victoriarum fructu fruebatur. — Nabuchodonosor in feram conversus solâ herbâ vescebatur.

V. Apud Persas, Cyri temporibus, solo pane vescebantur ac nasturtio pueri et juvenes, solamque aquam potabant.—Quàm multi graculum pavonis pennis gloriantem imitantur !

VI. Xerxis milites, cùm post Salaminis prælium fugissent, herbis, imò foliis arborumque corticibus vesci coacti fuerunt. — Ferunt Cleontem, veluti plurimos alios, meliùs linguâ quàm gladio usum fuisse.

56.e RÈGLE : *Miserere pauperum*, etc.

I. CIMON Atheniensis civium pauperum miserebatur.

II. Post diluvium, homines legis naturalis sensim obliti sunt. — Noemi ejusque liberorum recordatus est Deus.

III. Impius Antiochus, cùm se à Deo percussum vidit, quæ patraverat scelerum recordatus est. — Latronis boni secum crucifixi misertus est Jesus Christus.

IV. Quem Putiphar à suà conjuge deceptus in carcerem conjici jusserat Josephum, hujus misertus est Deus. — Recordatus est Deus fœderis quod cum patribus sanxerat, et filiorum misertus est.

V. Non commisit divus Paulus, ut quam à Deo acceperat summæ misericordiæ unquam oblivisceretur. — Promisit Jesus Christus se iis qui pauperum miserti fuerint, sedem in suo regno esse concessurum.

VI. Ne unquam obliviscantur Lugdunenses divum Patientem suum præsulem pauperum fuisse misertum, illosque alendos curavisse.

57.e RÈGLE : *Do stipem pauperi*, etc.

I. JOSEPHUS Ægyptiis aliisque populis frumentum vendebat.

II. Regi Nabuchodonosori dixit Daniel : tu rex regum es, et cœli Deus tibi robur, imperium et gloriam dedit. — Jesus Christus

cruci affixus in regno suo sedem bono La-
troni promisit.

III. Conquisitissimis dapibus jus nigrum
præponebant senes Spartani.

IV. Quæ Hierosolymâ Babylonem translata fuerant vasa sacra, hæc Judæis Cyrus
restituit.

V. Potentissimos Italiæ populos Annibali
subjecit Cannense prælium, suosque Romanis antiquissimos ademit socios.

VI. Indignè patiebatur Alexander quòd
duntaxat vicisset Darium ut ejus imperium
Besso traderet.

———

58.ᵉ RÈGLE : *Minari mortem alicui*, etc.

I. Esaus supplantatus Jacobo mortem
minari ausus est.

II. Diva Mustiole Turcio judici divinam
vindictam minata est.

III. Tota urbs Antiochia divo Joanni
Chrysostomo obviam ivit, suumque illi
gratulata est reditum.

IV. Athenienses et Spartani regi Admeto,
nisi sibi ipsis Themistoclem traderet, bellum
frustrà minati sunt.

V. Danieli irati Babylonii regem adivêre,
illique minati sunt necem, nisi sibi ipsis
Danielem dederet. — Qui Nicæo concilio
interfuerunt episcopi, ii suum Constantino
erga Ecclesiam studium sunt gratulati.

VI. Licèt Adamo et Evæ mortem minatus
esset Deus, si fructum quo illis interdixerat

ederent, affirmare ausus est Satanas illos nequaquam esse morituros.

———

59.ᵉ RÈGLE : *Hæc via ducit ad vitam*, etc.

I. PIGROS pueros ad laborem invitat formica.

II. Hanno ad pacem Pœnos nequicquam hortabatur. — Rosis consita est quà mali gradiuntur via, sed ad præcipitium ducit; arcta via è contrario ad salutem.

III. Plerumquè res prosperæ ad summa ducunt infortunia. — Machabæorum mater ad martyrium suos filios adhortabatur.

IV. Sanctus episcopus Alexander, primò carbonarius, ad constantiam cœlique desiderium gregem suum incitabat.

V. Calliditas et astutia, ait quidam auctor de Pœnis verba faciens, ad mendacium, ad multiplex ingenium et malam fidem ultrò deducunt.

VI. Multùm aberat ut Cato ad pacem cum Carthaginiensibus Romanos hortaretur. — Regnante Vitellio, festa et convivia una erant via quæ ad dignitates deduceret.

———

60.ᵉ RÈGLE : *Doceo pueros grammaticam*, etc.

I. ISRAELITIS dixit Samuel : Viam bonam semper ego vos docebo. — Augusti mortem Romanos diu celavit Livia.

II. Tobiæ ejusque filio dixit angelus :

Ego vobis veritatem patefaciam , nec vos meum arcanum celabo. — Rhetoricam et philosophiam Alexandrum magnum Aristoteles edocuit.

III. Cimonis præfecti ipsius mortem hostes imò et socios celaverunt.

IV. Ochus sui patris mortem decem mensibus Persas celavit. — Alexander Philotæ vertit crimini quòd ipsum ille Dymni conjurationem celavisset.

V. In suam perniciem Samson suæ conjugi indicavit arcanum quod suum patrem et matrem celaverat.

VI. Cur tui mariti fugam me non edocuisti, dicebat Dionysius suæ sorori Thestæ, Dionis uxori ? quia meus maritus, respondit illa , meipsam istam celavit.

———

61.ᵉ RÈGLE : *Scribo , fero , mitto tibi* ou
ad te, etc.

I. JOSEPHI fratres ad Jacobum regis Pharaonis miserunt munera. — Parùm modestam epistolam Alexandro scripsit Darius.

II. Ad puerum Jesum Magi aurum , thus et myrrham tulerunt. — Sanctum Titum ad Corinthios bis misit divus Paulus.

III. Omnibus episcopis christiano imperatore dignissimas litteras scripsit Constantinus. — Ad Fabricium Samnites grandem pecuniam miserunt, quam ille repudiavit.

IV. Armeniæ satrapes constanter singulis annis equorum viginti millia ad Persiæ regem mittebat. — Imperator Constantinus ejusque filii divo Antonio reverentissimas scripsêre litteras.

V. Ruben ejusque fratres Josephi togam hædi tinctam sanguine ad Jacobum suum patrem miserunt. — Annibal tres modios annulorum ex equitum senatorumque digito detractorum ad Carthaginienses misit.

VI. Scipio, cùm deprehensi fuissent Pœni speculatores, non modò in illos non animadvertit, sed illos Romanorum castra haud properanter speculatos ad Annibalem incolumes dimisit.

____

62.e Règle : *Accepi litteras à patre meo*, etc.

I. Salomon sapientiam à Domino petivit. — Omnia nos à Deo accepimus.

II. Magnam mercedem à Deo accipiemus. — Sanctus Antonius ab imperatore Constantino reverentissimas accepit litteras.

ItI. Stipem à divitibus petunt pauperes; sæpè autem ab illis nihil impetrant. — Hebræi abeundi copiam à rege Pharaone tandem obtinuerunt.

IV. Ad astutiam se convertit philosophus Anaximenes, ut Lampsaci suæ patriæ salutem ab Alexandro rege obtineret.

V. Sanctus præsul Flavianus Theodosium tantâ allocutus est facundiâ, ut Antiochenis veniam ab illo imperatore obtinuerit.

VI. Heraclides et Theodotes, cùm novissent quanta esset Dionis clementia, ab illo veniam petere non dubitârunt, quantumvis essent indigni qui illam impetrarent à viro in quem conspiraverant.

63.ᵉ Règle : *Cepi magnam voluptatem ex tuis litteris... Haurire aquam ex fonte*, etc.

I. Alexander ex Ephæstionis morte acerrimum cepit dolorem.

II. Placidius, divi Benedicti discipulus, die quâdam ivit aquam è lacu hausturus, et in eum incidit.

III. Carthago ex Numidiâ audacem indefessumque equitatum ; ex insulis Balearibus solertissimos orbis funditores ; atque statarium invictumque peditatum ex Hispaniâ educebat.

IV. Tres præfecti, Davidis exercitûs fortissimi, Philistæorum castra emensi sunt, iveruntque aquam ex Bethlemæ cisternâ hausturi.

V. Cùm divus Germanus, adhuc laïcus, aliquid feræ venando prehenderat, caput ejus è piro in mediâ urbe Antissiodoro suspendebat, ut ipsum strenuum venatorem esse cernerent.

VI. Cleanthes suo philosophiæ amore eminuit ; namque ille, ut dicentem Zenonem interdiu audiret, noctem consumebat aquam è puteo hauriendo, ut victum sibi compararet.

64.e RÈGLE : *Id audivi ex* ou *ab amico meo ; ex tuis litteris cognovi*, etc.

I. IN Augustum Cinna conjuraverat ; id ab uno è conjuratis imperator audivit.

II. Dymnus pluresque alii in Alexandrum conspiravêre ; id rex audivit à Cebalino, fratre Nicomachi qui id ab ipso Dymno audiverat.

III. Existit Deus in tribus personis ; id ex Jesu Christo audiverunt Apostoli ; idque nos ab Apostolis accepimus. — A famulis quæsivit David an mortuus esset puer ; quem mortuum ex eorum vultu et sermone cognovit.

IV. Plus quadraginta Judæi de interficiendo sancto Paulo conspiravêre : hoc ille à suæ sororis filio (*) audivit.

V. Ex Sunamitidis lacrymis cognovit propheta Elisæus aliquid adversi illi accidisse. — Ex Fabricii nuntiis audivit Pyrrhus suo medico in animo fuisse ipsum veneno necare.

VI. A Mucio Scævolà audivit Porsenna trecentos Romanos in seipsum conspiravisse. —Tiberii præceptor ex ejus vultu cognovit illum cruoris amantem fore.

65.e RÈGLE : *Christus redemit hominem à morte*, etc.

I. A dæmonis servitute nos Christus liberavit.

(*) Au lieu de frère, lisez fils.

II. Eleemosyna, suo filio inquiebat Tobias, à morte æternâ liberat. — A frumento
paleam olim Jesus Christus segregabit.

III. Ab iniquâ Ægyptiorum servitute per
Mosen Hebræi liberati sunt. — A tenebris
lumen, terramque ab aquis Deus sejunxit.

IV. De Samsone dixit angelus : Ille populum Israeliticum à Philistæorum servitute
liberare incipiet. — Suarum ovium ergò
moriens Jesus Christus, illas à luporum
faucibus latronumque gladio liberavit.

V. Regi Saüli dixit David : Mihi haud
dubium est quin Dominus qui à leonis fauce
et ursi unguibus me liberavit, è Philistæi
manu quoque sit me liberaturus.

VI. Thrasybulo et Pelopidæ contigit, ut
à tyrannorum jugo, urbem Athenas prior,
urbem Thebas posterior, liberarent.

66.e Règle : *Implere dolium vino*, etc.

I. Prophetæ Samueli dixit Deus : Oleo
tuam imple lagunculam.

II. Indesinenter gratias agamus Domino
qui quotidie novis nos cumulat beneficiis. —
Caïnus Abelis sui fratris sanguine terram
cruentavit.

III. Josephus fratrum suorum saccos frumento impleri jussit.

IV. Cùm Socrates sibi domunculam ædificaret, haud minùs hanc veris amicis,
quàm suam avarus auro et argento, implere cupiebat.

V. Illud Alexandro multo honori est, quòd Darii sui hostis matrem, conjugem ac filias beneficiis cumulaverit.

VI. Tyrii ab Alexandro obsessi incensâ arenâ æreos implebant clypeos, quos rubentes igne extractos ab alto muro in hostes velociter projiciebant.

67.ᵉ RÈGLE : *Admonui eum periculi* ou *de periculo*, etc.

I. PHARAONEM Josephus de Jacobi adventu admonuit.

II. Constantinopolitanus populus de sancti Joannis Chrysostomi adventu monitus, illi obviam ivit.

III. Noemus, dùm navigium ædificaret, homines diluvii ipsis imminentis incassùm admonebat.

IV. Darium frustrà admonuerunt conjurationis in ipsum conflatæ : isti fidem adhibere non potuit.

V. Ubi de sui patris adventu monitus est Josephus, illi obviam ivit.

VI. Statim ac admonitus fuit Alexander de conspiratione in se à Dymno multisque aliis conflatâ, satellites misit qui Dymnum comprehenderent.

68.ᵉ RÈGLE : *Hoc eos moneo, unum te moneo*, etc.

I. Nos moriemur : hoc nos monet nox quæ diem excipit.

II. Unum te moneo, suo filio dixit Tobias, ego Gabelo decem argenti talenta commodavi.

III. Callippus Dionis vitæ insidiabatur : id hunc sua soror suaque uxor admonuerant.

IV. Judex noster, latronis instar, irruet : hoc nos ipse Jesus Christus admonuit. — Athenienses, dixit delirus Timon, unum vos moneo : si quis se suspendere velit è ficu in medió agro meo, properet ; ego enim de illâ evertendâ cogito.

V. Fuêre eruntque hæreses et scandala ; hoc nos monuêre Jesus Christus divusque Paulus. — Jesus Christus unum suos monuit Apostolos, nempe se ab uno ex ipsis traditum iri.

VI. Per unum stabat Darium quominùs Bessi, qui ipsum vincire statuerat, perfidiam effugeret : hoc illum Patron monuerat.

69.e RÈGLE : *Insimulare aliquem furti* ou *furto*, etc.

I. TRES scelesti homines sanctum episcopum Narcissum atrocis sceleris insimulavêre.

II. Putipharis conjugem non puduit horrendi criminis castum Josephum insimulare. — Ad exilium damnatus est divus Joannes evangelista.

III. Infames duo senes castam Susannam adulterii crimine insimulârunt ; istos verò Daniel falsi testimonii convicit, et capite damnati fuêre.

IV. Capite Melitus, unus inter Socratis accusatores, et ad exilium cæteri damnati sunt.—Ingluviéi necnon vinolentiæ Trajanum nonnulli insimulaverunt historici.

V. Ad 'clementiam adeò propensus erat Titus imperator, ut nullum unquam è sibi subditis capite damnare statuerit.

VI. Quis possit credere divum Athanasium insignem illum Ecclesiæ doctorem, ab Arianis homicidii atque incantamenti fuisse insimulatum ? — O Pilate ! tu ità iniquus es ùt Jesum, quem tu innocentem modò agnovisti, damnes capite !

70.ᵉ **Règle** : *Arguitur prodidisse rempublicam, jussus est ab urbe discedere*, etc.

I. Argutus est Socrates religionem prodere, et cicutam potare jussus est.

II. Jacobi filii Josephi scyphum subripuisse arguti sunt. — Athenis abire jussus est Alcibiades.

III. Argutus Pausanias suam patriam prodere voluisse, ab Atheniensibus capite fuit damnatus. — Caïnus, interfecto Abele, totam per vitam suam vagari jussus est.

IV. Daniel à sibi adversariis argutus regis jussa infregisse, in leonum foveam jussus est projici.

V. Protagoras, famosissimus suæ ætatis sophistes, argutus est dubitavisse an existerent Dii, jussusque Athenis discedere.

VI. Philotas argutus, forsitan injuriâ,

conspirationem adversùs Alexandrum con-
flavisse , lapidibus trucidari jussus est.

***

71.e Règle : *Deus amat virum bonum illique favet* , etc.

I. Mi fili , tuos colito parentes , illisque sa-
tisfacito.

II. Viros doctos probosque philosophos
diligebat imperator Trajanus , et illis favebat.

III. Israelitis dixit Samuel : Timete Dominum et illi servite.

IV. Romani , inquit Tacitus , astrologiam
judicialem constanter improbârunt , istique
tamen constanter studuêre.

V. Suum filium Salomonem hortatus est
David ut timeret Dominum , illique fideliter
serviret.

VI. Thebe cupida fuit Pelopidam Thebanorum ducem videndi , et cum illo habendi
sermonem : hunc Alexander , ipsius maritus ,
teterrimâ proditione captivum fecerat. —
Quàm qui maximè cupidus fuit Dionysius
junior videndi Platonis , et cum illo sermones
conferendi.

***

72.e Règle : *Amor à Deo* , etc.

I. Saul ab hostium sagittariis fuit lethaliter vulneratus.

II. Urbs Troja , post decem annorum
obsidionem , à Græcis capta est. — Apollo-
nius , unus inter Antiochi præfectos , à Judâ
Machabæo devictus fuit et occisus.

III.

III. Amnon, Davidis filius, à præfectis Absalonis medio convivio per insidias fuit trucidatus. — Tanquam à suis filiis pater, Timoleon à Syracusanis diligebàtur.

IV. Fratres erant Esaüs et Jacobus : à patre suo prior, à matre suâ posterior plus amabatur.

V. Urbs Cyropolis, à magno Cyro ædificata, ab Alexandro magno à fundamentis proruta est.

VI. hæc Jeroboami uxori nuntiavit propheta : ego Jeroboami domum eradicabo : qui in urbe morientur, illi à canibus ; qui verò in agris, illi à cœli volucribus vorabuntur.

____

73.ᵉ RÈGLE : *Mærore conficior*, etc.

I. MORBO lethali circumventus est rex Ezechias.

II. Carceris, exilii, imò et dirissimæ necis metu minimè commotus est Regulus.

III. Sanctus vir Jobus, ab imis unguibus usque ad verticem summum, horribili plagâ fuit contactus. — Igne haud hominis manu accenso impius vorabitur.

IV. Regnante Davide, peste devastatum est regnum Israeliticum : atque intrà triduum, hominum septuaginta millia desiderata sunt. — Ferrum, quamvis durum, rubigine exeditur.

V. Munita erat urbs Tyrus valido muro quinquaginta et centum pedes alto, quem maris fluctus alluebant.

VI. Neque armis, neque auro, sed benefactis et fide amici acquiruntur.

———

74.e RÈGLE : *Hæc sententia neque nobis*
neque illi probatur, etc.

I. OMNIBUS cognita est Josephi historia.

II. Senatoribus probata est Mucii Scævolæ
sententia.

III. Annibalis in Romanos odium omnibus qui Romanam legêre historiam cognitum
est.

IV. Matronis Trecensibus, non autem viris, probata est divæ Genovefæ sententia.

V. multùm abfuit ut Aristidi probaretur
Themistoclis consilium.

VI. Annon mihi est dubitandi locus quin
Draconis lex quæ civem desidiæ convictum
capite damnabat, plerisque probetur juvenibus?

———

7.5^e RÈGLE : *Hoc ad me pertinet*, etc.

I. AD divites et pauperes attinent effata
evangelica.

II. Mosi præscripsit Deus sacrificarum
vestium formam, et cætera quæ ad cultum
divinum spectabant.

III. Legis promissa ad Christianos stric-
tiùs quàm ad Judæos pertinebant.

IV. Cunctæ Spartæ leges ad bellum atti-
nebant; et quâlibet aliâ professione Spartanis
interdictum erat.

V. Quidam levita divino afflatus spiritu Josaphatum populumque sic allocutus est: nolite timere, non ad vos sed ad Deum id belli spectat.

VI. Catenis vinciatur ferreis, et cum belluis agrorum herbam depascat. Hæc audivit verba rex Nabuchodonosor, ad se ista attinere nescius.

———

76.ᵉ RÈGLE : *Me pœnitet culpæ meæ*, etc.

I. Tobiam pauperum miserebat.

II. Leonis societatis Androclum tæduit, atque aufugit.

III. Imperatorem Augustum suæ filiæ Juliæ flagitiorum puduit. — Imperatorem Diocletianum summæ tæduit potestatis.

IV. Jacobi filios sui fratris Josephi haud misertum est; dein vero illos suæ ergá eum crudelitatis pœnituit.

V. Judam suæ pœnituit perfidiæ, at impedivit dæmon ne ille Dei misericordiam imploraret.

VI. Sua Manassi utilia fuerunt infortunia: namque in carcerem conjectum hunc suorum pœnituit scelerum, istorumque veniam impetravit. — Imperatorem Adrianum tæduit venationis quâ juvenis valdè delectatus fuerat.

———

77.ᵉ RÈGLE : *Incipit me pœnitere*, etc.

I. Messalinæ flagitiorum Claudium imperatorem debuisset pudere.

II. Absalonem suæ adversùs patrem suum rebellionis pœnitere debuit.

III. Saülem Herodemque sui temerarii jurisjurandi debuit pœnitere.

IV. Vix vetitum fructum comederunt Adamus atque Eva, cùm ipsos sui nudati corporis cœpit pudere.

V. Rubenem, inter Jacobi filios natu maximum, haud debuit pœnitere, quòd à scelere quod adversùs Josephum fuerant meditati, fratres suos revocavisset.

VI. Thebanos pœnitere debuit quòd exercitûs imperium Epaminondæ abrogavissent, idem duci bellicæ artis parùm perito tributuri.

78.ᵉ Règle : *Refert, interest regis*, etc.

I. Roboami regis intererat ut senum pareret consilio.

II. Parentum permagni interest ut suos christiano more instituant liberos.

III. Regis Darii magni referebat ut Caridemi consilium sequeretur.

IV. Tot post clades Fabii referebat ut certamen cum Annibale declinaret.

V. Quamvis totius Græciæ referret ut urbi Olynto à Philippo obsessæ venirent suppetias, soli Athenienses illi copias miserunt.

VI. Græciæ populorum intererat ut adversùs Philippum suas vires conjungerent, nedum se singulos subigi paterentur.

79.ᵉ **RÈGLE** : *Refert meâ , tuâ, nostrâ... Hic philosophus dicebat parvi suâ referre , etc.*

I. NOSTRA interest ut nos invicem amemus.

II. Adolescentes , vestrâ refert ut periculum effugiatis. — Existimârunt Lacedæmonii suâ referre ut, absente Alexandro , recuperandæ suæ libertati operam darent.

III. Mi fili , inquiebat pius Tobias, tuâ refert ut Deo servias , necnon tuos colas parentes. — Porsenna animo percipiens quanti suâ referret ut cum Romanis pacificaretur , acceptis obsidibus , bello finem imposuit.

IV. Carissimi mei filii , inquiebat mater Machabæorum , vestrâ magni refert ne à Domini lege deficiatis.—Cambyses à Cræso admonitus , debuit tandem animo percipere quanti suâ referret ut à sibi subditis diligeretur.

V. Amici mei , vestrâ interest ut scientiam , magìs autem sapientiam acquiratis. — Magus Smerdis qui Cyri se dicebat filium, intelligens quanti suâ interesset fraudem suam tegere , cavebat ne in publico versaretur.

VI. Utinam intelligatis , adolescentes , quanti vestrâ referat, ut Domini jugum maturè subeatis ! — Scythæ in sylvis versantes putabant parvi referre suâ scire quis esset Alexander et undè veniret.

80.e RÈGLE : *Refert meâ Cæsaris... utriusque nostrûm, vestrûm, illorum interest,* etc.

I. NOSTRA omnium interest de morte frequenter meditari.

II. Nostrâ Christianorum refert terrena contemnere.

III. Nostrâ Jesu Christi fratrum interest ut bona appetamus cœlestia. — Non diù regnârunt Otho et Vitellius. Utriusque eorum referebat ne regnum affectarent.

IV. Vestrâ judicum refert ne innocentem suam propter paupertatem condemnetis.— Parysatis et Statira, mutuo flagrabatis hostili odio. Utriusque vestrûm intererat utramque alteri cordi esse, uti ejusdem regis matrem et conjugem decebat.

V. Tuâ pastoris nostri interest ut viam bonam nos edoceas, nostrâ autem omnium, ut illam teneamus. — O Roma, ô Carthago, quanti utriusque vestrûm intererat æternum fœdus pacisci !

VI. Vestrâ parentum interest ut ad virtutem vestros adhortemini liberos ; vestrâ autem liberorum, ut vestris parentibus obtemperetis.—Inter se belligerabant Cæsar et Pompeius ; meritò censebat Cicero utriusque illorum interesse ut secum amantissimè et conjunctissimè viverent.

81.e RÈGLE : *Ad honorem nostrum refert,* etc.

I. AD pueri felicitatem refert ut maturè virtutem colat.

II. Ad Atheniensium Lacedæmoniorumque felicitatem referebat ne inter se bellarent.

III. Ad Alexandri gloriam intererat ut Darii conjugem ac matrem benignè haberet.

IV. Cùm Alexandro suaderet Parmenio ut noctu hostes aggrederetur, ego non is sum, excelso respondit animo, qui victoriam subripiam'; et ad mei nominis gloriam interest ut luce palàm dimicem ac vincam.

V. Ad hominis felicitatem non refert ut amplos possideat agros, aut in magnifico requiescat lecto, sed ut vir sit probus.

VI. Ad Alexandri existimationem magni interest ut attendamus quomodo post pugnam juxtà Issum usus fuerit victoriâ ; meritò affirmari potest nunquam illum majorem quàm id temporis se præstitisse.

———

82.ᵉ Règle : *Est regis*, etc.

I. Dei est solius futura prævidere.

II. Boni est pastoris suis pro ovibus mortem oppetere.

III. Magistrorum est edocere, veluti discipulorum dociles se præstare.

IV. Duobus Pharaonis præfectis dixit Josephus : nonne Dei solius est somnia interpretari ?

V. Probi est viri suæ patriæ, suis parentibus opem ferre, ubi audit illos periclitari. — Cujusnam est, nisi pastoris, suum gregem curare ?

VI. Orbis, inquiebat Alexander, neque

duos soles neque duos pati potest Dominos :
Darii est perpendere utrùm hodiè in deditionem venire, crasne dimicare libeat. -

---

83.ᵉ Règle : *Meum est loqui, magister credit
suum esse docere.*

I. O Domine ! tuum est imperare ; nostrum est tuis jussis parere.

II. O judices ! vestrum est viduam et pu-
pillum tueri. — Neroni dixerunt Burrhus et
Seneca : tuum, non autem tuæ matris est
regnare ; porrò illis fidem adhibuit Nero.

III. Regi Pharaoni respondit Josephus :
haud meum, Dei autem solius est benignum
responsum tibi dare.

IV. O Domine ! tu habes vitæ æternæ
verba : tuum est nostri magistri nos edocere ; et nostrum est tuorum discipulorum
tibi auscultare. — Discant divites suum esse
miseris opitulari.

V. Persuasum habebat Aristides suum esse
patriæ suæ operam, nullo exspectato præmio, navare.

VI. Pontifiex Azarias et cum illo octoginta
sacerdotes regi Oziæ constanter dixerunt :
non est tuum Domino thus offerre ; solorum
est sacerdotum qui ad illud ministerii con-
secrati sunt.

84.ᵉ Règle : *Hic liber est meus ,* etc.

I. Tui sunt cœli, Domine , et tua est
terra.

II. Alexandro dixerunt Scythæ : quam nos incolimus regionem , ea nostra est , non autem tua.

III. Tuum est quidquid meum est , Patri suo inquit Jesus Christus , atque meum est quidquid tuum est. — O Christiani ! gaudetote quòd vestri sint Jesu Christi thesauri.

IV. Nostra erit victoria , modò Deo soli confidamus.

V. Nunquid te decet , ad Darium Alexander scribebat , quod jam non tuum est offerre , et quod nunc meum est velle partiri ?

VI. Mihi affatim divitiarum est, suis in quiebat Cyrus aulicis , ultrò fateor , idque non nesciri gaudeo ; vobis verò persuasum esto , haud minùs vestras illas esse quàm meas.

—————

85.ᵉ RÈGLE : *Mihi opus est amico* , etc.

I. PRUDENTIBUS fidisque regi opus est amicis.

II. Nobis omnibus opus est Jesu Christi gratiâ.

III. Jobo vulneribus onusto summâ opus fuit patientiâ.

IV. Reipublicæ Romanæ opus fuit Catonis consiliis.

V. Mosi summâ opus fuit constantiâ, ut quem ipsi commiserat Deus rebellem populum , ei præesset.

VI. intellexit sanctus Ludovicus rex singulari sibi opus esse sapientiâ , ut sibi commissum populum moderaretur.

C 5

VI. Quantâ Salomoni opus fuit sapientiâ, ut perspiceret utrius esset puer de quo ambæ mulieres inter se contendebant!

———

86.ᵉ Règle : *Interdico tibi domo meâ*, etc.

I. Lex Judæis porcinâ carne interdicebat.

II. Deus Adamo et Evæ Arboris scientiæ boni et mali fructu interdixerat.

III. Una ex Lycurgi legibus auro et argento Lacedæmoniis interdicebat. — Suâ mensâ divus Augustinus absentes maledico dente carpentibus interdixerat.

IV. Sancta Marcella necnon sancta Paula delicatè ac molliter educatæ, sibi tamen, prior carne, vino posterior interdixerunt.

V. Trajanus, unus inter Romanos imperatores celeberrimos, adulatores pejùs oderat, quàm qui istis sui palatii aditu non interdiceret.

VI. Augustus, postquàm deliberavisset utrùm suam filiam Juliam interfici juberet, illam in quamdam Campaniæ insulam amandavit, illique vino, delicatis dapibus, vestibusque splendidis interdixit.

———

87.ᵉ Règle : *Amat ludere*, etc.

I. Audire et tacere primùm discebant Pythagoræ discipuli.

II. Jugurtha, juvenis adhuc, sagittare et equitare didicit. — Scythæ neque ulli imperare, neque ulli volebant obedire.

III. Tyrii Alexandrum , pro amico quidem , non autem pro Domino , volebant accipere.

IV. Themistocles intrà annum persicâ linguâ apprimè loqui didicit. — Si nos peccare desinemus, castigare desinet Deus.

V. Parere didicit Cyrus , priùsquàm imperaret.

VI. Ægrè ferens Maharbal quòd Annibal , post Cannense prælium , rectà Romam non pergeret, non potuit non illi dicere : scis vincere , Annibal , sed uti nescis victoriâ.

88.ᵉ Règle : *Eo lusum* , etc.

I. Augustinus peccatis adhuc obnoxius pivum Ambrosium ibat auditum.

II. Ibat Saül sui patris quæsitum asinas, cùm illum Samuel Israelitarum regem inauguravit.

III. Deambulatum eamus , suo fratri Abeli dixit nequam Caïnus, et cùm in eum irruisset , illum occidit.

IV. Nabuchodonosor , profligatis Ægyptiis , Hierosolymam obsessum rediit.

V. Cùm Jesus Christus suis dixit discipulis : eo Lazarum è somno excitatum , non intellexerunt illum ire huncce amicum à quatriduo mortuum ad vitam revocatum.

VI. Ea erat Socratis existimatio , ut juvenes Athenienses , abjectis suis oblectamentis, illum irent auditum.

89.ᵉ RÈGLE : *Venio ad studendum*, ou
ut studeam, etc.

I. In Angliam iverunt sanctus Germanus
sanctusque Lupus ut Pelagianorum errores
refellerent. — Romanos è somno excitavit
Manlius , citòque venerunt ad Gallos ar-
cendum.

II. Sanctus Vincentius, viginti annos natus , Tolosam ivit ad theologiæ studendum.
— Divus Antonius Alexandriam ivit, ut Aria-
norum errorem refelleret.

III. Divus Franciscus ivit Lutetiam ut
rhetoricæ , philosophiæ , necnon theologiæ
studeret ; et annum post sextum , Patavium
missus est ad juri studendum.

IV. Alexandriâ Nicæam ivit divus Athanasius , ut Arianos refelleret. — Sanctus
Thomas Agrippinam Coloniam ivit ut , do-
cente Alberto Magno , theologiæ studeret.
— Dormis , puer , ito , ut tuo stertas in
lecto.

V. Athenas ivit divus Gregorius ad discen-
dum quod suâ in patriâ discere non potuerat. Posteà Constantinopolim legatus est ,
quò ivit ad refellendos Arianos. — Milites ,
pugnæ vos accingite , ego ad clangendum
venio.

VI. Sanctus Apphianus in Lyciâ natus ,
Beritum ivit , ut humaniores disceret litteras. — Insanabiles nostri erant morbi cuilibet alii ac Jesu Christo qui venit ut illis
mederetur.

90.ᵉ **Règle** : *Redeo ab ambulando ; redibam ab agris invisendis* , etc.

I. Ab occidendo Abele redibat Caïnus , et Dominus illi istius pœnam sceleris denuntiavit.

II. A venando redibat Antiochus , cùm in tugurium se recepit.

III. Esao à peragrandis agris redeunti dixit Jacobus : tuam ætatis prærogativam mihi vendito , illamque ei Esaüs vendidit.

IV. Ab arando Saül regrediebatur , cùm audivit proximam urbem ab Ammonitis obsessam' teneri.

V. Jephte à cædendis Ammonitis redibat, cùm suam filiam sibi obviam venientem aspexit.

VI. Samson à petendo virginis philistinæ conjugio redibat , cùm vidit ad se accurrentem furibundum frementemque leonem , quem , veluti hædum , discerpsit.

———

91.ᵉ **Règle** : *Te hortor ad legendum* , etc.

I. Agis ad excutiendum Alexandri jugum Lacedæmonios impellebat.

II. Sanctus Numidicus , Carthaginensis sacerdos , ad lapides ignemque perferendos Christianos hortabatur.

III. Diva Julitta alias mulieres Christianas ad quoslibet cruciatus Jesu Christi causâ tolerandos adhortabatur.

IV. Ad acriter persequendum infamcm Bessum , Darii domini et regis sui interfectorem , Alexander suos inflammabat milites.

V. Matronas Parisienses hortata est diva Genovefa ad Dei iracundiam precibus ; vigiliis necnon jejuniis avertendam.

VI. Dum omnes ad confligendum cum Scipione Annibalem hortarentur , solus ipse de pace conficiendâ cogitabat.

92.ᵉ Règle : *Consumit tempus legendo*, etc.

I. Noctem et diem potando Germani libenter consumebant.

II. Divus Antonius , divusque Paulus eremi cultor , in cantandis psalmis noctem egerunt.

III. Sanctus Lucianus libros transcribendo vitam tolerabat.—Tobias mortuos sepeliendo oculos amisit.

IV. Protagoras juvenis adhuc vitam tolerabat bajuli artem factitando ; at Democritus demiratus hujus solertiam , victum et vestitum illi præbuit , illumque edocuit philosophiam.

V. Sylla , abdicatâ dictaturâ , venando vitam agebat. — Rex Artaxerxes majori perfundi lætitiâ videbatur , sua in omnes effundendo beneficia , quàm alii accipiendo.

VI. Quantam in merendis summis honoribus , tantam in istis repudiandis animi excelsitatem præstitit Scipio Africanus. — Dario suadebat Caridemus , ut quo frustrà splendebat ipsius exercitus aurum argentumque conscribendis in græciâ copiis impenderet.

93.ᵉ Règle : *Dedit mihi libros legendos*, etc.

I. Moses populo dixit : edendam carnem vobis hodiè dabit Dominus, et cras vos pane satiabit.

II. Goliathus Davidem exsecrans, illi dixit : veni, et ego tuam carnem feris et avibus edendam dabo.

III. Caput suum amputandum obtulit Servius Terentius, ut quem insequebantur equites Decimum Brutum morti eriperet.

IV. Nicanoris lingua minutatim abscissa est, istamque Judas avibus edendam projici jussit.

V. Cùm dixisset Juditha se arcana habere Holoferni revelanda, in istius ducis tabernaculum deducta est. — Cùm massulam confecisset Daniel, draconi qui Babylone adorabatur hanc sorbendam obtulit; et cùm periisset draco, en Deum, dixit Daniel, quem vos adorabatis.

VI. Divus Paulus, divus Franciscus Xaverius pluresque alii, neque itinera, neque labores formidabant, dùm populos Christi jugo subjiciendos viderent.

94.ᵉ Règle : *Vidi eum ingredientem*, etc.

I. Divus Ignatius famelicos leones frementes audiens, summo perfusus est gaudio. — Athenienses nunquam Phocionem ridentem aut lugentem viderunt.

II. Moses populum circà vitulum aureum videns saltantem , vehementiùs iracundiâ exarsit. — Eliseus Eliam in cœlum ascendentem videns, clamabat : mi pater, mi pater !

III. Rebecca duos infantes suo in sinu se invicèm collidentes sentiens , perterrita est , et Dominum consuluit. — Philistæi Samsonem duobus crassis funibus vinctum accedentem videntes , illi obviam iverunt jubilando.

IV. Rex Assuerus Estherem , nullatenùs vocatam , ad se venientem videns , primò vehementiùs irâ exarsit. — Insultabant Tyrii Macedonibus quos , jumentorum instar , dorso onera portantes videbant.

V. Alexandrum , in convivio publico , suo patri contumeliosâ cavillatione insultantem ægrè video. — Quis patrem suas aves alentem suosque deserentem liberos unquam in terris vidit ? quisnam ergò à cœlesti Patre istud timeat ?

VI. Septem vaccas pingues è Nilo egredientes in somniis vidit Pharao ; dein ex eodem fluvio egredientes vidit septem alias macerrimas quæ priores voraverunt , nec pinguiores evasêre. — Quanto pavore perculsi sunt Alexander illique gratiosi , cùm inter cœnam principes feminas captivas barbarorum more vociferantes vel potiùs ululantes audiverunt !

95.ᵉ RÈGLE : *Deus qui regnat... Refert meâ
qui doceo*, etc.

I. DARIUS qui rex erat potentissimus, mi-
serandum in modum periit.

II. Sisygambis quæ Darii erat mater,
Alexandri captiva facta est.

III. Quod à Salomone ædificatum fuerat
templum, illud à Babylonis rege incensum
est. — Sanctus Macarius qui primùm cupe-
diorum aut placentarum fuerat mercator,
in Ægypti solitudinibus diù vitam egit du-
rissimam.

IV. Timoleon Carthaginenses, qui tamen
maximè omnium orbis populorum fallaces
habebantur, solertissimè delusit. — Refert
nostrâ qui ad cœleste regnum aspiramus,
ut illud nostris acquiramus operibus.

V. Ignaris qui sunt humiles illucet Deus,
doctos verò qui superbi sunt obcæcat. —
Meum est qui Christiano glorior nomine,
ducem meum et magistrum imitari.

VI. Refert vestrâ qui decertatis adversùs
tenebrarum principem, ut lucis arma vobis
induatis. — Intellexit Salomon quanti suâ
qui rex erat interesset, ut à Deo peteret
sapientiam. — Summè magnus est Deus ;
nostrum est qui præ illo terræ vermes sumus, supremam ejus adorare majestatem.

96.ᵉ RÈGLE : *Pater et mater quos amo*, etc.

I. DEUS Tobiam et Saram qui ad ipsum
confugerant uno eodemque exaudivit tempore.

II. Josephus et Maria, quorum virtútes nos debemus imitari, pauperes mundoque ignoti vixerunt.

III. Adamus et Eva quos è terrestri paradiso ejecerat Deus, suum peccatum deploraverunt.

IV. Socrates et Xantippe, quorum indoles dissimillima erat, Athenis, in urbe celeberrimâ, vitam agebant.

V. Deus tandem solatus est Tobiam ejusque conjugem, quos sui filii nimis diutina absentia acri mœrore affecerat.

VI. Iratus est Deus Aaroni et Mariæ ejus sorori, qui de Mose ipsorum fratre, omniumque hominum mitissimo, conqueri ausi fuerant.

———

97.ᵉ RÈGLE : *Virtus et vitium quæ sunt contraria*, etc.

I. Aqua et vinum quæ miscet sacerdos sanctum offerendo Sacrificium, grande mysterium exprimunt.

II. Confugiamus ad jejunium et orationem quæ formidat nostræ salutis perditor.

III. Homo constat corpore et animâ quæ mirum in modum conjunxit Deus.

IV. Mittit Deus ipse bellum et famem quæ pavori sunt hominibus.

V. Corona et sceptrum, quæ dùm cruciaretur tulit Jesus Christus, hæc hodiè nobis sunt venerationi.

VI. Testatur divus Joannes se vidisse fluentia aquam et sanguinem quæ è Jesu Christi mortui latere salierunt.

98.ᵉ Règle : *Deus qui regnat... Puer quem pœnitet... Magister cui opus est*, etc.

I. Regi respondit Daniel : misit meus Deus angelum qui leonum rictum oeclusit.

II. Quem dictaturæ tædebat Syllam, hic illud dignitatis abdicavit.

III. Ad Carthaginenses quibus opus erat perito duce Xantippum miserunt Lacedæmonii.—Quo sibi interdictum fuerat fructu, istum Eva carpsit, comedit, suoque marito obtulit.

IV. Quem vitæ tædebat Diocletianum, hic nec somnum nec cibum volebat capere, et sine ullà intermissione suspirabat. — Darius cui opus erat Caridemi consiliis, hunc tamen interfici jussit.

V. Quem suorum scelerum sincerè pœnituit Manassen, hic misericordiam impetravit. — Graviter irascebatur Alexander Philippo suo patri quem non puduerat Olympiadem repudiare.

VI. Diocletianus quem summæ tædebat potestatis, aut qui, ut rectè dicam, imperio se abdicare à Galerio coactus est, suos hortos suaque pomaria coluit.

———

99.ᵉ Règle : *Mitte quem voles*, etc.

I. Quem vult regem eligit Dominus.

II. Si quos vult rex suos ministros eligit, quantò magìs regum Rex !

III. Jesus Christus suos eligens apostolos, quos voluit vocavit.

IV. Heliodorus Hierosolymam reverti nolens, regi dixit : eò quem voles mitte ; at dubito an indè sit rediturus.

V. Alexander, cùm Stratonem regno indignum existimâsset, Ephæstioni potestatem fecit, quem è Sydoniis vellet regem creandi.

VI. Dici non potest apostolos quem voluerint elegisse, ut Judæ succederet ; cùm enim duo ad illos adducti fuissent discipuli, sortem adhibuerunt.

—————

100.ᵉ Règle : *Deus quem amo... Grammatica cui studeo*, etc.

I. Saulo respondit Dominus : ego sum Jesus quem tu persequeris. — Deus cui nos debemus servire, æternam mercedem nobis promittit.

II. Jacobo narravit Josephus immane scelus quod sui fratres patraverant. — Alexander, suorum amicorum gratiâ, artem medicam cui studuerat nonnunquam exercuit.

III. Babylon malis quæ prævidere non potuerat repentè oppressa est. — Hierosolymitæ quibus pepercerat Chaldæorum gladius, captivi Babylonem deducti sunt.

IV. Quem Dei instar adorabant Babylonii draconem, hunc Daniel piâ fraude interemit. — Samuel occidi et in frusta concidi jussit Agagum, Ammonitarum regem, cui Saül pepercerat.

V. Sua Mosen mater credidit scirpiculo quod pice ac bitumine illeverat, illumque inter fluvii arundines exposuit. — Bessus et Nabarzanes quibus faverat Darius, adeò perfidi fuêre, ut illum vinctum telis confoderint.

VI. Quem Judas Machabæus Apollonio interfecto detraxerat gladium, hoc in præliis utebatur. — Mulierem impulit dæmon ad edendum fructum, quo illi ejusque marito interdixerat Deus.

101.ᵉ RÈGLE : *Pauperes quos amare et quibus opitulari debemus*, etc.

I. NOSTRUM erit præmium Deus quem adorare et cui indesinenter gratias debemus ágere.

II. Jesus Christus quem diligere et cui fideliter servire tenemur, nobis sedem in suo parat regno.

III. Ficus cui maledixit Jesus Christus, et quam sterilitate percussit, hæc Christianos quorum fidei bona desunt opera significabat.

IV. Adamus et Eva quos admonuerat Deus, et quibus mortem minatus fuerat, ei tamen non paruerunt.

V. Serpens cui imprecatus est Deus et quem jussit repere, iste dæmonem depingebat. — Sensim decepti sunt Lacedæmonii auri et argenti fulgore, quæ noxia habebat Lycurgus, et quibus illis interdixerat.

VI. Quanto horrori erit peccatum Christianis quibus sanctitatem contulit Jesus Christus, quosque suo lavit sanguine!

102.ᵉ RÈGLE : *Animal quem vocamus leonem*, etc.

I. PERANTIQUA est urbs quod Lugdunum vocamus.

II. Jesus Christus, quod etiam vocatur Verbum seu Verbum Dei, homines edocuit.

III. Insectum quam erucam dicimus, plantas et arbores depopulatur.

IV. Monstrum quem antichristum vocamus, stupenda patrabit prodigia.

V. Nunc magno est usui machina quod telegraphum dicimus.

VI. Stupenda prodigia quas Ægypti plagas vocamus, regis Pharaonis pertinaciam frangere non valuerunt.

103.ᵉ RÈGLE : *Quas scripsisti litteras, eæ mihi fuerunt jucundissimæ*, etc.

I. QUOD ædificavit Noemus navigium, hoc Ecclesiæ erat typus.

II. Quem tantoperè contemnimus asinum, ille tamen maximæ est utilitati.

III. Quem suâ fundâ David prostravit Goliathum, iste giganteâ erat staturâ.

IV. Quam Romulus ædificavit urbem, hæc orbis Christiani caput evasit.

V. Quem David fugiens accepit gladium, ille ad gigantem Goliathum pertinuerat.

VI. Quem saxorum mole Romani obtriverunt serpentem, iste ipsorum exercitui maximo fuerat exitio.

———

104.e Règle : *Deus cujus providentiam miramur... Libri quibus utor*, etc.

I. Pauperes quorum curam nos negligimus, hi tamen sunt Jesu Christi fratres.

II. Sol cujus nos fulgorem demiramur, die quartâ creatus est.

III. Socrates cujus pater sculptor erat, sculpturæ peritissimus ipse evasit. — Invocabat impius Antiochus Dominum, à quo nullam erat obtenturus misericordiam.

IV. Noemus, cùm vinum cujus vim haud noverat bibisset, inebriatus est, suóque in tabernaculo obdormivit. — Mariam Magdalenam liberavit Jesus Christus à septem dæmonibus à quibus exagitata fuerat.

V. Joabus tria sumpsit jacula quibus è quercu suspensum Absalonem transfixit. — Quâ nobis indesinenter opus est gratiâ, hæc nobis tribuetur, si perseveranter eam poscemus.

VI. Titus imperator, ob egregias quibus præditus erat dotes, à Romanis desideratus est. — Alexander, cùm evulsisset hastam quâ Clitum amicum suum transfixerat, istâ se ipse transfixisset, nisi hunc suum in conclave vi custodes abstulissent.

105.ᵉ Règle :

Homo *cui officium præstitisti...* *cujus interest.*
in quem..... contulisti....

I. Rex Ægyptius cui ignotus erat Josephus, Israelitas operosis laboribus oppressit.

II. Vir Christianus cui adeò necessaria est Jesu Christi gratia, hanc indesinenter à Deo debet petere.

III. Sanctus Innocentius ad summum evectus pontificatum, ad Deum solum confugit, à quo, veluti Salomon, sapientiæ et prudentiæ spiritum postulavit.

IV. Junior Cyrus in prælio mortuus concidit ad pedes fratris sui, cui et sceptrum et vitam volebat eripere. — Deus à quo Salomon solummodò sapientiam petiverat, hunc etiam gloriâ et divitiis cumulavit.

V. Judæi quorum intererat ut Jeremiæ consilio parerent, Babyloniis sese dedere noluerunt.

VI. Homines quorum referebat ut admonenti Noemo auscultarent, sui indocilis ingenii pœnas dederunt, atque diluvio periêre.

———

106.ᵉ Règle : *Romulus à quo Roma condita fuit... Is per quem veniam impetravi*, etc.

I. Mariam per quam Jesum suscepimus veneremur; Jesumque à quo fuimus redempti adoremus.

II. Occiderunt Tyrii caduceatores per quos

ad

ád pacem ipsos Alexander invitabat. — Cæsar à quo subacta fuit Gallia, in senatu suis ab am...s trucidatus est.

III. quid ergò ? inquiebant Aaron ejusque soror : num solus est Moyses per quem locutus sit Dominus ? — Cicero à quo patefacta est Catilinæ conjuratio, consul erat vigilantissimus.

IV. Suo patri dixit Tobias : quid nos offerre poterimus huic viro à quo tàm prosperè fui deductus, et per quem Deus nos tantis cumulavit beneficiis ?

V. Quantis elogiis ornata est Juditha, per quam Deus populum suum Holofernis tyrannidi eripuit ! — Non te præterit Scipioni à quo eversa est Carthago, Africani cognomen impositum fuisse.

VI. Josaphatus suum exercitum videns siti in solitudine jamjam interiturum, quæsivit an nullus esset Domini propheta, per quem possent ejus misericordiam implorare. — Titus à quo eversa est Hierosolyma, sibi oblatas coronas recusavit, dicens se duntaxat Dei Judæis irati mandata perfecisse.

107.ᵉ RÈGLE : *Mihi paruit... me laudas, id nobis erit utile, etc.*

I. DANIELI dixit rex : quem tu adoras Deum, hic te liberabit.

II. Sana me, Domine, et ego sanabor; salvum me fac, et ego salvus ero.

III. Audivit Saulus vocem sibi dicentem : Saule, Saule, quid me persequeris ?

TOMUS I. D

IV. Dixit Sion : Dominus me dereliquit ; ego autem , ait Dominus, tuî ego nunquam obliviscar.

V. Abrahamo dixit Deus : tibi carum sume filium tuum, atque ito illum in monte quem tibi ostendero mihi immolatum.

VI. Joabus Davidi Absalonis mortem lugenti ausus est dicere : qui te oderunt, illos tu diligis, et qui te amant, illos odisti. — Abrahamo dixit Deus : nunc mihi explorata est fides tua : cùm igitur mihi parueris, ego tibi benedicam, et te muneribus cumulabo.

———

108.^e RÈGLE : *Tibi promisi librum , hunc tibi dabo , etc.*

I. OVES meæ, ait Jesus Christus, meam vocem audiunt, illas ego cognosco, et nemo illas mihi rapere poterit.

II. Die quâdam junior Cyrus ursi impetum sustinuit, illumque dejecit.

III. Vitulum aureum arripuit Moyses, istum in ignem injecit atque in pulverem redegit.

IV. Timoleon totam Siciliam purgavit tyrannis qui illam tamdiù infestam habuerant. — Adeò indomitus atque intractatus erat Bucephalus, ut vix istum Philippus non dimiserit.

V. Tobias sextum et quinquagesimum annum attigerat, cùm oculos amisit, illosque sexaginta annos natus recuperavit.

VI. Servus erat Æsopus ; et qui illum

emerat mercator, eumdem seu propter ipsius faciem, seu propter staturam haud itá facilè vendidit.

109.ᵉ RÈGLE : *Hoc non agam*, etc.

I. APUD vos non erit duplex pondus, nec duplex mensura ; id vetat Deus.

II. Superba Babylon ferarum noeturnarumque avium latibulum facta est. Hoc Isaïas prædixerat.

III. Rex Baltasar in majorum suorum sepulcro non fuit conditus. Hoc prænuntiaverat Isaïas propheta.

IV. Virilem vestem haud sibi induet mulier, nec vir sibi muliebrem ; istud quicunque facit, Deo est abominatus.

V. Catenis constrictus Joachas in Ægyptum ubi obiit abductus est. Hoc dixerat Jeremias.

VI. Jacobus Josephum vivere audiens, id primùm haud potuit credere, atque obstupuit.

110.ᵉ RÈGLE : *Dices ei... id illis facile est*, etc.

I. ALTARE Domino erexit Noemus, illique sacrificium obtulit.

II. Davidem oderat Saül, eique invidebat.

III. Suas oves amat Jesus Christus ; eisque æternam vitam largitur.

IV. Adamus et Eva quo ipsis interdictum fuerat fructum comederunt : quod illis necnon nobis exitiosum fuit.

V. Ægyptius populus famè exstimulatus Pharaonem adivit , ab illoque petivit cibaria ; at illis dixit : ite ad Josephum , et quod vobis dixerit facite.

VI. Haud dubitabat Callisthenes Alexandrum omnium regum maximum vocare ; at Dei titulum illi tribuere nunquam voluit.

––––––

111.e Règle : *En* se tourne par *de lui*, *d'elle*, *d'eux*, etc. *Voyez* les Questions de lieu.

I. Regi Baltazari dixit Daniel : tui regni dies numeravit Deus , illiusque finem signavit. — Stellas contemplare , earumque prodigiosum demirare numerum.

II. Epaminondam aliquid victoriæ reportantem nihil magis delectabat , quàm voluptas quam ex illâ ipsius parentes percipiebant. — Tobiæ dixit angelus : in Mediam tuum ducam filium , atque indè illum reducam.

III. Evagoras , Salaminæ rex , haud minùs suum diligebat populum , quàm ab illo diligebatur. — Asini maxillam prehendit Samson , istáque mille Philistinos interfecit. — Hircus imprudens , ut narrat fabula , in puteum insiliit , indè autem egredi non potuit.

IV. Jugurtha , quamvìs omnes inter suos coætaneos præcellens , ab illis tamen diligebatur atque æstimabatur. — Junior Tobias quod suus ipsi præscribebat pater , sedulò perficiebat, optimorumque monitorum quæ ab ipso acceperat nunquam oblitus est. — Augustus imperii provincias volens percurrere, primùm ivit in Siciliam, atque indè profectus est, ut in Græciam se conferret.

V. Deus, Deus ipse montes transfert, ipse terram commovet, ejusque fundamenta quatit. — Moses Aaronem suis summi sacerdotis exuit vestibus, illisque Eleazarum filium ejus natu maximum induit. — Imperator Augustus in insulâ Samo hiemem exegit, atque indè vere novo profectus est.

VI. Judas victi atque interfecti Apollonii prehendit ensem, illoque posteà usus est in præliis. — Si Socrates, uti asseverant, suæ patientiæ exercendæ gratiâ, uxorem duxit Xantippem, haud dubitandum est quin illâ contentus fuerit. — Imperator Adrianus, perlustratis Orientis provinciis, Romam rediit, indèque paulò post profectus est, ut alias perlustraret provincias.

112.ᵉ Règle : *Y* se tourne par *à lui, à elle*, etc. *y* se rapportant aux questions de lieu, *etc.*

I. Nabuchodonosor urbem Hierosolymam cepit ac diripuit, eique ignem injecit.

II. Alexander, regis Pori miratus magnanimitatem, suum ei regnum non ademit, illique alias adjunxit provincias. — Urbi Tarso ignem subjiciebant Persæ, cùm eò Alexander advenit.

D 3

III. E cœlo descendit Jesus Christus, ut animæ nostræ sanaret vulnera ; hunc precemur ut ferrum et ignem istis subjiciat. — In montem Calvarium ductus est Jesus Christus, ibique duos inter latrones crucifixus est.

IV. Annibalis copiæ in delicias eô avidiùs se ingurgitaverunt, quòd istis insuetæ erant. — Divus Franciscus Avenione ivit Lugdunum, ibique mensis decembris die vigesimâ octavâ obiit.

V. Trecentæ vulpes quarum caudæ accensas faces Samson illigaverat, cœperunt per medias vineas se immittere, illasque incenderunt. — Drusus Romam revertens, priùs quàm eò adveniret obiit.

VI. Argumento est Salomonis exemplum nihil virtuti magìs adversari quàm voluptatem ; isti postquàm hic princeps se dedidisset, brevì sapientiam amisit. — Drusi mors urbem Romam summo affecit mœrore, quòd ibi universè diligeretur atque æstimaretur.

———

113.e Règle : *Superbus se laudat*, etc.

I. Superba urbs Tyrus maris reginam se dicebat. — Maria, angelorum hominumque regina, se Domini humilem ancillam vocabat.

II. Darius primus se hominum optimum atque pulcherrimum dicebat : quanta ostentatio !

III. Saüli dixit Samuel : virum juxtà cor suum sibi elegit Dominus. — Sibi gratulabatur Philippus quòd nactus esset Aristotelem, cui Alexandrum committeret.

IV. Ad arborem se suspendit Judas : magis probrosâ manu mori nequibat proditor.

V. Pavore correptus rex Ozias è templo erupit, quia se sensit à Deo percussum.

VI. Ochus, Persarum rex, Ægypto bello quæsitâ, voluptatibus ac mollitiei se dedidit, et per sibi gratiosum Bagoam veneno necatus est.

———

114.ᵉ RÈGLE : *Vox illa invenitur apud Phædrum... Minis non movetur tuis*, etc.

I. JUDÆI Jeremiæ minis nequaquam terrebantur.

II. Josephi scyphus in Benjamini sacco repertus est. — Nautis dixit Jonas : me in mare projicite, et residet tempestas.

III. Nabuchodonosoris corpus plumis obductum est, ejusque ungues, veluti avium, in longitudinem excreverunt. — Recordemur vitandos ignes qui nunquam exstinguentur.

IV. Quandiù Spartæ sedulò servatæ fuerunt Lycurgi leges, præpotens fuit illa civitas, necnon florentissima.

V. Cyrus nullo perterrebatur periculo, nec ullo frangebatur labore, cùm acquirenda esset gloria.

VI. Elephas, licèt corporis mole extrà modum ponderosus, præditus est docilitate et industriâ quæ percipi nequeunt. — Moyses videns rubum qui ardebat nec consumebatur,

accessit ut cerneret quid esset illud mi-
raculi.

———

115.ᵉ RÈGLE : *Venenum sese in venas
insinuat*, etc.

I. VENENUM in Annibalis venas sese in-
sinuavit, atque ille interiit.

II. Cimon Atheniensis, cùm se daret
occasio, miseris officium præstabat. — A
Milonis famulis trucidatus fuit Clodius :
quomodò res se habuerit narrat Cicero.

III. Ubi se dedit occasio, Androclus è
speluncâ egressus est atque à leone de-
migravit. — Ab Alexandro incensa est urbs
Persepolis; apud Quintum Curtium legere
est quomodò res se habuerit.

IV. Socrates qui carcere egredi noluerat,
quamvìs se dedisset occasio, cicutam hausit;
et ubi sensit venenum suas in venas sese
insinuans, procubuit atqe mortuus est.

V. Diva Pomposa, monasterio inclusa,
evasit ubi se dedit occasio, Corduramque
petiit, martyrum coronam acceptura. —
Romani in angustiis deprehensi sub jugum
per vim missi sunt : quomodò res se habuerit
refert Titus Livius.

VI. Præsertim in scenæ spectaculis, ait
Seneca, voluptatis illecebris, vitii venenum
in mentem sese insinuat. — Romani, cùm
uxores non haberent, Sabinas virgines
rapuerunt; videre est apud Titum Livium
quomodò res se habuerit.

116.e Règle : *Petrus et Joannes se invicem
laudant*, etc.

I. Roma et Carthago lethaliter se invicem
oderant.

II. Brutus et Aruns, Tarquinii filius, suâ
se invicem transfixêre lanceâ.

III. Alexander et Darii gener se invicem,
leviter quidem, vulnerârunt.

IV. Jacobus et Labanus illius socer amicitiam sinceram sibi invicem jurejurando
promisêre.

V. David et Jonathas, regis Saülis filius,
se inter se complexi sunt effusè lacrymantes,
æternumque amorem sibi invicem jurejurando promiserunt.

VI. Dicere nequeam quantùm Polybius et
Scipio, cognomine Æmilianus, se invicem
diligerent. — Damon et Pythias tanto amore
se invicem complectebantur, ut unus pro
altero vitæ discrimen adire non dubitaret.

117.e Règle : *Quis vestrûm* ou *ex vobis*, etc.
Quis suá sorte contentus?

I. Quis Daniele sapientior fuit ?
II. Quis unquam Samsone robustior exstitit ?
III. Quis inter Apostolos suum prodidit
Dominum ?
IV. Quis unquam Annibale fuit artium
feracior ?
V. Quis unquam Jobo et Tobiâ fuit tole-
rantior ?

VI. Quis unquam inter exercituum imperatores tractandorum animorum Alexandro peritior exstitit ? — Moysi dixit Dominus : quis hominis os finxit, et quis ei vocem dedit ?

118.ᵉ RÈGLE : *Uter est doctior, tune an
frater ?*

I. Uter eloquentior est , Demosthenesne
an Cicero ? — Id me præterit.

II. Populo dicere ausus est Pilatus : utrum
dimittam , Jesumne an Barabbam ?

III. Porum Alexander devicit ; at nescimus
utrum magìs demirari debeamus , victorem-
ne an victum.

IV. Utrum majori dignum admiratione
judicabimus , regemne Persarum qui Epaminondæ grandem misit pecuniam , an Epaminondam qui, quantumvìs pauper esset ,
istam repudiavit ?

V. Uter magìs detestandus tibi videtur,
Cambysesne qui sagittâ filii Prexaspis pectus transfixit, an Prexaspes qui isti bar-
bariei plaudere sustinuit ?

VI. Quærit Valerius utri potiùs gratulan-
dum sit, Alexandrone qui de Ephæstione
dixit : hic alter ego est, an Ephæstioni,
cui contigit ut id verborum proferentem
Alexandrum audiret.

119.ᵉ RÈGLE : *Quis te vocavit ?... quem vocas ?* etc.

I. Quis Dei omnipotentis brachio potest resistere ? — Magdalenæ apparuit Jesus, eique dixit : mulier, cur luges? quem quæris?

II. Quis Jesum Christum prodidit ? Judas. — Juda perfide, quem tu prodidisti ? tuum Dominum.

III. Quisnam Jesum Christum capite damnavit? Pilatus. — Pilate, quem damnavisti? tuum judicem.

IV. Quis Jesum Christum ter ejuravit? Petrus. — Debilis discipule, quem tu ejuravisti ? Deum tuum.

V. Quinam Jesum Christum Judæis traditum dereliquerunt ? Apostoli. — Apostoli infelices, quemnam vos dereliquistis ? ducem vestrum vestrumque regem.

VI. Quinam Jesum Christum crucifixerunt? milites. — O barbari ! quem vos cruci affixistis ? judicem vestrum vestrumque Deum.

120.ᵉ RÈGLE : *Quid agis? cui rei studes ?* etc.

I. Caïno dixit Deus : quid tu fecisti ? ad me clamat fratris tui sanguis.

II. Cuinam rei olim studebant Christiani? Evangelio.

III. Tremens ac perterritus Saulus Deo dixit : Domine, quid vis me facere? — Quânam re Lacedæmoniis interdixerat Lycurgus ? auro et argento.

IV. Quid sibi parant dæmoni serviendo ? inferos. — Cuinam rei studebat divus Paulus? Jesu Christo, imò Jesu Christo crucifixo.

V. Sagæ dixit Saül : ne timeas, quid vidisti? ego vidi, ait illa, Deum è terrâ prodeuntem. — Cuinam rei Alexander adhuc juvenis studuerat ? rhetoricæ , philosophiæ necnon arti medicæ.

VI. Quid nobis erit horrori, nisi peccatum quod Jesum Christum crucifixit ? — Quânam re Adamo et Evæ interdixerat Deus ? arboris unius fructu.

———

121.ᵉ Règle : *Quid virtute pulchrius ? quid futurum est si ?* etc.

I. Quid magìs optandum quàm sapientia ?

II. Quid magìs detestandum quàm vanæ virtutis ostentatio ?

III. Quid adolescentibus magìs exitiosum quàm pravi libri ? — Quid futurum fuisset, si senum consilio paruisset Roboamus ?

IV. Quid difficilius simulque præclarius quàm injuriarum oblivio ? — Quid fuisset futurum si in Romanos Alexander sua arma vertisset ?

V. Quid melle dulcius, et quid leone fortius ? — Dixit Esaüs : quid mihi proderit mea ætatis prærogativa ? illamque Jacobo fratri suo vendidit.

VI. Quid fuisset futurum, si Maharbalis consilio Annibal paruisset ? id nos præterit. — Quid Caligulâ morosius ? modò deorum iram provocabat, modò tonitru formidine suo sub lecto delitescebat.

122.ᵉ Règle : *Quæ* ou *quænam mater liberos suos non amat ? Quod commodum*, ou *quid commodi habet vita ?* etc.

I. QUISNAM exercitûs imperator Epaminondam unquam superavit ? — O Domine, exclamabat David, quid mali oves illæ commiserunt ? me percute, sed tuo parce populo.

II. Quisnam architectus Archimedem unquàm æquiparavit ? — Quid tituli Alexander appetebat ? dei titulum.

III. Quisnam apostolus plures quàm divus Paulus obiit provincias ? — Quid negotii exercebat sanctus Alexander nondùm episcopus ? carbonarium negotium.

IV. Quemnam veterem philosophum Socrati æquiparas ? — Cuinam oratori plures perrumpendæ fuerunt difficultates quàm Demostheni qui posteà Philippo adeò formidandus evasit ? — Quid urbis obsedit Annibal, priusquàm in Italiam intraret ? Saguntum Romanis fœderatam.

V. Quisnam Ecclesiæ doctor plures per labores jactatus fuit, quàm divus Athanasius quinquies coactus Alexandriâ discedere ? —Quemnam exercitûs imperatorem præpones Scipioni cui contigit ut clarum Annibalem vinceret ? — Quid stratagematis excogitavit Annibal, ad se expediendum agro

Falerno, in quo suo cum exercitu inclu-
debatur ?

VI. Quisnam imperator magis unquàm à
Romanis dilectus est, quàm Titus, dignus
quem generis humani delicias vocarent?—
Quid responsi dederunt Carthaginenses Fabio
Maximo ipsis bellum aut pacem proponenti?

———

123.ᵉ Règle : *Quota hora est ? septima*, etc.

I. Duos inter latrones Jesus Christus expiravit : quota erat hora ? post meridiem
tertia.

II. Quoto die Deus solem, lunam et stellas creavit ? quarto.

III. Quotâ mensis decembris die Jesu
Christi ortum celebramus ? vigesimâ quintâ.

IV. Quoto die hominem creavit Deus,
et mulierem unâ illius costâ finxit ? sexto.

V. Quoto anni mense celebratur Jesu
Christi reviviscentis festum ? tertio vel
quarto.

VI. Quoto anno crematum est sancti
Claudii corpus quod multa per secula in-
tegrum servatum fuerat ? anno millesimo
septingentesimo nonagesimo tertio.

———

124.ᵉ Règle : *Quanta nobis instat per-
nicies !* etc.

I. Quanta fuit post Jesum Christum à
mortuis reducem Apostolorum lætitia !

II. Quantas ærumnas hauserunt Judæi à Romanis in urbe Hierosolymâ obsessi !

III. Quanta imminent supplicia crucis Jesu Christi osoribus !

IV. Quantus fuit regis Babylonii pavor, cùm manum quasdam litteras in pariete vidit scribentem !

V. Quanto perstringeremur horrore, si nostris oculis inferos Deus patefaceret ! — Quanta fuit Jacobi filiorum perturbatio, cùm suum fratrem audivêre exclamantem : Josephus ego sum !

VI. Quanto mœrore oppressa est Sisygambis, cùm audivit de morte Alexandri, quem suum habebat filium, quique ipsam, matris suæ instar, venerabatur ac diligebat !

———

125.ᵉ Règle : *Quis te redemit ? Jesus Christus,* etc.

I. Quisnam Deo magnificum templum ædificavit ? Salomon Davidis filius. — Quis Darium vidit animam efflantem ? Polystratus, miles Macedo.

II. Quisnam Xerxem Persarum regem occidit ? Artabanus, unus ex illius ducibus : — Quisnam Xerxis mortem ultus est ? Artaxerxes, ipsius filius, cui etiam insidiabatur Artabanus.

III. Cuinam filium suum Philippus educandum credidit ? Aristoteli, philosophorum istius ætatis doctissimo necnon celeberrimo.

IV. A quo trucidatus est Philippus, Macedoniæ rex ? à Pausaniâ, juveni Macedone, qui illum sicâ confecit, quique ipse oppidò est discerptus.

V. Utri, Perdiccæne an Ptolemæo, à Pelopidâ, Thebanorum duce, adscriptum est Macedonicum imperium ? Perdiccæ.

VI. Cuinam peccatis obnoxium assimilas ? captivo : quisnam istius est Dominus ? dæmon : quodnam ejus est vinculum ? ipsius crimen : quisnam illius est carcer ? ipsius conscientia : quis istum potest liberare ? Jesus Christus.

——

126.ᵉ RÈGLE : *Cujusnam interest ? meâ...*
Cujus est loqui ? tuum, etc.

I. O ROBOAME, cujusnam intererat senum parere consilio ? meâ.

II. Cujus est futura prænuntiare, et terrarum orbem regere ? tuum solius Dei nostri.

III. Cujusnam intererat iracundiæ suæ moderari ? tuâ Theodosii (1).

IV. Quorum refert desidiam fugere ? vestrâ juvenum, ne in diaboli laqueos incidatis (1).

V. Quorum referebat imperium non affectare ? vestrâ Othonis et Vitellii (1).

VI. Cujus erat imperare ? tuum Fabii dictatoris (1). Cujusnam obtemperare ? tuum Minucii equitum magistri (1).

———

(1) *Nota.* Effacez la virgule dans le français après ces mots, à vous, à toi.

127. RÈGLE : *Num dormis ? non dormio.*
vidistine regem ? vidi.

I. ALEXANDERNE Bessum Darii percussorem persecutus est ? persecutus est ? — Num Philotæ ignovit ? non ignovit.

II. Biberuntne Jacobus et Joannes calicem quem Jesus Christus biberat ? biberunt. — Num in Jesu Christi regno duas primas sedes obtinuêre ? non obtinuêre.

III. Cæsarne Pompeium devicit ? devicit. — Num sui generi caput videns lacrymas cohibere potuit ? non potuit.

IV. Brutusne Romæ regiam sustulit potestatem ? sustulit. — Num suis filiis Tarquiniorum fautoribus pepercit ? non pepercit.

V. Domitianusne, mortuo Tito, regnum adeptus est ? adeptus est. — Num fratrem suum, qui Romanorum benevolentiam sibi conciliaverat, imitatus est ? non imitatus est.

VI. An tuitus est Manlius Torquatus suum patrem à quo rus ipse amandatus fuerat ? tuitus est. — Num suo pepercit filio qui injussus decertaverat ? non pepercit.

---

128. RÈGLE : *Avoit-il soupé, il s'en alloit,*
cùm cænaverat, abibat, etc.

I. CUM Abrahamus et Lothus advenam quemdam aspicerent, huic hospitium offerebant.

II. Cùm aliquem Israelitam obiisse audiret Tobias, è mensâ surgebat ut iret illum sepulturus.

III. Cùm sancto viro Jobo aliquid infortunii nuntiaretur, Deo ipsum percutienti benedicebat.

IV. Cùm Atticus Pomponius aliquâ afficeretur contumeliâ, istius malebat oblivisci quàm illam vindicare. — Cùm Alcibiades Atheniensium partes susciperet, hi ab hostibus victoriam reportabant ; cùm sua in ipsos arma verteret, vincebantur.

V. Cùm Moyses manus erectas haberet, vincebant Israelitæ : cùm illas demitteret, superiores erant Amalecitæ.

VI. Cùm imperator Titus diem egerat de nullo bene meritus, putabat se diem perdidisse.

129.e Règle : *Annon, nonne vidisti regem ?* etc.

I. Annon mortuus est Elias propheta ? non mortuus est.

II. Nonne rubrum mare trajecit Pharaonis exercitus ? non trajecit.

III. Annon in terram promissam ingressus est Moyses ? non ingressus est.

IV. Annon à leonibus voratus fuit Daniel ? non fuit voratus.

V. Nonne Jesum, quem insontem agnoverat, dimisit Pilatus ? non dimisit.

VI. Annon Antiochus quem visum est pœnitere misericordiam impetravit ? non impetravit

130.e RÈGLE : *Puer, abige muscas... Abeat proditor*, etc.

I. JOABO aliisque ducibus dixit David : filium meum Absalonem mihi servate.

II. Animalia interroga, teque edocebunt ; cœli aves consule, teque erudient. — Exclamavit populus : cruci Jesus affigatur.

III. Dixit Assuerus : Aman advocetur, faciatque quod ab ipso expetit regina. — Abrahamo quinque et septuaginta annos nato dixit Deus : tui patris domo egredere, et in regionem quam tibi ostendero propera.

IV. Sapientiam tibi det Dominus, dixit David Salomoni à se regnaturo ; suam legem fideliter servare te edoceat. — Post profligatum Varum, Augustus caput parieti impingens exclamabat : Vare, meas mihi restitue legiones.

V. Pythagoræ scholam petant juvenes ; his dicet : verbis parcè utimini, multùm audite.

VI. Cædendo hosti adeò dediti erant Carthaginenses, ut trucidare non desierint, donec Annibal sæpiùs clamavisset : pugnâ absiste, miles ; victo parce.

131.e RÈGLE : *Ne insultes,*
Ne insulta,
Noli insultare miseris.

I. ZACHARIÆ dixit Gabriel angelus : ne timeas, concipiet parietque uxor tua filium qui magnus coram Domino erit.

II. Mi fili, inquit Sapiens, ne vinum aspicias, cùm splendet in poculo ; jūcundè illabitur, sed postremò serpentis instar mordet.

III. Ruben suis fratribus dixit : nolite Josephum occidere ; hunc potiùs in istud cisternæ projicite ; at manus vestras vestri fratris sanguine ne contaminetis.

IV. Angelus, cujus aspectu perterriti sunt tumuli custodes, sanctis mulieribus dixit : vos autem, ne paveatis.

V. Tyrii, portas vestras Alexandro nolite claudere ; scitote Dominum huic vestram urbem tradidisse.

VI. O Judæi, Dei vestri interfectores, ne dubitetis quin vestra urbs, obsessa à Romanis, sit funditùs evertenda.

132.ᵉ RÈGLE : *Ne dicat... Domo ne exeat*, etc.

I. NE dives pauperem contemnat.

II. Ne suis validis mœnibus confidat Babylon ; istam quippè evertere statuit Dominus.

III. Cui Dominus benedixit populo, huic ne Balaam malè precetur.

IV. Lotho dixit Abrahamus : inter me et te, meos inter et tuos pastores, ne sit ullum jurgium.

V. Impio ne sit dubium quin seriùs ociùsve pœnas sit daturus.

VI. Ne juvenis ætatis suæ viriditati confidat : mors quippè immisericors juvenes non secùs ac senes demetit.

133.ᵉ RÈGLE : *Gallus quœrens escam...*
Cicero orationem habiturus, etc.

I. DARIUS Alexandro scribens, huic ausus est regis titulum non tribuere. — Tobias iter suscepturus ducem fidelem quæsivit.

II. Coriolanus suâ ejectus patriâ ad Volscos se contulit. — Jesus Christus in cœlum ascensurus Bethaniam suos duxit discipulos.

III. Regis Pharaonis pincerna in suum pristinum munus restitutus, Josephi de se benè meriti oblitus est. — Cæsar Pompeium insequens, hunc interfectum fuisse audivit.

IV. David cum Goliatho decertaturus, baculum suum, suam fundam et quinque perpolitos lapides sumpsit. — Elias in cœlum tollendus, Eliseum prophetam à se amovere non potuit. — Jesus Christus à Pilato damnatus capite, crucique affigendus, in montem Calvarium abductus est.

V. Alexander postero die cum Dario conflicturus, per noctem tamen arctè graviterque dormivit. — Josephus à Putipharis uxore insimulatus, in carcerem, quamvìs insons, conjectus est. — Cicero ab Antonii satellitibus trucidandus, istis caput suum porrigere non dubitavit.

VI. Salomon Domino templum ædificaturus, à rege Tyrio cedrina abiegnaque ligna postulavit. — Porus adversùs Alexandrum dimicans, non commisit ut imitaretur Darium qui primus omnium terga verterat.— Carthaginenses à Scipione obsidendi, omnia

potiùs subire statuerunt quàm suam dese-
rerent patriam.

134.ᵉ Règle : *Urbem captam hostis diripuit*, etc.

I. Natum Jesum Christum pastores et
Magi adoraverunt.

II. Hominem creatum Deus in terrestri
paradiso constituit. — Jesum Christum mortuum Josephus et Nicodemus sepeliverunt.

III. Jesum Christum die post resurrectio-
nem suam quadragesimo in cœlos ascendentem, adoraverunt apostoli et discipuli,
et Hierosolymam regressi sunt. — Jacobo
ire pergenti angeli obviam iverunt.

IV. Regem Ezechiam post regnum novem
et viginti annorum mortuum luxit populus.
— Ex Asià revertenti Alcibiadi Athenienses
catervatim obviam iverunt.

V. Angelus Tobiæ juniori monstrosi piscis
conspectu perterrito animos reddidit. —
Alexandro in Indiam ingresso obviam iverunt
plures reguli mandata ejus accepturi.

VI. Assyriorum rex devictos Israelitas in
Assyriam transtulit. — Labanus, Rebeccæ
frater, Eliezeri introducto cibos apponi
jussit.—Josephus suos fratres amicè salutatos
interrogavit utrùm adhuc viveret ipsorum
pater, et quomodò valeret.

135.ᵉ RÈGLE : *Partibus factis sic locutus est leo*, etc.

I. PERCUSSO pastore, gregis oves dispersæ sunt.

II. Eversâ Carthagine, Romam rediit Scipio.

III. Tarquinio Prisco interfecto, regnum adeptus est Servius Tullius.

IV. Mortuo Memnone, Darius exercitui per se ipsum præesse statuit.

V. Alexander, devictis Scythis, omnes captivos absque pretio ultrò restituit.

VI. Quodam Socratem interrogante utrùm Persarum rex felix habendus esset : id me præterit, respondit philosophus, quia utrùm justus ille sit nescio.

136.ᵉ RÈGLE : *Vas ex auro*, etc.

I. NOSTRÆ è ferro catenæ, inquiebant martyres, auro sunt pretiosiores. — Senatus et populus imperatori Marco Aurelio aureas erexêre statuas.

II. Lothi uxor plus æquo curiosa in statuam è sale conversa est. — Cæsar in aureo sedens solio, diadema suo capiti ab Antonio impositum non abnuit.

III. Josephus suum scyphum argenteum in Benjamini sacco poni jussit. — Sancti Claudii corpus, thecâ argenteâ inclusum fuerat.

IV. Imperatorem Caligulam modò imber-

bem, modò prolixâ ex auro barbâ ornaŕ
tum videbant. — Athenienses, morte aut
exilio mulctatis Socratis accusatoribus,
statuam ex ære huic erigi jusserunt.

V. In somniis vidit Nabuchodonosor
statuam cui caput ex auro, ex argento
pectus et brachia, venter ac femora ex
ære, è ferro crura, pedesque partim ferrei,
partim argillacei erant.

VI. Divus Stephanus, tertius Cistertiensis
abbas, cruces è ligno, ex ære aut ferro
thuribula unumque è ferro candelabrum
habere voluit. Calices soli ex argento erant.

137.ᵉ Règle : *Velum longum tres ulnas*, ou
tribus ulnis... Distat viginti passus, ou
viginti passibus, etc.

I. Ninives mœnia centum pedibus alta
erant. — Trecentas et triginta circiter leucas
à Româ distat Lutetia.

II. Lacus Mœris trecentos pedes altus erat.
—Duodecim leucas circiter à Lugduno distat
Matisco.

III. Babylonis mœnia quinque et septuaginta pedibus crassa, trecentisque alta
erant. — Tribus leucis circiter à Corsicâ distat Sardinia.

IV. Sanctus Simeon columnam sex et
triginta cubitis altam sibi exstruendam curavit. — Mille et quingentis duntaxat pedibus
ab Italiâ distat Sicilia.

V. Philippus, urbem Perinthum obsessurus,
turres

turres viginti et centum pedes altas exstrui jussit. — Centum leucas circiter à Parisiis distat Lugdunum.

VI. Inter templa splendida quæ ædificanda Amasis curavit, sacellum imprimis mirabantur uno constans saxo, quod extrinsecùs uno et triginta cubitis longum, latum quatuordecim, octoque altum erat. — Duntaxat septem leucis circiter à Dubri distat Calesium.

138.ᵉ Règle : *Duobus digitis major me
non es*, etc.

I. Saul toto capite cæteris major eminuit.

II. Aliquot unciis aut saltem lineis Alexandro Ephæstion major erat.

III. Quem fundâ suâ David prostravit Goliathum, is illo quatuor saltem pedibus major erat.

IV. Feretrum ad Ephæstionis pompam funebrem instructum, centum et nonaginta quinque pedes altum erat. — Maximinus, Romanus imperator, octo pedibus, ut perhibent, altior erat.

V. Moyses Æthiops qui primùm latronum catervæ præfuerat, quemdam insequens pastorem, Nilum nongentis et octoginta passibus latiorem transnatavit.

VI. Alveus quo mare Rubrum olim in Mediterraneum mare influebat, centum et quinquaginta leucis longior erat.

139.ᵉ Règle : *Cecidit decimo abhinc passu*,
ou *ad decimum abhinc passum*, etc.

I. Coriolanus ad quartum à Româ lapidem castra posuit.

II. Cæsar ad quintam circiter à Lugduno leucam memorabile commisit prælium.

III. Plinius historicus circiter tertiâ à Neapoli leucâ fumo præfocatus est.

IV. Pyrrhus ad vigesimum à Româ lapidem castra posuit. — Ad quartam circiter à Florentiâ leucam purpuratorum patrum insigne accepit divus Bonaventura.

V. Ad secundam aut tertiam à Lugduno leucam, inter Septimi Severi et Albini copias (cruentum commissum est prælium) : *ou* (atrociter dimicatum est).

VI. Infortunatus Julianus putans se fortunam emisse, suam emerat necem; per Severum imperatorem licuit ut corpus ejus ad secundam à Româ leucam in ipsius majorum tumulo sepeliretur.

———

140.ᵉ Règle : *Ferire ense*, etc.

I. Narbazanes ac Bessus catenis aureis Darium vinxerunt.

II. Samson asini maxillâ mille Philistæos occidit.

III. Scythæ eminùs sagittâ, cominùs jaculo dimicabant.

IV. Qui Samsonem apprehendere jussi

fuerant, hunc duobus crassis novisque funibus vinctum è speluncâ eduxerunt. — Bis rupem virgâ suâ percussit Moyses, et indè aqua copiosè erupit.

V. Nos edocet Lactantius quemvis christianum vel solo crucis signo dæmonibus loquelam ademisse. — Dicebat Demades Draconis leges potiùs sanguine quàm atramento scriptas fuisse.

VI. Cynegiri, Atheniensis militis, ea erat fortitudo, ut ipsi amputatis singulis manibus, navem tamen dentibus detinuerit. — Cùm die quàdam in equum Cambyses insiliret, suo gladio è vaginâ elapso, sibi femur sauciavit, et paulò post interiit.

140.ᵉ RÈGLE : * *Fame interiit*, etc.

I. SAMSON siti interiens confugit ad Dominum qui ipsum exaudivit.

II. Siti interibat Darius, cùm miles Macedo aquam ei attulit.—Cœnus, unus inter optimos Alexandri præfectos, in Indiâ morbo interiit.

III. Philosophus Chilo suum filium videns in ludis Olympicis pugilatûs palmam referentem, gaudio interiit.

IV. Frustrà prænuntiabat Jeremias quàm plurimos Judæos gladio, fame, pestilentiâ esse perituros ; istud rei nolebant credere.

V. Diagoræ Rhodio tres fuerunt filii quos eâdem die in ludis Olympicis laureâ dona os vidit : quo spectaculo adeò vehementer commotus est, ut gaudio interierit.

VI. Parùm abfuit quin Alexandri milites in arenosis Lybiæ solitudinibus siti interirent, cùm hic princeps illos in templum Jovis Ammonis duxit.

140.ᵉ Règle : ** *Vincis formâ, vincis magnitudine*, etc.

I. Parricida barbarie belluas superat.

II. Urbs Tyrus quam Sidonis filiam vocat Isaïas propheta, suam matrem magnitudine, opibus et potentiâ brevi superavit.

III. Salomoni dixit Dominus : tu doctrinâ, tu sapientiâ cum antecessores tum posteros præstabis.

IV. Mago, exercitûs imperator celeberrimus, haud minùs suis operibus quàm suis victoriis Carthaginem illustravit. — Mihi dubium est an unquàm exercitûs imperator fiduciâ et fortitudine Datamem superaverit.

V. Cum maximis orbis imperiis æmulari poterat Carthago tum suâ opulentiâ suoque commercio, tum suis exercitibus numerosis formidandisque classibus, præsertim verò ducum suorum fortitudine.

VI. Alexander, ut Porum in errorem induceret, cùm trajiciendus fuit Hydaspes, jussit togâ regiâ indui Attalum, ipsi ætate æqualem, ipsique staturâ et vultu haud dissimilem.

140.ᵉ Règle : *** *Teneo lupum auribus*, etc.

I. Miphiboseth, Jonathæ filius, utroque pede claudicabat.

II. Moyses, Deo jubente, serpentem caudâ apprehendit, serpensque in virgam conversus est.

III. Prophetam Habacuc capillis apprehendit angelus, illumque Babylonem transtulit.

IV. Achior, Holofernis jussu, manibus pedibusque ad arborem alligatus est. — Juditha Holofernem capillis arreptum duobus percussit ictibus, istique caput præcidit.

V. Samsón, cùm trecentas vulpes apprehendisset, binas quasque caudâ alligavit. — Abrahamus, cùm arietem mediis in dumis cornibus detentum conspexisset, hunc sui filii Isaaci loco Domino immolavit.

VI. Jugurtham ità occupaverat pavor, ut vel minino strepitu audito cunctis tremisceret artubus, noctuque alio atque alio in loco requiesceret. — Philippus juxtà jugulum vulnus exceperat : cùm ab illo suus chirurgus aliquid beneficii peteret, quidquid voles tolle, ait ei rex ille facetiarum amans, jugulo enim tu me tenes.

———

141.ᵉ Règle : *Hic liber constat viginti assibus*, etc.

I. Josephus viginti nummis argenteis veniit.

II. Cùm urbs Samaria à Syriæ rege obsessa est, asini caput octoginta nummis argenteis vendebatur.

III. Cœna gulosi Vitellii quotidiana nummorum duodecim millibus constabat.

E 3

IV. Perfidus Judas qui unguenti libram, scilicet paululùm odoris et fumi, trecentis æst'maverat denariis, Jesum Christum, unicum Dei filium, triginta denariis vendere non erubuit.

V. Ephæstionis tumulus funebrisque pompa talentorum duodecim millibus constitêre : quanti autem valebat talentum ? mille nummis.

VI. Nescio an unquàm exstiterit equus Bucephalo ex Thessaliâ ad Philippum adducto pulchrior ; hunc tredecim talentis, scilicet, nummorum tredecim millibus, ut ferunt, venditum volebant.

———

142.ᵉ Règle : *Veniet die dominicâ*, etc.

I. Die septimâ Deus quievit.

II. Horà post meridiem tertià obiit Jesus Christus.

III. Anno Jesu Christi septuagesimo urbs Hierosolyma solo adæquata est.

IV. In Ægypto plerumquè octobri aut novembri mense fit sementis et martio aut aprili mense frugum fructuumque fit perceptio.

V. Plato anno antè Jesum Christum trecentesimo quadragesimo octavo obiit. — Darius Nothus, postquàm decem et novem annos regnavisset, anno antè Jesum Christum ferè quadringentesimo quarto mortuus est.

VI. Carolus magnus qui Novioduni inauguratus fuerat eodem die quo ipsius frater

Suessionibus , obiit die vigesimâ octavâ
Januarii, anni Jesu Christi octingentesimi
decimi quarti.

———

143.ᵉ Règle : *Regnavit tres annos* ou *tribus
annis* , etc.

I. Qui Israelitas crudeliter vexavit Pharao, ille sex et sexaginta annos regnavit.
— Elephas centum et nonnunquàm viginti
et centum annis vivit.

II. Jonas in piscis immanis ventre tribus
diebus tribusque noctibus inclusus fuit. —
Annum totum in navigio inclusus cum suâ
familiâ mansit Noemus.

III. Decem et centum annis vixit Josephus
Jacobi filius. — Socrates dies triginta in carcere detentus est.

IV. Excepit Josias vulnus quo interiit ,
postquàm unum super tringinta annos
regnavisset. — Nongentis sexaginta sex
annis vixit Mathusala.

V. Plus sexcentos annos maris potita est
Carthago. — Dionysii duo , Syracusarum
tyranni , octo super triginta annos prior ,
duodecimque annos posterior , regnavêre.

VI. Nabuchodonosor rex , in suæ superbiæ pœnam , septem annis ferarum
more , cœli inclementiæ obnoxius , solâque
vescens herbâ vixit. — Darius , Persarum
postremus rex , quinquaginta vixit annos,
sexque tantùm regnavit.

144.ᵉ Règle : *Tertium annum*, ou *à tribus annis regnat*, etc.

I. Sex annis circiter Ludovicum desideratum possidet Gallia.

II. A quinquaginta et novem annis circiter in Angliâ regnabat Georgius tertius. — Circiter decimum et quintum annum Franciscus secundus in Austriâ regnat.

III. Circiter decimum et octavum **annum** Alexander in Moscoviâ regnat.

IV. A quatuordecim annis Romæ regnabat, vel regnare videbatur Claudius, cùm ab Agrippinâ suâ conjuge veneno necatus est.

V. Vigesimum annum Labano suo socero operam dabat Jacobus, quandò cum Rachele uxore suâ profectus est.

VI. Circiter à mille sexcentis triginta et septem annis urbs Lugdunum christianam profitetur religionem.

145.ᵉ Règle : *Tribus abhinc annis*, ou *tres abhinc annos mortuus est*, etc.

I. Viginti abhinc annis circiter Pius sextus Valentiæ in Delphinatu mortuus est.

II. Ferè quinque abhinc annos urbs Lugdunum augustam Ludovici decimi sexti filiam contemplata est.

III. Fermè trecentis viginti septem abhinc annis à Christophoro Columbo reperta est America.

IV. Ferè centum nonaginta et unum

abhinc annos Ruppella à Ludovico decimo tertio obsessa est.

V. Fermè trecentis sexaginta quinque abhinc annis à Mahumete secundo expugnata est urbs Constantinopolis.

VI. Ferè centum triginta quinque abhinc annos Ludovicus decimus quartus jussit globos ignitos nitrato confertos pulvere in urbem Genuam injici.

———

146.e Règle : *Id fecit intrà tres dies*, etc.

I. Tres intrà dies pestis Israelitarum septuaginta millia interemit.

II. Domini angelus unam intrà noctem Assyriorum centum octoginta millia occidit.

III. Scythas adorturi Alexandri milites, tres intrà dies ratium duodecim millia fabricati sunt. — Salomonis templum septem intrà annos perfectum est, ter millesimo orbis conditi anno.

IV. Tyranni triginta, ait quidam auctor, intrà pacis octo menses, majorem hominum frequentiam, quàm anteà hostes intrà belli triginta annos, interfecerunt.

V. Ferè duos intrà annos, imperator Adrianus, Româ profectus, percurrit Gallias, Germaniam, Belgicam regionem, insulam Britanniam, rursùs adiit Gallias, totam perlustravit Hispaniam, deindè Orientis invisit provincias, tandemque Romam reversus est.

VI. Lysander, dux Lacedæmonius, Athe-

niensium classem ex improviso adortus ,
quod viginti septem annos arserat bellum
unam intrà horam delevit.

---

147. **147.**e **Règle** : *Post tres dies proficiscar*, etc.

I. **Pistorum** præfecto dixit Josephus :
tres post dies tu patibulo affigeris , et caro
tua ab avibus vorabitur.

II. Cœpit Jonas clamare : post quadraginta
dies Ninive evertetur.

III. Danieli prophetæ dixit Gabriel angelus :
post novem et sexaginta hebdomades occi-
detur Christus.

IV. Isaïas propheta , Deo jubente , regi
Ezechiæ mortiferè ægrotanti dixit : tu post
triduum Domini templum adibis.

V. Vituperavit Juditha Israelitas quibus
deliberatum et constitutum erat sese quin-
qué post dies Assyriis dedere , si nihil opis
acciperent.

VI. Sancta Clotildis , super divi Martini
tumulum Deum deprecata , surrexit gaudio
exultans , dixitque : exauditæ sunt preces
meæ : triginta post dies moriar.

148.e **Règle** : *Sum in Galliâ , in urbe*, etc.

I. **In** Italiâ vicit Annibal , et in Africâ
victus est.

II. Cùm Ochus in Ægypto et in Arabiâ
bellum gereret , rebellàrunt Medi.

III. Divus Athanasius in sui patris tumulo quatuor menses delituit.

IV. Postquàm abierat populus, solebat Suzanna in conjugis sui horto deambulare.

V. Ismael vitam agebat in solitudinibus, ubi sagittandi peritus factus est. — Exclamabat David in cubiculo deambulans : O Absalon mi fili ! O mi fili Absalon !

VI. Tarquinius superbus sui filii Sexti nuntio nihil respondit, at suo in horto cum eo deambulans, altissima papaverum capita cœpit decutere.

———

149.ᵉ Règle : *Natus est Avenione, Athenis. Habitat Lugduni, Romæ*, etc.

I. Diva Paula Romæ nata, Bethlemæ obiit.

II. Terentius poeta Carthagine natus, Romæ institutus est.

III. Lacedæmone haud idem vir qui Athenis Alcibiades videbatur.

IV. Ne miremur quòd Annibal, Carthagine avaritiæ, et Romæ crudelitatis insimularetur. Dubitari non potest quin illi utràque in civitate permulti adversarentur.

V. Aiunt servos tantà Athenis humanitate quantà Lacedæmone severitate fuisse habitos.

VI. Cyrus jam senex solebat septem menses Babylone, Susis tres vernos menses, duosque menses adultà æstate Ecbatanis commorari.

E 6

150.e Règle : *Estne domi ?* etc.

I. Judas et milites qui Jesum Christum quærebant divinitùs humi prostrati sunt.

II. Militiæ, Romani Jani templum aperiebant.

III. Magi humi se prostraverunt, ut Jesum Christum in stabulo natum adorarent.

IV. Saulus cùm Damascum pergeret christianos vexaturus, repentè humi prostratus est. — Esaiis, strenuus venator, degebat rure, domi autem Jacobus, vir tranquillus ac placidus.

V. Triginta seniores Pœni, in Romanorum castra ingressi, coram Scipione humi se prostraverunt, ut ab ipso pacem flagitarent. — Benjaminum domi detinuit Jacobus, ne quid infortunii in viâ illi accideret.

VI. Cùm die quâdam quæreret Scipio Nasica an Domi esset Ennius poeta, cui erat perfamiliaris, respondit famula hunc domi non esse : posteà Nasica amico suo par pari retulit.

151.e Règle : *Cœnabam apud patrem*, etc.

I. Apud Tarquinium Priscum cum regis filiis educatus fuit Servius Tullius.

II. Annibal et Scipio apud Antiochum Syriæ regem inter se collocuti sunt.

III. Divus Joannes Chrysostomus, Cucusum in Armenia amandatus, apud Dioscorum, virum genere nobilem, hospitatus est.

IV. Diva Genovefa, suis orbata parentibus, Parisios se contulit, apudque dominam matrinam suam hospitata est.

V. Jussus est centurio Cornelius Simonem
Petrum, apud Simonem coriarium hospi-
tantem, accersere.

VI. Die quâdam Lucullus suum objurgavit
coquum qui cœnam valdè lautam ipsi non
paraverat : an nesciebas, ait illi, Lucullum
hodiè apud Lucullum cœnaturum esse? —
Suos apud amicos Vitellius, nec invitatus,
cibum sumebat : apud unum jentabat, pran-
debat apud alterum, eâdemque die apud
tertium cœnabat.

____

152.ᵉ **RÈGLE** : *Eo in Galliam, in urbem*, etc.

I. ATTILA, Hunnorum rex, plures Romani imperii provincias depopulatus est,
et cum formidando exercitu in Galliam
irrupit.

II. Divus Lupus divusque Germanus, à
Galliæ præsulibus missi, in Angliam unà
profecti sunt.

III. Jacobi filii videntes Josephi scyphum
in Benjamini sacco repertum fuisse, in urbem valdè mœrentes redierunt.

IV. Nabuchodonosor, vigesimo primo
regni sui anno, et post eversam Hierosolymam quarto, in Syriam regressus est, ur-
bemque Tyrum obsedit.

V. Democedes, licèt Darii à se sanati
cumulatus beneficiis, in Græciam redeundi
desiderio flagrabat.

VI. Adrianus imperator, itineribus assuetus, Româ in Gallias profectus est, indè in
Germaniam, deinque in Hispaniam transiit,
Orientisque emensus provincias, in Italiam
reversus est.

———

153.ᵉ Règle : *Ibo Lutetiam, Lugdunum*, etc.

I. Ephæstionis corpus Babylonem dela-
tum est.

II. Thrasibulus, tyrannorum victor,
cunctos exules Athenas revocavit.

III. Adherbal à Jugurthà in prælio victus,
et amissis plerisque suis arcibus, Romam
confugere coactus est.

IV. Carthaginem misit Scipio legatos con-
questuros quòd, sublatis quæ nondùm exie-
rant induciis, plures Romanorum naves
apprehensæ fuissent. — Tobias, cùm hædum à conjuge suâ domum allatum balan-
tem audivisset, dixit ei : cave ne subreptus
fuerit.

V. Pelopidas, Thebanorum dux, Philippum tunc decem annos natum, tanquam
obsidem, secum Thebas abduxit. — Domum
properavit Rebecca, ut quod sibi juxtà
fontem acciderat suæ matri narraret.

VI. Annibal Carthagine profectus, primùm ivit Ephesum, ubi Antiochum Syriæ
regem nactus est. — Ferunt Lælium et
Scipionem puerorum more ludere fuisse so-
litos, cùm ex urbe veluti è carcere egressi
rus advolarent.

154.ᵉ RÈGLE : *Eo ad patrem, ad sacram concionem*, etc.

I. Ad nos venit Jesus Christus, quia nos ad ipsum ire non poteramus.

II. Samson à suâ conjuge proditus, suum ad patrem valdè iratus rediit.

III. Themistocles Athenis aufugere coactus, se contulit ad Admetum, Molossorum regem, à quo comiter exceptus est.

IV. Poeta Æschilus exasperatus animo, quòd à Sophocle multò se juniore fuisset superatus, in Siciliam se recepit ad regem Hieronem, virorum doctorum quos offenderant Athenæ, amicum et protectorem.

V. Demetrius Phalerius, à suâ patriâ discedere haud meritò jussus, Alexandriam se contulit ad regem Ptolemæum, ibique multa egregia conscripsit opera. — Eliezer, Abrahami minister, eo advenit tempore, quo ad fontem, aquæ hauriendæ gratiâ, ibant mulieres.

VI. Timentes Pœni ne sibi bellum Romani indicerent, hos admonuerunt Annibalem se ad Antiochum, Syriæ regem, contulisse. — Apud Lacedæmonios, pueri ad publica convivia, tanquam ad sapientiæ et temperantiæ scholam ducebantur.

155.ᵉ RÈGLE : *Redeo ex Galliâ, ex urbe*, etc.

I. Agesilaus ex Asiâ proficiscens, veluti populorum communis pater desideratus est.

II. Eliezer ex Mesopotamiâ profectus est ad Abrahamum suum dominam rediturus, illique quidquid ipse egerat narravit.

III. Sanctus Prudentius qui ex Hispaniâ in Galliam transiit, Trecensem ad sedem promotus est.

IV. Agesilaüs exteris ex regionibus Spartam reversus, eumdem quem anteà se præstitit.

V. Minori in Asiâ permansit Cyrus, donec eam ex toto subegisset; ex Asiâ minori transiit in Syriam et Arabiam quas pariter subegit.

VI. Ut primùm ex Siciliâ egressus fuit Pyrrhus, in Italiam reversurus, illam rursùs Pœni occupaverunt, ità ut illud insulæ Pyrrhus tantâ amiserit celeritate, quantâ subegerat.

156.e Règle : *Redeo Lugduno, Romá*, etc.

I. Ivit divus Franciscus Avenione Lugdunum : quà in urbe mortuus est.

II. Dion à tyranno Dionysio Syracusis pulsus, Megaram confugit.

III. Labanus, Rebeccæ frater, domo citò exiit Eliezerem aditurus.

IV. Animadvertit Plinius quo reges Româ, eodem anno tyrannos Athenis expulsos fuisse.

V. Cùm rex Baltazar sacra vasa Hierosolymâ Babylonem translata pollueret, manum videns in pariete scribentem, mirificè perterritus est.

VI. Roma Carthaginem profectus est Regulus, neque acri amicorum suorum dolore, neque suæ conjugis suorumque liberorum lacrymis detentus. — Rure redibat Charondas', cùm in concione præcipitanter convocatâ se ipse suo transfixit gladio.

157.e Règle : *Venio à patre, à venatione*, etc.

I. AGAR aufugit à Sarâ cujus famula erat.

II. A venatione redibat Esaüs, cùm Jacobo jus suum primogeniti pro lentibus cessit.

III. Quem ad fidem adduxit divus Paulus Onesimum, is à domino suo Philemone, haud quidem sinè latrocinio, aufugerat.

IV. Diva Eulalia à suâ matre aufugit, præfectum aditura, suamque ei adversùs Christianos barbariem exprobratura.

V. Statim ut audivit Esaüs Jacobum à Labano redire, obviam illi properavit, illumque lacrymas fundens osculatus est.

VI. Rex Antiochus à venatione rediens confugere coactus est in casam quorumdam rusticorum qui ipsum sibi ignotum edocuére, quod sui eum aulici ad illud tempus celaverant.

158.e Règle : *Iter feci per Galliam, per urbem*, etc.

I. ADRIANUS imperator ex Asiâ rediens, per Athenas iter fecit.

II. Imperator Vespasianus voluit per Græciam iter agere, ut Alexandriâ Romam rediret.

III. Divus Germanus , præsul Antissiodorensis , per Lutetiam iter habuit, ut Angliam iterùm peteret.

IV. Imperator Adrianus ex Britanniâ majori profectus , per Gallias iter fecit , ut in Hispaniam se conferret.

V. Marcus Aurelius imperator per Smyrnam deinque per Athenas iter habuit, ut in Italiam contenderet.

VI. Cyrus Babylone in Persiam rediens , per Mediam iter fecit, suo ibi avunculo Cyaxaro salutem dicturus.

159.ᵉ Règle : *Iter faciam per domum avunculi mei* , etc.

I. Romam revertens Pompeïus voluit per philosophi Possidonii domum iter agere.

II. Tres angeli qui Sodomam everterunt, per Abrahami tabernaculum iter fecerant.

III. Per Lazari domum iter faciebat Jesus Christus, cùm Hierosolymam peteret.

IV. Sacrâ constat Scripturâ prophetam Eliseum per Sunamitidis domum sæpè iter fecisse.

V. Per Germanorum Belgarumque regiones iter fecit Adrianus imperator, in insulam Britanniam iturus.

VI. Imperator Trajanus per Armeniorum Parthorumque regiones iter fecit, ut iret urbem Babylonem obsessurus.

160.e Règle : *Constiterunt Corinthi, in loco nobili... Eo Romam, in urbem Italiæ, redeo*, etc.

I. Viennam, in Delphinatûs urbem, amandatus fuit Pilatus.

II. Socrates Athenis, in Græciæ urbe celeberrimâ, ortum habuit.

III. Rocroii, in Campaniæ superioris urbe, à Gallis Hispani profligati sunt.

IV. In eo erat Trajanus ut Agrippinensi Coloniâ, ex Allemaniæ urbe, proficisceretur, cùm de Nervæ imperatoris morte audivit. — Imperator Antoninus, pius cognomine, Nemausi, in Occitaniæ urbe, ortum habuit ; scripserunt tamen nonnulli historici illum in Italiâ natum fuisse.

V. Parùm abfuit quin Tarracone, in urbe Hispaniæ, trucidaretur imperator Adrianus à furibundo famulo qui in ipsum nudato gladio irruit.

VI. Vindobonam, in Austriæ principem urbem, modò advenerat imperator Marcus Aurelius, cùm correptus fuit contagiosâ febri, quæ paucos post dies lethalis denuntiata est.

161.e Règle : *Habitat in urbe Lugduno...*
Redit ex urbe Lugduno , etc.

I. Imperator Adrianus in urbe Athenis totam hiemem exegit.

II. Marcus Aurelius Romam rediens , in urbe Smyrnâ diù commoratus est.

III. Pompeïus, priusquàm ab urbe Epheso proficisceretur , philosophum Possidonium audire voluit.

IV. Jesu Christi discipuli in urbe Antiochiâ christiani vocari cœperunt. — Exercitûs Othonis duces devicti, Vitellium exspectaverunt in urbe Lugduno , quà iter fecit Romam rediturus.

V. Cùm Annibal ex urbe Carthagine pulsus in urbem Ephesum confugisset , à suis hospitibus invitatus est , ut iret auditum philosophum Phormionem , qui, Pœno judice , vetus delirans erat.

VI. Ut primùm Magi in urbem Hierosolymam advenerunt , quæsivêre ubinam nasciturus esset Christus ; audiveruntque hunc in urbe Bethlemâ nasciturum, esse.

162.e Règle : *Habitat in domo Cæsaris ,*
in rure amœno , etc.

I. Eliezer in Bathuelis domo hospitatus est.

II. Divus Petrus in Simonis coriarii domo hospitabatur.

III. In suâ domo Ostiensi obiit imperator Antoninus , anno Jesu Christi centesimo sexagesimo primo.

IV. Albinus et Severus de imperio contendentes, in amplo rure , Rhodanum inter et Ararim, dimicaverunt.—E sui patris domo Jacobus profectus est, in Labani , Rebeccæ fratris , domum iturus.

V. Tobias , post sui patris obitum , in Raguelis sui soceri domum se recepit.

VI. Narrant Antoninum , Asiæ proconsulem, cùm Smyrnam advenisset , in Polemonis domo diversatum fuisse , quod isti Sophistæ fero et agresti vehementer displicuit.

—————

163.ᵉ Règle : Adverbes pour la Question *ubi* , etc.

I. In Mesopotamiam ivit Jacobus , ibique annos viginti mansit.

II. In insulâ Cretâ quam nunc Candiam vocant, divus Paulus evangelizavit : ibi haud diù commoratus est ; Titum verò sibi carum discipulum ibi reliquit.

III. Israelitæ in domum Saülis intùs latitantis cucurrerunt. — Nulla est regio ubi feracius sit solum quàm in Ægypto.

IV. Parmenionem Alexander misit Damascum ubi Darii gaza erat. — Toto in imperio, minùs autem Romæ quàm alibi , desideratus est imperator Adrianus.

V. Constanter censuit Annibal , Romanos alibi invictos , vinci non posse nisi in ipsâ Italiâ.

VI. In suî perniciem Alexander diutiùs Babylone quàm uspiàm commoratus est. — Labanus ad Eliezerem accedens, ait illi, ingredere , cur stas forìs ?

164.e R**ègle** : Adverbes pour la Question *Quò* , etc.

I. Cæteris regionibus Ægyptus frumentum suppeditabat , quapropter eò iverunt Jacobi filii.

II. Dionysius junior Syracusis pulsus, eò vi iterùm intravit. — Nusquàm admissus fuit Cineas.

III. In insulâ Cretâ haud diù commoratus est divus Paulus, quia aliò illum vocabant Ecclesiæ negotia.

IV. Josuæ dixit Deus : ne timeas, quocumquè enim iveris, tecum erit Dominus Deus tuus. — Prophetæ Eliseo Giezi respondere ausus est se nusquàm ivisse.

V. Inexpugnabilem haud habebat Philippus omnem arcem, quò mulus argento onustus poterat scandere.

VI. Urbs Thebæ quò tanquàm obses ductus fuit Philippus, in suo alebat sinu, incogitansque instituebat hostem Græciæ maximè formidandum.

165.ᵉ RÈGLE : Adverbes pour la Question
Undè, etc.

I. In montem ascendit Moyses, atque indè
promissam terram conspicatus est.

II. Undiquè ibant frumentum in Ægypto
empturi.

III. Animadvertit Eliseus propheta suum
famulum alicundè venire.

IV. Josephus suos fratres veluti speculatores primùm habuit, atque ab illis quæsivit
undè venirent.

V. Bellum bellumque anhelabat Alcibiades, ità ut singulis noctibus inter somnian-
dum Carthaginem occuparet, subigeret Africam, indèque in Italiam transiret.

VI. Caligula matris suæ suorumque fratrum
cineres sedulò collectos inclusit urnis, quas
triremi attulit Ostiam, et indè Romam,
ubi eas magnifico in tumulo deposuit.

166.ᵉ RÈGLE : Adverbes pour la Question
Quà, etc.

I. Magi qui per Hierosolymam iter fecerant, haud eàdem abierunt.

II. Assyriæ rex Hierosolymam non intravit,
et quà venerat, eà reversus est. — Jesus
Christus, quocumquè transiret, benignè
faciebat.

III. Te non fugit quà iter fecerint Israelitæ,
ut terram promissam pertingerent.

IV. Marcus Aurelius imperator diù commoratus est in urbe Smyrnâ, quà iter fecit ut Romam reverteretur.

V. Philippus, baptizato Eunucho, ab angelo raptus est, deinque Cæsaream rediit, evangelizans quacumquè iter faceret.

VI. Quos Moses miserat speculatores, ii populo dixêre : regionum incolæ quà iter fecimus, verè gigantes sunt præ quibus nos quasi locustæ videbamur.

167ᵉ. RÈGLE : *Adverbes de quantité* qui gouvernent le génitif, etc.

I. ANNIBAL parùm vini potabat.

II. Multùm olei, vini, aureorum malorum, citreorum, aliorumque fructuum fert insula Corcyra.

III. Satìs frumenti rerumque catharticarum gignit Peruvia ; ibi multùm auri et argenti reperias.

IV. In Hispaniâ minùs frumenti quàm vini, olivi et fructuum colligunt.

V. Multùm mellis procreat Russia, adeò ut eo redundent arborum trunci. — Marii milites, devictis barbaris, haud minùs sanguinis quàm aquæ hauserunt.

VI. Magìs frumenti quàm vini Bressia, ager autem Bavioviensis magìs vini quàm frumenti procreat. — Si me ædilem cuncti volunt Romani, dixit Scipio, sat mihi annorum est.

168.ᵉ

168.ᵉ RÈGLE : *Adverbes de lieu* qui gouvernent le génitif, etc.

I. UBINAM terrarum fidelem amicum reperias ?

II. Nusquam gentium hominem suâ contentum sorte invenies.

III. Quærit sapiens ubinam terrarum fortis mulier possit reperiri. — Nusquam gentium, inquiebat Micipsa, amicos fratribus tutiores reperias. —

IV. Nusquam gentium virum verè felicem reperies, nisi in Jesu Christo felicitatem requirat.

V. Quærebat Cicero ubinam terrarum oratorem plenum atque perfectum reperire esset.

VI. Ubinam terrarum reperire est aurum et argentum? in longinquis terris : sapientiam autem Deus solus potest largiri. — Nusquam gentium Augustus valuit duos viros nancisci, qui Mæcenatis et Agrippæ partes implerent.

———

169.ᵉ RÈGLE : *Pridiè calendas*, ou *calendarum, Postridiè iduum*, ou *idus.*

I. PRIDIÈ sabbati Jesu corpus sepeliverunt Josephus et Nicodemus.

II. Cyrus postridiè prælium cum Babyloniis et Lydis commissum, in urbem Sardes processit.

III. Socrates pridiè suæ mortis admodùm

tranquillè dormiebat. — Divus Cæsarius pridiè festum sancti Augustini obiit, uti optaverat.

IV. Postridiè prælium Latinos inter et Romanos, Decii corpus telis confossum, inter coacervata hostium cadavera, repertum est.

V. Manna quod pridiè sabbatum colligebant, biduo incorruptum servabatur.

VI. Animadvertit quidam auctor, postridiè insignis victoriæ in Pœnos reportatæ, Masinissam pane vescentem cibario, præ suo tabernaculo repertum fuisse. — Postridiè Pascha Israelitæ terræ promissæ fructibus vesci cœperunt.

———

170.ᵉ RÈGLE : *En, ecce lupus*, ou *lupum*, etc.

I. JUDÆIS dixit Pilatus, Jesum Christum illis commonstrans : ecce homo. Sæpè dicamus : ecce homo Deus quem nostra delicta cruci affixerunt.

II. Jacobi filii, Josephum suum fratrem accedentem videntes, inter se dixerunt : en somniator noster; istum interficiamus.

III. Cùm Saülem conspexisset Samuel, huic dixit Deus : en vir de quo tibi dixi; ipse in meum populum regnabit.

IV. Onias, Judæ Machabæo Jeremiam ostendens, illi dixit : ecce Jeremiam qui huic populo totique sanctæ civitati multùm exorat.

V. Impius Jeroboamus, post fabricatos ex auro vitulos, Israelitis dixit : Hierosolymam jam nolite petere ; en dii vestri qui ex Ægypto vos eduxerunt.

VI. Androclum leonemque ipsius comitem videndo, dicebant : en leo qui homini fuit hospiti ; en homo qui leoni fuit medico. (En leo hospes hominis ; en homo leonis medicus.)

———

171.ᵉ RÈGLE : *Illius ergò* , pour l'amour de lui , etc.

I. HOMINUM ergò mortuus est Jesus Christus.

II. Cato, sui fratris ergò, valdè periculosum iter suscepit.

III. Plures episcopi, pauperum ergò cruciatorum fame, vasa sacra vendiderunt.

IV. Coriolanus, matris suæ ergò, Romanis injuriam ab ipsis acceptam condonavit.

V. Si tot homines quotidiè, regis sui ergò, mortem appetunt, quid nobis, Dei ergò, non faciendum est?

VI. Divus Joannes Chrysostomus Antiochiæ, matris suæ ergò, sex aut septem annos exegit ; quamvìs in montes se recipiendi, uti posteà fecit, desiderio flagraret.

———

172.ᵉ RÈGLE : *Montis instar*, etc.

I. PRISCOS apud Romanos, senes ferè deorum instar colebantur.

II. Judas ipsiusque milites leonum instar dimicabant.

III. Matronæ Romanæ Brutum patris sui instar toto anno luxerunt. — Tyrii Macedonesque leonum instar inter se depugnabant.

IV. Rebus adversis, ait quidam auctor, amici falsi hirundinum instar evolant. — Porus, licèt victus, regis instar voluit haberi.

V. Moysi dixit Deus : descende properè ; namque populus aureum sibi fecit vitulum, Deique instar istum adorat.

VI. Interrogatus Antigonus quomodò vinctum vellet Eumenem, respondit : elephantis aut leonis instar iste vinciatur.

———

173.ᵉ Règle : *Ire obviam alicui*, etc.

I. Ivit obviam Jacobo Josephus, flensque eum amplexus est.

II. Cùm Eliezer Rebeccam conspexisset, obviam illi ivit ab ipsâ potum petiturus. — Pyrrho cuncta ferro et igne vastanti obviam ivit consul Lævinus.

III. Cùm audiisset populus Jesum Hierosolymam redire, illi obviam ivit.

IV. Cùm Romam rediit Manlius qui suo filio caput præcidi jusserat, senes soli obviam illi iverunt.

V. Divus Lupus pontificiis indutus vestibus obviam ivit Attilæ, Hunnorum regi, qui seipse Dei flagellum dicebat.

VI. Cùm auditum est divum Joannem Chrysostomum, munere priùs haud jure depulsum, Constantinopolim reverti, po-

pulus illi obviam ivit , plerisque accensos
gestantibus cereos , et hymnos cantantibus.

174.ᵉ Règle : *Cùm Athenæ florerent , cùm
possum, potui , potero tibi adesse*, etc.

I. Cum Socrates cicutam hauriret, ait
Plutarchus ; humanum genus edocebat. —
Formidine arescent homines , cùm postremi
signa judicii videbunt.

II. Tobiæ patri dixit angelus : cùm tu
lacrymans orares , mortuosque sepelires ,
ego Domino tuas preces obtuli. — Ducem
requirebat Tobias junior , cùm ipsi occurrit
Raphael angelus.

III. Cùm Alexander suum decimum et
sextum aut septimum annum obiret, hunc
sinistro cornu præfecit Philippus, ut adversùs
Thebanos congrederetur. — Abrahamus centesimum annum attigerat , cùm in lucem
editus est Isaacus.

IV. Cùm arctè dormiret Philotas , Parmenionis filius, catenis, Alexandri jussu,
obrutus est. — Acerbè lugebat Agar , cùm
illi apparens angelus , solatium ei attulit.

V. Cùm Alexander in Indias ingressus
est (1) , huic obviam plerique venerunt
reguli, ut in illius imperium concederent.
— Haud erubuit Socrates , cùm ipsum suo

---

(1) En suivant la règle qui dit : *cùm* ne gouverne le
subjonctif que devant l'imparfait. J'aimerois mieux *cùm
ingressus fuisset*, parce que dans le français il y a *lorsqu'Alexandre fut entré*, et non , *lorsqu'Alexandre entra*.

cum filio adhuc puero ludentem Alcibiades deprehendit.

VI. Phocion, cùm truderetur in carcerem, eamdem ostendebat magnanimitatem, quam cùm olim exercitibus præfectus, suam in domum honoris causà deduceretur. — In eo erat Trajanus ut Agrippinensi Coloniâ proficisceretur, cùm de Nervæ obitu audivit.

———

175.ᵉ RÈGLE : *Cùm id velis, cùm id volueris*, etc.

I. EXCLAMAVIT Jacobus : lætus ego moriar, cùm ego filium meum Josephum viderim.

II. Regi Saüli dixit Samuel : cùm respueris Domini verbum, jam tu rex non eris.

III. Salomoni dixit Deus : cùm tu meum fœdus ruperis, ego tuum regnum dividam, tuoque illud dabo famulo.

IV. Mosi Aaronique dixit Deus : cùm vos verbis meis fidem non adhibueritis, populus meus in terram ipsi à me promissam nequaquàm per vos introducetur. — Davidi per suum prophetam dixit Deus : non tu in meî honorem templum ædificabis, cùm vir sis bellator, multumque profuderis sanguinem.

V. Suis æmulis respondit Timotheus : cùm urbes sopitus occupem, quid vigilans non faciam ? — Quem Datames captivum fecit Thyum, iste terrorem incutiebat, cùm vir esset procerà staturà, necnon atrà facie, barbâ promissâ capillisque valdè prolixis.

VI. Interrogata quædam matrona Romana cur alii viro nollet nubere, cùm ipsius obiisset maritus, respondit : quia mihi semper vivit Servius. — Suam Æsculapio barbam auream demi jussit Dionysius, dicens filium haud decere barbam adeò prolixam, cùm Apollo hujus pater imberbis pingeretur.

* * *

176.ᵉ Règle : *Dùm canis ferret carnem*, etc.

I. Stabat Abrahamus dùm cibum sumerent angeli.

II. Obiit Masinissa dùm Romani Carthaginem obsiderent. — Dùm Martha prandium apparavit, Jesu Christo auscultavit Maria.

III. Dùm Stephanum lapidibus obruerent Judæi, his sanctus ille diaconus orabat.— Nunc gaudent profani viri, dùm justi lugent; at æternum erit justorum gaudium, dùm impii æternùm cruciabuntur.

IV. Dùm torquerentur Machabæi, sua illos mater ad mortem fortiter perpetiendam hortabatur. — Apud Raguelem mansit Tobias, dùm angelus Gabelum adivit.

V. Saül Davidem occidere pluriès conatus est, dùm coram ipso hic citharam pulsaret. — Suis famulis dixit Abrahamus : istic manete, dùm ego meusque filius sacrum Domino facturi ibimus.

VI. Alexander cum expeditâ manu Arabiam petivit, dùm ipsius duces urbem

Tyrum obsiderent. — Putant Alexandrum, dùm tortus est Philotas, post aulæum latuisse.

———

177.ᵉ RÈGLE : *Clitellas dùm portem meas*, etc.

I. DEUS nostrorum obliviscetur delictorum, dùm ipsi istorum minimè obliviscamur.

II. Omnia me consectentur mala, inquiebat divus Ignatius, dùm Jesu Christo frui mihi liceat. — Anxia fuit Tobiæ mater, dùm redeuntem illum videret.

III. Nabuchodonosor de solio deturbátus est, atque ferarum ad statum redactus, dùm omnem potestatem ab Altissimo oriri agnosceret. — Promisit Deus se nobis ignoturum, dùm ipsi nostris ignoscamus fratribus.

IV. Arx nulla Philippo inexpugnabilis videbatur, dùm mulus auro onustus eò posset scandere. — In navigio mansit Noemus, dùm diluvii aquæ planè exsiccarentur.

V. Promiserunt speculatores, Rahab ipsiusque familiæ parcitum iri, dùm ipsos illa non proderet. — Zachariæ dixit angelus : tu obmutesces, dùm filium cujus ortum tibi prænuntio uxor tua pariat.

VI. Cyrus Sardium civibus significari jussit ipsos salvos fore, eorumque uxoribus ac liberis parcitum iri, dùm ad se suum aurum argentumque in totum asportarent.— Diva Mustiole, imperatoris Claudii cognata, regnante Aureliano, jussa est plumbatis flagellis cædi, dùm animam efflaret.

178.ᵉ Règle : *Id si faceres, si fecisses causâ meâ*, etc.

I. Si Deo Adamus et Eva paruissent, felices cuncti fuissent homines.

II. Imperator Titus Hierosolymitanum templum, si posset, cupiebat servare.

III. Si Dei misericordiam implorâsset Judas, sui sceleris veniam impetravisset.

IV. Si Alexander ego essem, inquiebat Parmenio, Darii acciperem conditiones ; et ego, Alexander reponebat, si Parmenio essem.

V. Si Caridemi consiliis paruisset Darius, tot et tantas non hausisset calamitates.

VI. Senserunt Romani quid sibi metuendum esset, et de Romano actum esse imperio, si suas Asdrubal Annibalis fratris sui copiis jungeret.

179.ᵉ Règle : *Si veneris, pergratum mihi feceris... Quem librum si leges, lætabor*, etc.

I. Si sapientiam inquiremus, illam nos veniemus.

II. Caïno Dixit Deus : si tu rectè feceris, mercedem tu acceperis; si malè, tu pœnas dederis.

III. Consuli dixit Manlius : si per te licebit, contra Gallum nobis insultare audentem congrediar.

IV. Pyrrhi medicus Fabricium adiens illi dixit : si tu mihi præmium polliceberis, ego regem hostem tuum veneno interficiam.

F 5

V. Româ discedere jussus Jugurtha, hanc respiciens dixit : si emptorem urbs ista reperiet, mox disperibit.

VI. Lotho dixit Abrahamus : invicem discedamus : si tu ad sinistram ibis, ego ad dextram ibo ; si tu ad dextram verteris, vertar ego ad sinistram.

180.ᵉ RÈGLE : *Luce ut quiescam*, etc.

I. PAUPERES diligamus, ut cœlum nobis aperiant.

II. Suis filiis dixit Jacobus : in Ægyptum reditote, ut ibi cibaria ematis.

III. O Deus ! tu nobis tuum dedisti Filium, quia tu nos amâsti : nobis tuum da Spiritum, ut te diligamus.

IV. Fratri suo dixit sanctus Marcellinus : gratias ago Deo qui me in hâc castigat vitâ, ut in alterâ mihi parcat (*ou bien :* qui me castigat vivum, ut mihi parcat mortuo.).

V. Armati pernoctaverunt Philistæi, ut Samsonem urbe exeuntem occiderent.

VI. Suum post recessum Seneca solo pane et aquâ aliquotque fructibus vescebatur, vel sobrietatis causâ, vel ut se veneno subduceret.

181.ᶜ RÈGLE : *Ut aiunt*, etc.

I. ABUNDANTIÆ anni affuerunt, ut prædixerat Josephus.

II. Bethlemæ natus est Jesus Christus, ut Prophetæ prænuntiaverant.

III. Die post mortem suam tertio re-
vixit Jesus Christus, ut pluriès suis nun-
tiaverat apostolis.

IV. repentè stetit sol, ut jusserat Josue.

V. Nero, postquàm suam matrem interfecisset, flagellis, ut dicebat ipse, à furiis
ipsum quocumquè insequentibus, se laceratum sentiebat.

VI. Milites, ut scripsère Josephus aliique
auctores, stricto gladio, mortem Vespasiano
minati sunt, ni imperium acciperet.

182.e Règle : *Ut ab urbe discessi*, etc.

I. Ut in mare Jonas immissus est, sedata
fuit tempestas.

II. Ut ignem concepit templum Hierosolymitanum, iste jam extingui non potuit.

III. Ut juvenis Manlii sanguinem manan-
tem viderunt milites, lamenta et gemitus
eruperunt.

IV. Ut suos medicos dimisit imperator
Adrianus, quidquid sibi arridebat bibit et
comedit.

V. Ut de Drusi morte audivit Augustus,
de illâ certiorem fecit Tiberium, qui tantâ
venit celeritate, ut intra horas viginti quatuor ducenta emensus sit milliaria.

VI. Ut Nero Agrippinam suam matrem
interfici jussit, sævis conscientiæ stimulis
agitatus est, singulisque horis hanc sangui-
nolentam et vulneribus confossam videre
videbatur.

F 6

183.ᵉ Règle : Interjections. etc.

I. O Deus sancte ac terribilis ! — Væ nobis quia peccavimus !

II. Exclamabat divus Augustinus : O veritas ! O caritas ! — O Maria Angelorum hominumque regina ! nobis subveni.

III. O cœlum ! O mea patria ! heu ! quàm diutinum est meum exilium ! — O cœlestis Jerusalem ! cordi meo quàm jucunda est tuî memoria !

IV. O mors ! mundum diligenti quàm acerba est tuî memoria ! — Brennum pœnitere debuit quòd dixisset : væ victis !

V. O Jesu Christi stabulum magnificentissimis pulchrius palatiis ! O præsepe sumptuosissimis splendentius soliis ! O fasciæ regum purpurâ pretiosiores ! — Dicunt profani viri : væ pauperibus ! contrà exclamat Jesus Christus : væ vobis divitibus !

VI. O vana hominum potentia ! Xerxes , postquàm æquor suis sub classibus latens vidisset , mare cymbâ piscatoriâ trajicere coactus est. — Caligula quàm plurimos homines infirmâ valetudine à feris jussit dilaniari , ad imperium , ut dicebat , ab hominibus nullam ad rem utilibus liberandum. Proh ! monstrum quod solus tartarus evomere potuit !

184.ᵉ RÈGLE : Que retranché. *Credo te flere*, etc.

I. Non te præterit Deum æternum esse.

II. Nos credimus Jesum Christum à mortuis resurrexisse, illumque jam non esse moriturum.

III. Non te fugit Jesum Christum vocari futurorum bonorum pontificem.

IV. Nos scimus regnante Augusto natum esse Jesum Christum, illumque regnante Tiberio mortuum esse.

V. Jesus Christus, priusquàm in cœlos ascenderet, suis promisit apostolis se suam Ecclesiam nunquàm esse deserturum.

VI. Scimus de Jesu Christi miraculis audivisse Tiberium, illumque christianos non insecutum fuisse.

185.ᵉ RÈGLE : Que retranché suivi de deux verbes, etc.

I. Non te fugit Neronem qui christianos vexavit crudelissimum fuisse.

II. Censebat Cato Romam, quandiù staret Carthago, haud tutam fore.

III. Pyrrho responsum est ipsum, quandiù in Italià versaretur, pacem cum Romanis non habiturum esse.

IV. Adamo et Evæ denuntiavit Deus ipsos, si quo illis interdixerat fructum comederent, profectò esse morituros.

V. Quis unquam suspicatus fuisset Salomonem qui hominum sapientissimus habitus fuerat fictos deos esse culturum ?

VI. Non te fugit Constantinum qui primus imperator christianus habetur , imperii sedem Bysantium , quam Constantinopolim cognominavit , transtulisse.

186.e Règle : Règle générale pour le *que* retranché , etc.

I. Audio Primum (1) Romam venire, in Italiam jam advenisse Mucianum ; prævideo Vespasianum mox electum iri imperatorem.

II. Audio Pertinacem à prætorianis militibus esse interfectum ; haud me fugit Julianum nummis abundare ; suspicor hunc imperium esse empturum.

III. Audimus interfectum fuisse Heliogabalum , illiusque loco Alexandrum regnare ; speramus benignum hunc principem christianis fore propitium.

IV. Israelitis dixit Josue : vos videtis Dominum terram quam vobis promiserat vobis dedisse, illáque vos nunc potiri ; persuasum habetote illum, si vos illi fideles fueritis, cæteros deleturum esse populos.

V. Scimus nos à Deo amatos fuisse, cùm suum ad nos miserit Filium ; scimus nos ab illo etiamnùm amari , cùm nos quotidiè

---

(1) Nom d'homme.

suis cumulet beneficiis : et pro certo habemus nos semper , si ei fideles erimus , ab illo amatum iri.

VI. Non vos fugit Judæos, Jesum Christum occidendo, omnium scelerum maximè nefarium commisisse. Nunquid animadvertistis hunc populum cæteris nequaquàm intermisceri ? Pro certo habetote illum christianam religionem olim esse amplexurum.

—

187.ᵉ Règle : *Credo illum legere* , etc.

I. Tenemur credere nos sinè Jesu Christo nihil posse facere.

II. Divum Paulum non fugiebat pastoris oculum esse gregis salutem.

III. Sanctus Ludovicus captivus Saracenis respondit : scitote Galliæ regem argento non redimi.

IV. Cùm imperator Adrianus obvium habuisset quemdam qui ipsum nondùm imperium adeptum injurià lacessiverat , illi dixit : scito me imperatorem esse ; nihil ergò timeas.

V. Galba militibus à se præmium postulantibus quòd ipsum imperatorem proclamavissent asperè respondit : scitote à me eligi non autem emi meos milites.

VI. Divus Ludovicus Saracenis sibi mortem minantibus , nisi quod exigebant jurejurando sese obligaret , respondit : penès vos meum esse corpus fateor ; at scitote penès solum Deum meam esse animam.

188.ᵉ Règle : *Credebam , credidi , credideram illum legere ,* etc.

I. Vidit Deus bonam esse lucem.

II. Dicebat Demaratus Spartæ legem regibus prævalere.

III. Ingenuè fatebatur Darius primus se suo equisoni necnon equo suo sceptrum debere.

IV. Asdrubal suo interrito animo ostendit se Amilcaris filium esse et magni fratrem Annibalis. — Dario respondit Alexander, ipsius argento sibi non opus esse.

V. Saülem patrem suum frustrà edocuit Jonathas Davidem , quem veluti hostem sibi infensissimum oderat, ipsius servum esse fidelissimum.

VI. Cùm Alexandro nuntiatum est Darium cum exercitu adventare, primùm id credere noluit , adeò res fidem excedere ipsi videbatur.

189.ᵉ Règle : *Tibi dixi Phædrum fuisse servum ,* etc.

I. Num te fugiebat hispanum fuisse imperatorem Trajanum ?

II. Te edocuit Evangelium unum è duodecim Jesu Christi apostolis fuisse Judam proditorem.

III. Divi Pauli legendo epistolas didici sanctum Lucam medicum fuisse.

IV. Edoctus es servum et in vinculis fuisse

Josephum, priusquàm toti Ægypto præficeretur.

V. Procul dubio te edocuerunt sanctum Cyprianum qui Carthaginis præsul electus est, ibi primùm rhetoricam docuisse.

VI. Sciebasne ludimagistrum fuisse Pertinacem, longè antequàm imperator eligeretur? — Apud quemdam historicum legi Trajanum exiguùm dormivisse, illumque pedibus semper suas anteivisse copias, vel cùm imperium fuit adeptus.

190.ᵉ Règle : Je ne crois pas qu'il lise :
Non credo illum legere, etc.

I. Arctè dormit Pertinax ; non arbitror hunc imperium in animo volvere.

II. Putasne stultos esse cunctos homines ? id credere videbatur Horatius.

III. Lunæ templum invisit Caracalla ; non existimo illum mortem sibi imminentem secum reputare.

IV. Hortum colit Abdalonymus ; ne putes illum regnum affectare.

V. Suis cognatis amicisque respondit divus Ludovicus : nolite putare me meam vitam aversari : isti autem Jesum Christum ejusque crucem antepono.

VI. Imperator Severus podagrâ laborans, suo filio Caracallæ ipsum imbecillem appellanti dixit : scito, mi fili, caput solum posse imperare, pedes autem administrando imperio necessarios esse ne arbitreris.

191.e RÈGLE : *Credo illum legisse*, etc.

I. PERHIBENT nonnulli auctores Jugurtham ad Marii currum alligatum insanivisse, et dein in carcerem fuisse conjectum.

II. Videntes Philistæi è suis maximè strenuum occisum fuisse, terga verterunt.

III. Procul dubio haud te fugit Marium è suo egressum carcere se contulisse in Africam, et posteà Romam illum rediisse, eòque cædem tulisse ac vastationem.

IV. Nos docet Plato Socratem jamjam moriturum aliquot Æsopi fabulas pedibus clausisse. — Videns David Ozam à Deo percussum fuisse, quòd arcam tetigisset, magìs quàm cùm maximè Dominum extimuit.

V. Refert quidam auctor, quemdam Fullonium, regnante Claudio, se centum et quinquaginta annos natum professum fuisse. — Nerva modò imperator fuerat declaratus, cùm percrebuit non obiisse Domitianum.

VI. Nemo nescit Aristidem præcipuis reipublicæ perfunctum muneribus, adeò pauperem mortuum esse, ut undè efferretur non reliquerit. — Xerxes reginæ Artemisiæ demirans fortitudinem, dixit in prælio juxta Salaminem commisso muliebriter egisse hómines, mulieres autem virilem animum exhibuisse.

192.ᵉ RÈgle : Je crois, je croirai qu'il lisoit,
Credo, credam illum legisse, etc.

I. Scisne Alexandrum Severum, Romanum imperatorem, templum Jesu Christo ædificatum voluisse?

II. Dicunt Cæsarem fluvios natatu aut inflatis utribus transmisisse.

III. Non te præterit Caligulam et Neronem minùs hominum quàm belluarum similes fuisse.

IV. Ferunt Æsopum fuisse brevi staturâ, gibberosum, adeòque turpi facie, ut vix hominis præberet effigiem; at nemo nescit illum ingenio abundavisse.

V. Si Romanorum imperatorum leges historiam, videre erit plerosque inter illos qui interfecti fuerunt, indignos fuisse qui imperarent.

VI. Apud Plinium legere est, regnante Vespasiano, Romæ exstitisse cives plurimos summam adeptos senectutem, præsertimque duos qui centesimum quinquagesimum annum attigerant.

193.ᵉ RÈgle : Je crois qu'il aura déjà dîné,
Credo illum jam prandisse.
Je ne crois pas qu'il ait encore dîné,
Non credo illum jam prandisse.

I. Censet divus Augustinus primo die creatos fuisse angelos, cùm dixit Deus : fiat

lux. — An possum credere Adrianum impe-
-ratorem qui primùm christianos vexaverat,
posteà voluisse Christo templum erigere?

II. Trajane, Agrippinensi Coloniâ proficis-
cere Romam petiturus : puto Nervam jam
expiravisse. — Ne putes Judæam gentem à
Trajano deletam fuisse, utì ille statuerat.

III. Humi jacet Holofernes ; mihi persuasum est Juditham isti caput præcidisse. —
Romani Trajano triumphum magnificum
paraverant : ne existimes tamen illum suam
antè mortem triumphavisse.

IV. Suo cum fratre Caïnus exivit, redit-
que solus ; ab isto interfectum fuisse insontem Abelem suspicor. — Suo in lecto
exanimis repertus est Scipio Æmilianus,
quamvìs planè valens se domum recepisset :
vix credo vim illi illatam non fuisse.

V. Diluculo primo properat Darius ad
leonum foveam quò immissus est Daniel ;
hunc mitem principem noctem totam in-
somnem duxisse conjicio. — An credi potest
Aristidem , quamvìs súam in patriam tàm
multa contulisset officia , exilio tamen fuisse
mulctatum ?

VI. Verisimile est divum Josephum Virginis sanctæ conjugem , priusquàm Jesus
Christus cruciaretur, obiisse , quandoquidem
divo Joanni dilecto suo discipulo suam Matrem Jesus Christus commendavit. — It Lætus (1) Pertinaci arctè dormienti diadema
oblaturus : haud existimo hunc lectum pe-

---

(1) Nom d'homme.

tentem prævidisse se imperatorem esse surrecturum.

194.e RÈGLE : *Credo illum cras venturum esse*, etc.

I. ZACHARIÆ dixit angelus : tibi prænuntio tuam uxorem filium, quem Joannem vocabis, concepturam esse ac parituram.

II. Jesus Christus suis dixit apostolis : scitote occisum iri hominis Filium, et illum, die tertiâ revicturum esse.

III. Adriano succedit Antoninus : persuasum habeo hunc olim virtutum patrem cognominatum iri.

IV. Sejanus, Tiberii administer, Romanorum sanguinem profundit : sciat iste semet olim à tortore esse strangulandum.

V. Sanctus Thomas à suis condiscipulis mutus bos cognominabatur : vobis prænuntio, his ait Albertus, hujusce bovis doctos mugitus totum per orbem olim esse personituros.

VI. Totilæ, Gothorum regi, dixit divus Benedictus : tibi prædico te Romam intraturum esse, trajecturum mare, postque annorum novem regnum, te decimo moriturum.

195.^e RÈGLE : Je ne crois pas qu'il vienne demain, *Non credo illum cras venturum esse*, etc.

I. IMPERATOR declaratur Vitellius ; at non puto istum diù regnaturum esse.

II. In senatum se confert Cæsar; non autem credo illum hinc vivum esse egressurum.

III. Nero in cuncta prorumpit scelera; ne putes istum suâ morte esse moriturum.

IV. In Britannos Româ proficiscitur imperator Severus; non conjicio hunc in illud urbis unquam reversurum esse.

V. Imperator modò declaratus est Adrianus; non arbitror illum quas privatus accepit injurias esse ulturum.

VI. O Caracalla ! tu Româ proficisceris Lunæ templum aditurus, haud credo te eò adventurum esse; namque te vitâ spoliare decrevit Martialis.

———

196.ᵉ Règle : Imparfait du subjonctif terminé en *rois*. *Putabam eum cras venturum esse*, etc.

I. Domini templum iterùm ædificatum iri prædixit Tobias.

II. Rebeccæ significavit Dominus duorum populorum duces fore duos ipsius filios, et juniori natu majorem subjectum iri.

III. Præviderat Alexander sua funera cruentis celebratum iri præliis.

IV. Xerxes qui in Græciam adeò numerosam adeòque formidandam classem duxerat, minimè suspicabatur se revertentem Hellespontum cymbâ piscatoriâ esse trajecturum.

V. Jeremias, collo catenâ vincto, Judæis denuntiabat Dei vindictam, nisi ad eum reverterentur, adversùs ipsos esse erupturam.

VI. Davidem adivit Domini propheta , eique denuntiavit ipsius imperium aut fame tribus annis , aut bello tribus mensibus , aut peste triduo esse devastandum.

197.ᵉ RÈGLE : Plusque-parfait du subjonctif.
Je crois qu'il seroit venu si...
Credo illum venturum fuisse si...
Je ne savois pas que vous fussiez arrivé ,
Nesciebam te advenisse.

I. CREDERE nequeo Alexandrum , si cum Romanis bellavisset , victoriam constanter relaturum fuisse. — Credere non poterat divus Thomas Jesum Christum à mortuis resurrexisse.

II. Existimant Augusto successurum fuisse Marcellum , ni immaturo interitu hic sublatus fuisset. — Me fugiebat Lugduni natum fuisse imperatorem Claudium.

III. Credere non possum ab Alexandro , nisi ebrius fuisset , Clitum unquàm fuisse interficiendum. — Sciebasne Philippum , Macedoniæ regem , ab Epaminondà , Thebanorum duce , fuisse institutum ?

IV. Affirmare nobis licet Romanos , si imperator declaratus fuisset Marcellus , feliciores quàm regnante Nerone fuisse futuros. — Me præteribat Trajanum, qui viros doctos tanti faciebat , scientiis nunquàm studuisse.

V. Antoninus plures viros Adriani jussu comprehensos dimittens , significabat ab ipso Adriano , si diutiùs vixisset , illos fuisse dimittendos. — Num audiveras Caracallam, sui patris fratrisque sui interfectorem, in deorum numerum relatum fuisse ? — Me fugiebat Nervam in Sequanorum tractum, ab imperatore Domitiano cui successit, amandatum fuisse.

VI. Fatentur omnes Alexandrum, si desinente regno eumdem, quem ineunte se præstitisset, reges cæteros benignitate fuisse superaturum.—An unquàm suspicatus fuisses canibus et equis suis tumulos erexisse Adrianum, istisque epitaphia scripsisse ?

198.ᵉ RÈGLE : Imparfait du subjonctif terminé en *asse*, *insse*, etc.

Je n'ai pas cru que vous fussiez malade, *Non credidi te ægrotare.* Je ne crois pas, je ne croirai pas que vous fussiez malade, *Non credo, non credam te ægrotavisse.*

I. Commodo elogia impertivit imperator Severus : num poterat credere deum esse infamem istum imperatorem ?—Haud asserit Evangelium durum divitem alienum bonum possedisse.

II. Esther se judæam esse nemini indicaverat. — An possum credere Caligulam octo per menses benignorum principum exemplar habitum fuisse ?

III. Haud putabat Domitianus se dignas esse statuas, nisi aureæ essent vel argenteæ. — Non credebam imperatori Adriano qui scientiis

scientiis delectabatur, sorduisse Homerum et Virgilium.

IV. Caligula qui exoptaverat populo Romano unum esse caput quod uno ictu præcideret, huic multa esse membra expertus est. — Tu forsan non credis Titum, priusquàm imperium adipisceretur, invisum Romano fuisse populo, qui in eo alterum videbat Neronem : id tamen asseverant historici.

V. Nescire haud poterat Caligula suam verè filiam esse Juliam Drusillam, quandoquidem ista erat malefica et crudélis, atque puerorum secum ludentium genas unguibus sauciabat, illisque oculos volebat effodere. — Procul dubio ægrè credes Romanos Neronem, ineunte ipsius regno, veluti munus cœleste, fuisse demiratos.

VI. A quodam interrogatus Metellus Macedonicus quid ipse acturus esset : meam ego tunicam exurerem, respondit, si scirem huic notum esse mei consilium. — Inficiari haud possumus Alcibiadem egregiis præditum fuisse dotibus ; at pariter negari nequit illas vel majoribus vitiis obstrusas fuisse.

199.ᵉ Règle : Si je croyois que vous vinssiez bientôt, etc.

Si putarem te brevi venturum esse, etc.

I. Ægrè credebat divus Petrus moriturum esse Jesum Christum.

II. Sibi in animum inducere non poterant Babylonii Cyrum unquàm Babylonem expugnaturum esse.

III. Sibi persuadere non poterant Tyrii suam in urbem Alexandrum unquàm esse intraturum.

IV. Philistæi suâ in urbe Samsonem inclusum videntes, sibi in animum inducere non poterant illum è suis manibus elapsurum esse.

V. Xerxes existimare haud poterat ausuros esse Græcos suis innumerabilibus obsistere copiis.

VI. Judæi sibi cogitatione fingere nequibant expugnatum iri Hierosolymam, Deique templum unquàm esse comburendum.

———

200.ᵉ RÈGLE : *Credo fore ut te pœniteat*, etc.

I. PARTHI pacem cum Romanis diremerunt ; credo fore ut mox illos pœniteat.

II. Caridemum occidi jubet Darius ; affirmare audeo fore ut olim hunc pœniteat.

III. Christianis bellum indixit Adrianus ; persuasum habeto fore ut brevì illum pœniteat.

IV. O Juliane, imperium emis Pertinaci successurus ; at tibi denuntio fore ut te olim pœniteat.

V. Alexandrum sibi in filium adscribit Heliogabalus : mihi persuasum est fore ut olim hunc pœniteat.

VI. Homines frustrà invitat Noemus ut in navigium se recipiant ; monita ejus habent

derisui ; at prævideo fore ut mox illos pœniteat.

201.e RÈGLE : *Credebam fore ut te pœniteret*, etc.

I. Non existimabant Romani fore ut Syllam
olim dictaturæ pœniteret.

II. Româ pulsus Camillus prævidit fore ut
Romanos olim pœniteret.

III. Adrianus imperium adipiscens haud
prævidebat fore ut ipsum olim vitæ tæderet.

IV. Alexander, priusquàm urbi Persepoli
faces subderet, debuisset prævidere fore
ut olim ipsum istiusmodi insaniæ pœniteret.

V. Sanè persuasum habebat Regulus fore
ut Pœnos suî non misereret.

VI. Cur non prævidebat Alexander fore
ut ipsum puderet Clitum, amicum suum, suæque fratrem nutricis occidisse ?

202.e RÈGLE : *Credebam futurum fuisse ut
te pœniteret*, etc.

I. Num putas futurum fuisse ut Neronem
scelerum quæ commiserat unquàm puderet ?

II. Nequaquam puto futurum fuisse ut
suæ ingluviei ac sævitiæ Vitellium unquàm
puderet.

III. Credo futurum fuisse ut Juliæ filiæ
suæ Augustum misereret, si ista ad bonam
frugem se recepisset.

IV. Putasne futurum fuisse ut suarum

G 2

ineptiarum suorumque flagitiorum Caligulam unquàm puderet ?

V. Ægrè credo futurum fuisse ut Commodum suæ ignominiosæ vitæ unquàm puderet.

VI. Persuasum habeo futurum fuisse ut Marcum Aurelium, si ventura potuisset prævidere, pœniteret suum filium Commodum imperii consortem assumpsisse.

203.e RÈGLE : Vous croyez qu'il aura bientôt terminé cette affaire, *Credis fore ut brevì illud negotium confecerit.* Je ne crois pas qu'il ait sitôt, etc. *Non credo fore ut tàm citò,* etc.

I. O Saule ! Damascum petis Christianos vexandi gratiâ ; at ego spero fore ut barbari istud consilii priùs abjeceris, quàm hanc in urbem advenias. — Adversùs Judæos procedit Titus ; haud credo fore ut illos tàm citò subegerit.

II. In foveam conjiciuntur Danielis delatores ; persuasum habeo fore ut istorum ossa priùs leones contriverint, quàm terram attingant. — Mare Rubrum trajiciunt Israelitæ ; ne putes tamen fore ut promissam in terram tàm citò pervenerint.

III. In Germanos magnis itineribus progreditur Alexander imperator ; at prævideo fore ut ille priùs occisus fuerit, quàm ipsius copiæ in Germaniam adveniant. — Turrim ædificant Noemi posteri ; putasne fore ut illam tàm citò perfecerint ?

IV. De sede surgit Caligula balnea petiturus ; non prævidet fore ut à conjuratis priùs interfectus fuerit, quàm eò adveniat. — Urbem Tyrum Alexander obsidet ; non credo fore ut id obsidionis tàm citò absolverit.

V. Persuasum habeo fore ut Themistocles priùs linguam Persicam apprimè edidicerit, quàm in Persiâ unum annum exigat. — Proficiscitur Adrianus imperii Romani obiturus provincias ; ne putes fore ut tàm citò Romam rediverit.

VI. Qui imperium dilatare vult Drusus, is nescit fore ut mors ipsum priùs sustulerit, quàm Rhenum iterùm trajiciat Romam reversurus. — Promittit Petrus se Jesu Christi causâ esse moriturum : at ego non credo fore ut priùs bis cantum dederit gallus, quàm ille ter suum divinum ejuret Dominum.

204.ᵉ Règle : Je crois avoir lu, *Credo me legisse.*

Je me souviens d'avoir lu, *Memini me legere.*

Il espère partir bientôt... *Sperat se brevi profecturum esse,* etc.

I. O Trajane ! existimas te posse Judaïcam gentem eradicare; at tu falleris. — Etiamnum memini, aiebat divus Irenæus, sanctum Polycarpum à me videri et audiri. — Antiochus à Deo percussus nequicquam

promisit se templum quod spoliaverat, don-
ditaturum esse pretiosis ; miserè periit.

II. O Valeriane ! insipienter existimas
te posse, Christianos vexando, præsertimque pastores, Jesu Christi delere Ecclesiam.
— Sanctus Pothinus, primus Lugduni præsul, meminisse poterat à se videri et audiri
divum Joannem apostolum. — Promisit Deus
se ex Ægypto in terram ubi manabant lactis
et mellis fluentâ, Israelitas esse ducturum.

III. An Alexander se Deum esse credere
poterat? — Memini me hæc egregia verba
legere et audire : *Deo servire regnare est.*
— Crœsus qui se Medorum imperium ever-
surum esse sperabat, suum evertit.

IV. Se nihil scire Socrates, Adrianus autem se omnia scire existimabat. — Suos
fratres coràm se prostratos videns Josephus,
se duo somnia quæ suam futuram porten-
debant potentiam, habere recordatus est (1).
— Minari ausus est Nicanor impius se templum exusturum esse, illudque à fundamentis proruturum.

V. Caracalla, fratris sui Getæ interfector,
putavit à se videri patrem suum sibi dicentem : ut tu fratrem tuum, sic te ego tru-
cidabo. — Titus die quâdam recordatus (1)
se de nullo benè mereri, egregia hæc verba
protulit : *O amici mei, diem ego perdidi.*
— Babylonis rex frustrà minatus est se

---

(1) J'ai présumé que si après le verbe *Memini* on met
élégamment le présent au lieu du parfait, on peut en
dire autant du verbe *Recordari.*

tres Danielis socios ardentem in fornacem immissurum esse : istius statuam adorare noluerunt.

VI. Nero violento terræ motu interceptus, ingentique perterritus fulgure·, à se videri omnium quos interfecerat umbras in se unà irruentes credidit. — Vespasianus quemdàm Pomposianum imperium affectantem consulem creavit, ridensque dixit : si unquam imperator fiet, meminerit se à me consulatum accipere. — Fortiter respondit divus Basilius præfecto Modesto (1) sibi carcerem minanti : spero me carcere in intimo magis contentum fore, quàm suum apud principem aulicos.

—————

205.ᵉ RÈGLE : *Suadeo tibi ut legas.*
Suadeo tibi ne ludas, etc.

I. ATHENIENSIBUS vehementer suadebat Demosthenes ut urbi Olintho adessent ; Demades, Philippi auro corruptus, illis suadebat ne illud urbis tuerentur.

II. Annibali suadebat Maharbal ut Cannarum post prælium in Romam procederet. — Memnon, Darii ducum peritissimus, huic principi suadebat ne certaminis adiret periculum.

III. Lacedæmoniis Alcibiades suasit ut in Siciliam, adversùs Athenienses Syracusas obsidere in animo habentes, Gylippum

—————

(1) Nom d'homme.

mitterent. — Sui Judæ Machabæo frustrà suaserunt milites ne cum hoste prælium committeret.

IV. Pincernam rogavit Josephus ut sui meminisset. — Alexandrum frustrà admonebat Callisthenes ne, fastuosum filii Jovis titulum sibi adscribendo, præclarè gestorum splendorem macularet.

V. Juvenibus suadet Plutarchus ut, semper benignè ipsa habendo animalia, assuescant homines humaniter excipere. — Sui Dioni amici frustrà suaserunt ne Heraclidi Theodotique parceret; utrique ignovit.

VI. Dario, transmisso amne, nequicquam suaserunt ut pontem dissolvi juberet. — Masinissæ adhuc juveni meritò suadebat Scipio, ne tàm ab hostibus in ipsum armatis, quàm à voluptatibus ipsum undiquè circumvenientibus sibi caveret.

206.ᵉ RÈGLE : *Curavit hunc puerum liberaliter ducandum... unum te monitum volo*, etc.

I. PONTIFEX Joïadas Joam clanculùm educandum curavit. — Imperator Titus Hierosolymæ templum servatum voluisset.

II. Lycurgus pueros admodùm sobriè ac frugaliter educandos curavit. — Philippus suum filium Alexandrum Aristoteli commissum voluit.

III. Quam in suam filiam Mardochæus adoptaverat Estherem, hanc optimè instituendam curavit. — Sanctus Simeon divæ

Genovefæ precibus se commendatum voluit.

IV. Darium pœnituit quòd Caridemum neci dedisset, illumque sepeliendum curavit. — Moysi dixit Deus : ad Pharaonem te missum volo, ut ex Ægypto meum educas populum.

V. Jacobus in Ægyptum profectus, Judam præmittendum curavit, qui Josephum proximi sui adventûs certiorem faceret.—Scipio, Antoninusque imperator unum civem servatum malebant, quàm mille hostes trucidatos.

VI. Alexander Darii conjugem quantâ potuit magnificentiâ sepeliendam curavit.— Darius, ponte non interrupto, hosti se insequenti traditum trajectum maluit, quàm fugatis suis copiis ademptum.

———

207.ᵉ RÈGLE : *Dic illi, mone illum me advenisse*, etc.

I. ADMONITI sunt Romani Saguntum ab Annibale fuisse obsessam. — Jesus Christus Lazarum è tumulo jussit prodire.

II. Stupuit Alexander cùm admonitus fuit Darium adventare. — Caridemum ad supplicium rapi jussit Darius.

III. Admonitus est Tobias suum adventare filium, cœpitque offendens pedibus currere. — Simeonem vinciri jussit Josephus.

IV. Porsenam admonuit Mucius Scævola, trecentos Romanos suî similes in ipsum juravisse. — Jussit Jesus sanctum Petrum in vaginam suum gladium recondere.

V. Juvenem Tobiam admonuit Angelus, apertum iri ipsius patris oculos, si apprehensi piscis felle illos illineret. — Josephus suum ex argento scyphum in sacco Benjamini suos inter fratres natu minimi recondi jussit.

VI. Jesus Christus Hierosolymam se conferens, suos admonuit Apostolos se occisum iri, seque post triduum triumphantem è tumulo proditurum esse. — Babylonis rex invitus equidem jussit Danielem in leonum foveam conjici.

———

208.ᵉ Règle : *Nihil... quid meâ refert utrùm dives sim an pauper ?* etc.

I. Quid meâ refert utrùm hodiè an cras mihi sit moriendum, dum justorum morte moriar ?

II. Quid meâ refert utrùm quod æternum non est possideam, an perdam ?

III. Audebat Nero dicere : parvi meâ refert utrùm amori sim, an odio : quinimò malo Romanis odio esse quàm amori.

IV. Quid meâ refert, dicebat sævus Caracalla, utrùm in cœlo an in inferis Geta meus frater versetur, dùm in terris jam non habitet ?

V. Modesto, prætorii præfecto, dixit divus Basilius : parvi meâ refert utrùm meâ in diœcesi maneam, an ejiciar, quandoquidem nullum locum alii antepono.

VI. O Athenienses ! exclamabat Demosthenes, quid vestrâ refert utrùm mortuus sit an ægrotet Philippus ? si Cœlum vos ab isto liberaret, alterum vobis mox vestra suscitaret socordia.

209.ᵉ RÈGLE : *Parùm curo utrùm me audias necne ;* etc.

I. PARUM curabat imperator Severus utrùm splendidè vestiretur , necne.

II. Parùm curabat Samson utrùm ligaretur , necne.

III. Parùm curabat divus Basilius , utrùm Valens imperator et vitam et bona sibi adimeret , necne.

IV. Caligula , parùm curant Romani utrùm canendi et saltandi tu peritus sis , necne.

V. Parùm curabat Agesilaüs utrùm frigus esset , an calor ; utrumque pariter despiciebat. — O Nero ! parùm curant Romani utrùm gnavus sis comœdus , necne ; at tuam ferre nequeunt barbariem.

VI. Tiberius se in voluptates immergens parùm curabat utrùm victoriam reportarent Romanæ legiones , an cæderentur. — O Domitiane ! parùm curant Romani utrùm muscas acu trajiciendi sis peritus : illud exoptarent, te tui patris ac fratris similem.

210.ᵉ RÈGLE : *Tibi suadeo , suadebo ut legas ,* etc.

I. ALEXANDRO ità scripsit Parmenio : ô rex ! tibi suadeo ut à Philippo medico tuo tibi caveas.

II. Pigro suadet sapiens ut formicam adeat, hujus exemplum imitandi gratiâ.

III. Divus Ludovicus, priusquàm moreretur , suo dixit filio : mi fili , tibi suadeo ut cum solis probis viris societatem ineas.

IV. Nabuchodonosori dixit Daniel : ô rex ! tibi suadeo ut tua peccata eleemosynis, tuasque iniquitates misericordiæ operibus ergà pauperes redimas.

V. Imperator Severus Caracallæ ipsum occisum volenti dixit : mi fili, si vitâ me spoliare statuisti, tibi suadeo ut clanculùm, non autem antè omnium oculos, istud facias.

VI. Augusto dixit Livia : cùm hactenùs severitate nihil profeceris, tibi suadeo ut clementiam adhibeas, et Cinnæ des veniam. — Senatoribus dixit Antoninus imperator : mihi suadetis ut qui in me conspiraverunt eos morte mulctem ; ego verò vereor ne in omnes conscios diligenter inquirendo, populi Romani perdam amicitiam.

211.ᵉ RÈGLE : *Tibi suadebam, suasi, suaseram ut legeres*, etc.

I. JUDÆIS incassùm suasit Titus ut ab armis discederent.

II. Caïnus, post Abelis cædem, timebat ne interficeretur.

III. Qui tonitru interdùm verbis lacessebat Caligula, is aliàs ne isto obtereretur metuebat.

IV. Primus et Mucianus, exercitûs duces, Vitellio suaserunt ut imperium abdicaret.

V. Parmenio Philotæ sui filii arrogantiâ fastuque offensus, ei suadebat ut se minorem gereret.

VI. Neroni suasit Phao ut in altam foveam undè arena extracta fuerat sese abstrude ret;

at Nero timens ne vivus sepeliretur, inter arundines delituit.

212.ᵉ RÈGLE : *Timeo ne præceptor veniat*, etc.

I. METUEBAT Jacobus ne Esaüs matrem et liberos ferro trucidaret.

II. Oza metuens ne arca decideret, hanc excipere voluit; istum verò morte percussit Deus.

III. Josephi fratres, post sui patris obitum, timebant ne sui sceleris pœnas luerent.

IV. Israelitæ ne siti interirent metuentes, in eo erant ut Assyriis sese dederent.

V. Timentes Athenienses ne in Græciam transiret Philippus, Thermopylarum Angustias citò occupandas curaverunt.

VI. Haud immeritò metuens Annibal ne ab Antiocho Romanis traderetur, in insulam Cretam primùm se contulit, adhuc nescius quid ageret. — Timere nonnulli videntur ne Deum nimiùm diligant, timebat verò divus Augustinus ut illum satìs diligeret.

213.ᵉ RÈGLE : *Timeo ut* ou *nenon præceptor veniat*, etc.

I. TIMEBAT divus Ignatius nenon à feris voraretur.

II. Verebatur diva Monica ut Augustinus errori et voluptati renuntiaret.

III. Diù timuit juvenis Tobiæ mater ut suum filium in Mediam profectum iterùm videret.

IV. Qui sanctum Ignatium Romam ducebant milites, ii metuebant nenon antè ludorum finem eò advenirent.

V. Plato, Socratis discipulus, metuens nenon summi hujusce viri morte deferbuisset tyrannorum rabies, Megaram se recepit.

VI. Verentur plerique ut sat magni fiant, divus autem Benedictus ne nimiò pluris fieret verebatur.

214.e RÈGLE : Il ne craint pas d'avouer,
Fateri non dubitat...
Je crains de dire,
Non audeo dicere.

I. DICERE non dubitabat delirus Caligula : Jupiter, occide me, secùs ego te occidam. — Referre non ausus est Philo impia verba quæ, brachio in cœlum elato, adversùs Judæorum Deum protulit Caligula.

II. David contrà Goliathum congredi non dubitavit. — Israelitæ Mosis vultum luce radiantem videntes, ad illum proximè accedere non audebant.

III. Divus Ludovicus in mare armatus primus insilire non dubitavit. — Davidi dicere non ausi sunt aulici, mortuum esse puerum.

IV. Primus mœnia aggredi non dubitavit Scipio Æmilianus. — Cùm Josephus exclamavisset : ego sum Josephus quem vos vendidistis, sui eum fratres affari non audebant.

V. Haud dubitavit Scipio Æmilianus congredi cum rege barbaro, portentosâ staturâ, qui ad certamen singulare Romanos sæpiùs provocabat. — Quis credat ? Nero, suo ineunte regno, judicio capitali chirographum non audebat apponere.

VI. Agesilaüs, tum suâ virtute tum prudentiâ eam sibi famam pepererat, ut Sparta suis navalibus copiis simul et terrestribus eum præficere non dubitaverit; quod honoris nulli unquàm è suis ducibus tribuerat. — Israelitæ videntes fulgura, tonitruaque et tubæ clangorem audientes, ad montem fumo opertum non audebant accedere.

215.ᵉ **Règle** : *Cave ne cadas... illi dissuade ne proficiscatur.*

I. Sauli dixit Samuel : cave ne Amalecitis parcas. — Romanis dissuasit Regulus ne captivos Pœnos dimitterent.

II. Tobias sæpiùs suo dicebat filio : cave ne Deum offendas. — Juda suis dissuasit fratribus ne Josephum occiderent.

III. Jacobus suis dixit filiis : cavete ne quid infortunii Benjamino accidat. — Quidam Lydus magni apud omnes nominis ob suam prudentiam, Cræso dissuasit ne Persis bellum indiceret.

IV. Cavebat Trajanus ne quod privatus vituperaverat, id imperator faceret. — Artabanus Dario fratri suo dissuadere incassùm voluit, ne Scythis bellum denuntiaret.

V. Regi Saüli dixerat Samuel propheta : caveto ne, priusquàm rediverim , sacrum facias.—Samuel qui Hebræis dissuadere optavisset ne regem postularent , illorum tamen petitioni posteà assensus est.

VI. Nobis cavendum est ne coronam nos in cœlis manentem amittamus. — Quoties sua sancto Ludovico mater dixit : fili mi, cave ne ullo lethali peccato tuam animam contamines ! — Alexandro dissuasit Parmenio ne frequentissimâ concione legeret litteras quæ interceptæ fuerant, quibusque ad regem occidendum vel prodendum Græcos milites incitabat Darius.

———

216.ᵉ RÈGLE : Prenez garde que tout soit prêt,
Da operam ut omnia sint parata.

I. ANTÈ prælium, ducibus dixit David : date operam ut salvus sit filius meus Absalon.

II. Suis præfectis Absalon dixit : operam date ut ego vindicer ; Amnonem percutite et trucidate.

III. Operam dabat Marcus Aurelius ut miseris subveniretur.

IV. Discipuli quos miserat Jesus Christus, operam dederunt ut omnia ad Pascha celebrandum essent parata.

V. Josephus, priusquàm moreretur, suis dixit fratribus : operam date ut ex Ægypto in patrum meorum tumulum corpus meum transferatur.

VI. Post Hierosolymæ excidium , operam dedit senatus ut Tito Vespasianoque magnificentissimus triumphus appararetur.

———

217.ᵉ RÈGLE : Il ne prend pas garde qu'on se moque de lui , *Non animadvertit se derideri.*

I. NON animadvertebant Romani imperatores Christianorum semen fieri martyrum sanguinem.

II. Imperator Claudius , judicis obiens munia , non animadvertebat se à causidicis derideri.

III. Non animadvertebat imperator Marcus Aurelius , suam conjugem suis moribus dissolutis sibi probrum inferre.

IV. Abia, Roboami successor , non animadvertebat Jeroboamum sua explicare agmina ut Judæ exercitum intercluderet.

V. Non animadvertebat imperator Maximinus, se ob suam crudelitatem omnibus Romanis , imò suis militibus , horrori esse.
— Valerianus, Romanus imperator , non animadvertit se intercludi ab exercitu regis Saporis , qui ipsum captum planè indignis modis habuit.

VI. Romani, duce Marco Aurelio dimicantes, non animadverterunt, duntaxat fugam cepisse Barbaros, ut ipsos in insidias allicerent.

218.ᵉ Règle : Je me garderai bien de vous quitter, *Non committam ut à te discedam.*

I. Josue responderunt Israelitæ : non committemus ut Dominum relinquamus, externaque colamus numina.

II. Pastor, inquiebat Tiberius, suas tondet oves, at non committit ut cutem ipsis detrahat.

III. Putipharis uxor Josephum ad flagitium impellere non desinebat : hic autem non commisit ut istius mulieris pravo desiderio assentiretur.

IV. Jonathæ negotium dederat Saül ut Davidem neci daret ; ille verò non commisit ut suo pareret genitori.

V. Sibi metuens Julianus, Pompeiano, Marci Aurelii genero, imperium obtulit ; at senex ille modestus magnoque præditus judicio non commisit ut istud acciperet.

VI. Cùm David Saülem sibi infensissimum in speluncâ nactus fuisset, sui eum comites impulerunt, ut datam arriperet occasionem ; at ille non commisit ut suum regem occideret.

219.ᵉ Règle : *Dignus est ut* ou *qui imperet,* etc.

I. Dignus erat Aristoteles qui Alexandrum edoceret, itemque Alexander qui ab Aristotele edoceretur. — Haud dignus erat Vitellius quem imperatorem eligerent.

II. Dignus fuit Amilcar qui in peritissimorum ducum numero haberetur. — Digna erat Judæorum incredulitas ut à Deo reprobarentur.

III. Dignus fuit Marcellus qui Romæ gladius vocaretur, ut dignus fuerat Fabius quem illius clypeum vocarent. — Mi pater, ait juvenis prodigus, haud ego sum dignus quem tuum voces filium.

IV. Suâ fortitudine dignus fuit Porus, quem ipse Alexander, à quo victus fuerat, miraretur necnon æstimaret. — Pauperes, cùm sint Jesu Christi fratres, digni sunt quorum nos misereat. — Digna fuissent hominum peccata ut Deus humanum genus deleret.

V. Vedius Pollio, inauditæ homo ferocitatis, haud dignus erat quem Augustus in amicorum suorum numero haberet. — Haud digni erant Nero et Caligula quorum Romanos misereret. — An dignum erat Manlii delictum, ut suo filio pater caput præcidi juberet?

VI. Cicerone judice, adeò perfectus actor erat Roscius, ut solus dignus esset qui in scenâ spectaretur ; idem verò ità probus erat vir, ut solus dignus videretur qui in istam nunquàm prodiret. — Mendax haud dignus est cui fides adhibeatur. — Annon digna erant Appii facinus ipsiusque collegarum agendi ratio, ut Romani decemviralem tollerent potestatem ?

220.e Règle : *Deus prohibet ne mentiamur.*
           Id impedivit ne proficiscerer, etc.

I. Prohibuerat Deus ne Adamus et Eva unius arboris fructum ederent. — Impediverunt seniores ne à plebe Jeremias trucidaretur.

II. Prohibuit Saül ne sui milites totam antè hostium cladem aliquid cibi sumerent. — Impedivit Ruben ne sui fratres manus suas Josephi sanguine imbuerent.

III. Joabus, ut populo parceret, impedivit ne exercitus victor fugientes insequeretur. — Valdè perperàm prohibuerat Lycurgus ne quid artis mechanicæ Spartani exercerent.

IV. Vetabant Solonis leges ne mortuorum, utpotè sacrorum, fama læderetur. — Cyrus in urbem Sardes ingressus impedivit ne diriperetur.

V. Prohibuit Gelon ne à se victi Pœni suos ipsorum liberos deo Saturno in posterum immolarent. — Impedivit populus ne neci daretur Jonathas per quem Deus exercitum modò incolumem servaverat.

VI. In eo erat Abrahamus ut suum filium Isaacum immolaret, cùm prohibuit angelus ne illum percuteret. — Dionis hostes hunc Syracusas reverti facti certiores, urbis portas occupaverunt, ne eò intraret impedituri.

221.[e] RÈGLE : *Non impedio* , ou *quis impedit quin proficiscaris* , etc.

I. EXCLAMABAT divus Ignatius : nihil impediet quin ego Jesum Christum adeam. — An prohibuerat Deus quin Saül Amalecitis parceret ? prohibuerat.

II. Impedire non potuit Titus imperator quin Hierosolymitanum templum concremaretur. — O Manlii fili! tuusne pater prohibuerat quin tuum extrà ordinem dimicares ? prohibuerat.

III. Alpium nive opertarum altitudo impedire non potuit quin Annibal in Italiam penetraret. — Vetueratne Papirius dictator, quin Fabius, equitatûs magister, se absente, dimicaret ? vetuerat.

IV. Quis impedivit quin ab Annibale cæderetur Minucii exercitus ? Quintus Fabius cognomine Maximus. — Vetueratne Samuel propheta quin ipsius antè adventum Saül sacrum faceret ? vetuerat.

V. Quæ suam in patriam Coriolanus numerosa contulerat officia , illa non impediverunt quin exilio mulctaretur. — Miser Joabe , prohibueratne David rex tuus quin suum filium Absalonem occideres ? prohibuerat.

VI. Carthaginienses, licèt vigilantes, impedire non potuerant quin Timoleon Syracusanis opem ferret quam à Corinthiis petiverant. — Non prohibet Deus quin ad vivendum manducemus , at prohibet ne ad manducandum vivamus.

222.ᵉ RÈGLE : *Per me non stat quin sis beatus*, etc.

I. PER Lysandrum non stetit quin triginta tyranni in pristinum statum restituerentur.

II. Per Themistoclem non stetit quin Lacedæmoniorum classis incenderetur.

III. Per Darium non stetit quin à Græcis occideretur Alexander vel proderetur.

IV. Per Assyriorum regem non stabat quin funditùs everteretur Hierosolyma.

V. Per Parysathin non stetit quin Cyrus junior regnum adipisceretur.

VI. Per regem Saülem non stetit quin ipsius filius Jonathas, quamvìs innocens, morte mulctaretur.

223.ᵉ RÈGLE : *Non possum non loqui*, etc.

I. JOSEPHUS Benjaminum conspiciens erupit ; namque non lacrymari non poterat.

II. Alexander Darii sortem non dolere non potuit. — Cæsar Pompeii videns caput, non potuit lacrymas non fundere.

III. Dionysius, Lusitaniæ rex, Elisabethæ suæ conjugis virtutem non mirari atque æstimare non poterat.

IV. Babylonis rex salvum atque incolumem videns Danielem, non potuit non exclamare : quantus est Danielis Deus ! hunc omnes orbis incolæ trementes revereantur.

V. Quamvìs Themistoclis sanguinem Artaxerxes addixisset, clari hujusce Atheniensis ad se confugientis fiduciam non demirari non potuit.

VI. Narrant Democritum non potuisse non ridere, Heraclitum autem non potuisse non lacrymari.

224.ᵉ Règle : *Gaudeo quòd tibi profuerim, me pudet quòd*, etc.

I. Judam pœnituit quòd Jesum Christum prodidisset. — Doluerunt Athenienses quòd Socratem capite damnavissent.

II. Xerxem seriùs pœnituit quòd Demarato fidem non adhibuisset. — Doluit Dionysius junior quòd Platonem dimisisset.

III. Gratias Deo egit Eliezer quòd prosperum iter sibi impertivisset. — Pharaonem debuit pœnitere quòd Hebræos insecutus fuisset.

IV. Imperatori Theodosio gratulabatur Latinus Pacatus, quòd suo exemplo Romanorum lapsos mores restituisset. — Miror, Soloni inquiebat Scythes Anacharsis, quòd Athenis deliberent sapientes, stultique dijudicent.

V. Lamentabatur Jeremias propheta quòd à minimo ad maximum, à prophetà ad sacerdotem, omnes avari et fallaces existerent. — Anachoretis dicebat divus Antonius: quòd ad me imperator scripserit nolite mirari; Deo autem gratias agite quòd legem hominibus scripserit, nosque per suum edocuerit Filium.

VI. Thales, unus è septem Græciæ sapientibus, solebat gaudere quòd ens rationis particeps, non autem bestia; homo, non autem femina; Græcus, non autem barbarus, in lucem editus fuisset. — Utri magìs gratulabimur, Alexandrone quòd Aristotelem habuerit magistrum, an Aristoteli quòd Alexandrum alumnum, habuerit? (*ou bien :* Utri magìs gratulabimur, Alexandrone quòd ab Aristotele fuerit eruditus, an Aristoteli quòd Alexandrum erudierit?

225.ᵉ Règle : *Exspecta dùm rex advenerit*, etc.

I. Attonitus populus exspectabat dùm è templo egrederetur Zacharias.

II. Exspectabant Philistæi dùm Samson urbe excederet, ut illum interficerent.

III. Noemus, priusquàm è navigio exiret, exspectavit donec aquæ planè exsiccatæ fuissent.

IV. Regi Saüli vertit crimini Samuel propheta, quòd ille non exspectavisset dùm ipse fuisset reversus, priusquàm Domino sacrum faceret.

V. Non exspectavit Annibal dùm se Romanis proderet rex Prusias; at venenum hausit, obiitque septuaginta annos natus.

VI. Cyrus ratus satius esse in hostili terrâ quàm in suâ bellum gerere, non exspectavit dum Babylonii venirent se ipsum aggressuri, at obviam illis processit.

226.ᵉ

226.e RÈGLE : Je m'attendois que vous m'écririez, *Te ad me scripturum esse existimabam*, etc.

I. EXISTIMABAT Herodes Magos Hierosolymam esse redituros.

II. Existimabat Cyrus junior se in sui fratris solium ascensurum esse.

III. Persuasum habebat Goliathus nullum ex Israelitis contrà se congredi ausurum esse.

IV. Existimabat Darius Macedones suum videndo exercitum terga esse versuros.

V. Iniit Mucius Scævola consilium occidendi Porsenæ qui Romam à se obsessam fame expugnatum iri persuasum habebat.

VI. Titus Manlius, patri suo Galli à se occisi exuvias offerens, se laudibus cumulatum iri persuasum habebat, nedum se capite damnandum esse existimaret.

227.e RÈGLE : *Ità futurum sanè prævideram*, etc.

I. NEMO præviderat Syllam se dictaturâ esse abdicaturum.

II. Haud præviderat Cæsar se à suis amicis trucidatum iri, præsertimque à Bruto quem suum vocabat filium.

III. Præviderat Phocion se non aliam quàm clarissimorum Athenarum civium sortem experturum esse.

IV. Haud prævidebat Tarquinius superbu
se olim regno detrudendum Româque ex
pellendum esse, imprimis junii Bruti oper
quem stultum habebat.

V. Longè aberat ut Aman prævideret s
ipsum patibulo quod Mardochæo paravera
suspensum iri.

VI. Imilco, dux Carthaginiensis, occu
patis ferè cunctis Siciliæ urbibus, existi
mabat se impressione factâ Syracusas ex
pugnaturum esse ; at non præviderat suun
exercitum horribilem in modum lue devas
tatum iri.

228.ᵉ Règle : *Morbus causa* (1) *fuit cur t*
non inviserim, etc.

I. Causa fuit invidia cur insontem Abelem
Caïnus trucidaverit.

II. Causa fuit Varronis temeritas cur
Romani cruentam cladem pertulerint.

III. Causa fuit superbia cur angeli cœlo
expulsi sint et in inferos dejecti.

IV. Causa fuit Alexandri mors immatura
cur Carthaginis, cui erat infensissimus, su-
perbiam non contuderit.

V. Causa erant summi sacerdotis Oniæ
pietas et constantia, cur reges falsorumque
numinum sacerdotes locum sanctum magno
in honore haberent.

VI. Quæ Miltiadi perpetuò tribuebantur

------

(1) Au titre de la règle 228.ᵉ dans le français, au lieu
de *in causâ fuit*, lisez *causa fuit*

præconia, ea causa erant cur Themistocles noctes totas insomnes duceret.

229.e RÈGLE : *Dubito an valeat*, etc.

I. DUBITO an suâ morte obierit Scipio Æmilianus.

II. Dubitant an pœnitentiâ Salomon sua peccata piaverit.

III. Dubitatur an exercitûs imperator magis perfectus quàm Annibal unquàm exstiterit.

IV. Dubitant nonnulli an Alexander cuncta quæ de ipso narrat Quintus Curtius fecerit.

V. Dubito an ullus princeps ethnicus deorum cultûs magno Cyro studiosiorem se unquàm præstiterit.

VI. Mihi dubium est an unquàm ullus falsorum numinum cultor divitias minoris fecerit quàm Aristides, cui sua probitas justi cognomen asseruit.

230.e RÈGLE : *Non dubito, quis dubitat quin valeat*, etc.

I. JOSEPHUM diù luxit Jacobus, minimè dubitans quin fera illum voravisset.

II. Noli dubitare quin Phocion unus inter clarissimos Græciæ viros exstiterit.

III. Quis dubitat quin Cyrus Dei sibi ignoti mandata perficeret ?

IV. O Dion ! an poteras dubitare quin Callippus cui confidebas, vitæ tuæ insidiaretur ? ex conjuge et sorore tuâ istud audiveras.

V. Quis dubitat quin Alexander Græcorum ope Asiam multò minùs ægrè subegerit, quàm Philippus Græcos toties Asiæ debellatores ?

VI. Crœsus in solio sedens, et veste magnificentissimâ indutus, Solonem interrogavit an unquàm quidpiam vidisset pulchrius : ne dubites, philosophus respondit, quin te fulgore ac pulchritudine præstent galli, phasiani ac pavones.

———

231.ᵉ Règle : Je me doutois bien que....
Suspicabar rem malè cessuram, etc.

I. Caridemus Darium victum iri suspicabatur.

II. Quisnam suspicatus fuisset Jesum Christum ab uno inter apostolos proditum iri ?

III. Nemo suspicatus fuisset Themistoclem, cujus sanguinem Artaxerxes addixerat, olim ab hoc principe valdè amatum iri.

IV. Thyus, Paphlagoniæ præfectus, haud suspicabatur se ad Persarum regem fulvæ feræ instar olim ducendum esse.

V. Quisnam suspicatus fuisset Demosthenem, primùm à cunctis audientibus exsibilatum, oratorum principem aliquandò factum iri ?

VI. Quisnam suspicatus fuisset Abdalonymum, hortum colentem ut vitam toleraret, olim Sidonis regem eligendum esse ?

232.ᵉ **Règle** : *Nescis quis ego sim... Scribe quid agas*, etc.

I. **Alexandro** Scytharum legatus audacter dixit : nobis licet quis sis nescire. — Quisnam vir sit munus ostendit, inquiebat Epaminondas, vir autem quale sit munus.

II. Non te fugit quotâ horâ Jesus Christus expiraverit.—Adversæ res ostendunt quinam verè sint amici.

III. Jampridem dicitur, et meritò quidem : quem frequentes dic mihi ; et ego quis tu sis tibi dicam. — Nullus inter Ægypti hariolos dicere potuit quid significarent duo Pharaonis somnia.

IV. Adherbal perpendens suum fratrem Hiempsalem à Jugurthâ neci datum fuisse, quid sibi ipsi metuendum esset intellexit. — Dionysius senior, noctes atque dies conscientiæ suæ exesus stimulis, nullum cui fideret reperiebat, ne exceptis quidem suis conjugibus suisque liberis.

V. Prædixerat Isaïas desertam fore Babylonem ; vix idcircò assignant viri geographiæ peritissimi, quid loci urbs ista olim teneret. —A quodam ex suis amicis Alexander interrogatus cuinam regnum relinqueret, respondit : dignissimo (*ou bien*) optimo.

VI. Miramur attendentes quâ facilitate Timoleon incœpta maximè ardua perficeret, illustrissimasque referret victorias. — Oziæ et senioribus dixit Juditha : nolite perscrutari quid agere velim ; at solummodò Deum mihi deprecamini.

H 3

Ce qui, ce que, *non interrogatif.*
233.ᵉ RÈGLE : *fecit quod ei præceperam*, etc.

I. Populo retulit Moyses quod præce-
perat Dominus.

II. Quod in Domini lege scriptum erat,
Maria et Josephus sedulò adimplebant. —
Clodoveo dixit sanctus Remigius : quod tu
incendisti, adora ; quod tu adoravisti in-
cende.

III. Josue dixerunt Israelitæ : quod tu
nobis præscribes nos faciemus.

IV. Samueli dixit Dominus : quod petit
populus iste, fac; haud enim te, sed memet respuunt.

V. Salomoni dixit Deus : ego tibi dabo,
vel quod à me tu non postulâsti, scilicet divitias et gloriam. — Nihil perdit, qui duntaxat quod periturum est perdit.

VI. Istud verborum suo tumulo inscrip-
tum voluit Sardanapalus : *quod ego sorbui
possideo.* Porco sanè dignum est istud epi-
taphii.

———

134.ᵉ RÈGLE : *Scire velim ubi sis, undè
venias, quò eas,* etc. *an, cur,* etc.

I. A Caïno quæsivit Deus cur iracundiâ
arderet.

II. Rebeccæ parentibus Eliezer significavit quare in Mesopotamiam venisset. —
Alexandro Scythæ dixerunt : annon nobis
licet undè venias ignorare ?

III. Non te præterit quomodò major posterioris templi quàm prioris fuerit gloria. — Adeò pauper erat Epaminondas ut undè efferretur non reliquerit.

IV. Qui Samsonis genitrici apparuit angelus, is illi indicare noluit undenam esset, nec quo nomine vocaretur. — Josephus suos fratres quibus ignotus erat interrogavit an ipsorum pater adhuc viveret, et quomodò valeret.

V. Haud te præterit quomodò urbs Hiericus, quamvìs turribus ac mœnibus muniretur, ab Hebræis capta et direpta fuerit. — Lacedæmone senes, ut mos erat, ab adolescentibus quos habebant obvios, quærebant quò irent, et quonam consilio.

VI. Imperatoris Augusti mater et socerus nihil antiquius habebant quàm ut à magistris et custodibus quibus illum crediderant quotidiè quærerent quò ivisset, quomodò egisset diem, et quibuscum sermonem habuisset.

Combien entre deux *verbes*.

235.ᵉ Règle : *Vides quantùm te amem,* etc.

I. Dicere nequeo quantùm Jesum Christum amaret diva Theresia.

II. Nemo nescit quantùm Ephæstionem Alexander dilexerit.

III. Demonstrant sol, stellæ, et creatæ res cæteræ quanta sit Dei potentia.

IV. Audivistine quanti captum murem

vendiderit quidam avarus, dùm obsessum teneretur Casilinum ? ducentis denariis. — Neminem fugit quàm peritus esset Plutarchus res ad veritatem adducendi.

V. Alexander solis Pindari poetæ jubens parci ædibus, quanti viros doctos faceret demonstravit.

VI. David in suî necnon populi perniciem cupidus fuit cognoscendi quàm multi sibi parerent.

———

236.ᵉ RÈGLE : *Quis credat ? Quis non miretur ?* etc.

I. Quis divitum ergà pauperes acerbitatem non vituperet ?

II. Quis unum assem pauperibus non largiatur, ut thesaurum in cœlis obtineat?

III. Quis cum Jesu Christo in terris pati nolit, cum ipso in cœlo regnaturus ? — Quis suis non ignoscat inimicis, videns Jesum Christum suis orantem tortoribus ?

IV. Quis credat Alexandrum in Indiâ multis hostium millibus solum obniti potuisse ?

V. Quis de Annibale timiditatem suspicari audeat ? Hic tamen , licèt tot commiserit prælia , unum vulnus accepit.

VI. Divus Athanasius , quis credat ? ab Arianis argutus est cuidam vitam ademisse præsuli , illique manum ad incantamenta præcidisse.

Temps de l'indicatif après *quin*, *an*, *cur*, etc.

237.ᵉ RÈGLE : *Nescio quid agas, ageres,*
egeris, etc.

I. REGI dixerunt harioli : quodnam sit tuum somnium dic nobis, nosque quid indicet tibi aperiemus.

II. Josephus suos fratres seipsum non agnoscentes sic allocutus est : mihi indicate undè profecti sitis, et quonam consilio hùc veneritis.

III. Imperator Severus quid agendum esset uno pervidebat intuitu, idque illicò perficiebat. — Jesu dixit Joannes Baptista : ad me tu venis lymphis abluendus : at quis sis et quis ego sim novi.

IV. Haud explanatè novimus quo tempore bellum in Siciliam Pœni transtulerint. — Cato censor solebat ad vesperam sibi in memoriam revocare, quid dixisset ipse vel audivisset, et quid interdiù egisset.

V. Sui Jacobo filii Josephi togam imbutam hædi sanguine miserunt istis cum verbis : illud togæ nos reperimus ; vide an tui toga sit filii. — Athenienses Theramenem, virum suo patriæ amore commendandum, ad supplicium trahi vi'entes, quid sibimet metuendum esset intellexerunt.

VI. Annibal mari victus, Carthaginem misit unum ex suis amicis qui in curiam ingressus dixit : Romanæ classis præfectus maximis cum copiis advenit ; quærit Annibal utrùm sit congrediendum ; quænam vestra sit sententia mihi aperite. Dimicandum esse omnes responderunt. Crucis supplicium sic Annibal effugit.

Futur de l'indicatif après *quin*, *an*, etc.

238.e RÈGLE : *Nescio an auditurus sit... an audiendus sit*, etc.

I. VIRGILIUS Athenis proficiscitur Romam rediturus : utrùm eò adventurus sit nescio.

II. Turrim ædificant Noemi posteri ; at eorum sermonem perturbabit Deus, adeò ut opus non perficiendum sit.

III. Romæ exspectatur Trajanus ; at nescio an in Italiam sit reversurus. — Jubet Virgilius opus suum in ignem projici ; tanti verò fit ut sit servandum.

IV. Me fugit an sanctos tam multos martyrii palmâ redimitos Lugduni iterùm visuri simus. — Ego prævideo, inquiebat Alexander jamjam moriturus, quibus cruentis bellis mea celebranda sint funera.

V. In leonum foveam immittitur Daniel : at Deus illum tam apertè tuebitur ut ei parcituri sint leones, et ab istis prophetæ æmulatores sint vorandi.

VI. Epaminondæ dixit Agesilaüs : à te quæro an Bæotiam liberam sis relicturus ; ego verò, respondit Epaminondas, scire velim an tumet Laconiam. — Hierosolymæ templum servatum vult Titus ; ast Deus isti civitati adeò iratus est, ut invito imperatore templum sit concremandum.

239.ᵉ **Reg.** *Nescio an illum unquàm pœniteat. Nescio quomodò unquàm studeat,* etc.

I. Dictator creatur Sylla ; sed dubito an dictaturæ illum olim non tædeat.

II. Christianos vexat Adrianus ; at non dubito quin ipsum illorum mox misereat.

III. Flagitiis sese dedit Julia, Augusti filia ; nobisque dubitandi locus est, an istam suæ agendi rationis aliquandò pudeat.

IV. Divum Athanasium Alexandriâ expellit Constantinus : haud dubito quin illum olim pœniteat.

V. Adeò sævum se præbet Nero, ut dubitandi nobis sit locus an istum vel suæ matris in posterum misereat.

VI. Minucius, absente Fabio, prælium committit ; an verò dubitas quin illum brevì pœniteat ?

———

240.ᵉ **Règle :** Temps du subjonctif marquant le futur après *an, utrùm, quantùm,* etc.

I. Romam munera defert Cineas ; sed non dubito quin ista repudiaturi sint Romani. — O Annibal ! ad Antiochum confugis ; at dubito an illum apud principem diù sis permansurus.

II. Haud dubitavit Antiochus junior quin magno suorum elephantorum numero obruendi essent Judæi. — Mihi dubium est an quilibet alius ac Cyrus Babylonem obses-

surus fuisset ; adeò erat urbs ista captu difficilis.

III. Haud dubitabat Xerxes quin suarum
copiarum multitudine vincenda , imò ob-
terenda esset Græcia. — Neutiquam dubitant
quin Alexander , ni obstitisset Deus , ut urbem Tyrum anteà , sic urbem Hierosolymam
eversurus fuisset.

IV. Non dubito , Aristoteli inquiebat Philippus , quin filium meum Alexandrum regem
Macedoniâ dignum sis effecturus. — Haud
dubitant quin siti interiturus fuisset Marci
Aurelii exercitus , ni Christiani milites lar-
gum imbrem à Deo impetravissent.

V. Si viri Romano Curio similes inqui-
runtur , dubito an reperiendi sint plurimi.
— Non dubito quin Persarum regem sui imperii in gremio aggressurus fuisset Agesilaüs,
nisi ad suæ succurrendum patriæ revocatus
fuisset.

VI. Minimè dubitabat Caridemus quin
Persæ , licèt numero superiores , à Macedonibus vincendi essent. — Neutiquam
dubitare videtur quidam auctor quin , si
Alpium cultores in insidiis abditi, in Annibalis
exercitum in quasdam ingressum angustias
repentè irruissent, funditùs ille fuisset pe-
riturus.

241.e Règle : *Dubito an illum unquàm
pæniteat, pæniteret , etc.*

I. O Juda ! tu hominis Filium osculo prodis ;
non dubito quin te istius perfidiæ mox pœniteat.

II. Christianos vexat Marcus Aurelius ; noli dubitare quin illum olim pœniteat.

III. Afra omni libidine impura est ; at ne dubites quin olim ipsam suorum pudeat criminum.

IV. Minimè dubitavit Camillus quin olim Romanos pœniteret, quòd seipsum Româ expulissent. — O Timoleon ! tu tuum occidi jubes fratrem ; ne verò dubites quin te aliquandò istius sceleris acriter pœniteat.

V. O Jacobi filii ! Josephum fratrem vestrum occidendi consilium animo versaveratis : poteratisne dubitare quin posteà vos pœnituisset ? — Domitiano pepercit Titus : at nonnulli neutiquam dubitavêre quin ip, sum in posterum pœniteret.

VI. Cùm imperator appellatus fuit Marcus Aurelius, minimè dubitatum est quin pupillorum olim illum misereret. — O Saule ! tu sanguinem ac cædem anhelas ; at non dubito quin te tuæ ergà Christianos crudelitatis aliquandò pudeat.

142.ᵉ Règle : Je doute qu'il ait soupé....
Dubito an tàm maturè cœnaverit...
Je ne sais s'il aura soupé...
Nescio an tàm maturè cœnaverit.

I. Victor redit Saül : dubito an Amalecitarum regem neci dederit. — Nos fugit an pœnitentiam egerit Salomon.

II. Christianis primùm favit Valerianus : ne tamen dubites quin illos dein crudeliter vexaverit. — Arianis favit Constantinus : nescio an misericordiam impetraverit.

III. Dubito an ullus unquàm Homerum tanti fecerit, quanti Alexander, Macedoniæ rex. — Valdè anxii sunt Tobias ejusque conjux quòd, nesciant utrùm suus filius in Medorum regionem prosperè advenerit.

IV. Minimè dubitatur quin tàm æquum imperatorem quàm iniquum triumvirum Augustus se præstiterit. — De suæ conjugis obitu audit Darius; eòque acriori angitur mœrore, quòd ignorat an illi non insultaverint victores.

V. Morte percutitur Ananias : dubitandi nobis est locus, an illi sui mendacii veniam à Deo efflagitandi tempus non defuerit.— Solliciti sunt Raguel illiusque uxor, quia ignorant an dæmon novum suæ filiæ sponsum, veluti septem alios ejus maritos, non occiderit.

VI. Severus, in illis quas ad senatum scripsit litteris, Commodo dei tribuit titulum, istumque suum fratrem vocavit ; noli tamen dubitare quin de isto tanquam de tyranno ac monstro priùs locutus fuerit. — In sua castra victor redit Paulus Æmilius ; at valdè anxius est, cùm nesciat utrùm suus filius, fugaces acriùs insequendo, non sit occisus.

243.ᵉ RÈGLE :

Je ne sais s'il aura...... Je doute qu'il ait.....
    terminé l'affaire, lorsque, etc.
Nescio an...... Dubito an...... priùs rem con-
    fecturus sit quàm hùc venias.

I. TURRIM ædificant Noemi posteri : po-
tesne mihi dicere an istam priùs confecturi
sint, quàm alii aliò dispergantur ? — Saulus
Damascum vadit Christianos vexaturus : at
minimè dubito quin lupus iste in agnum
priùs convertendus sit, quàm eò adveniat.

II. In cubiculo quiescit Alcibiades : scire
velim an ex illo priùs evasurus sit, quàm
hostes ipsius illud incendant. — Dubito an
Dionysius de Dionis, suæ sororis mariti, adventu priùs auditurus sit, quàm hic Syracusas ingrediatur.

III. Nescio utrùm Artaxerxes copias priùs
conscripturus sit, quàm suus ipsum frater
Cyrus aggrediatur. — O Romani! timete ne
immatura mors Marcellum priùs raptura sit,
quàm imperii habenas Augustus deserat.

IV. Ad Prusiam confugit Annibal : at nescio an ex istius principis palatio priùs egres-
surus sit, quàm ejus exitus à militibus se-
piantur. — O Caligula ! tu tuum equum
consulem vis designare; at dubitari potest
an istum ad illud dignitatis priùs sis promo-
turus, quàm tu tua ob scelera trucideris.

V. In Lacedæmonem procedit Epaminondas, at nescio utrùm illud urbis priùs expugnaturus sit, quàm eò Agesilaüs adveniat. — It venatum Esaüs ; ne autem dubitet quin Jacobo Isaacus priùs benè precaturus sit, quàm ipse seni petitum cibum apponat.

VI. Geta imperator declaratur ; at nescio utrùm biennium priùs regnaturus sit , quàm inter Juliæ suæ matris brachia vulneribus confodiatur. — O Petre ! ad mortem Jesu Christi ergò subeundam te paratum existimas : at cùm istud tibi Jesus Christus ipse nuntiet, neutiquam dubitamus quin ter illum priùs ejuraturus sis, quàm gallus bis cantum dederit.

Verbes passifs français qu'il faut tourner par l'actif en latin.

244.e RÈGLE : Je suis favorisé de... *Mihi favet fortuna.*
Il est admiré de... *Illum omnes mirantur.*

I. ANTIOCHUM divina insequebatur vindicta. — Arianis favebat imperator Constantius.

II. Bellica Turennii facinora tota Europa demirata est. — Virgilium et Horatium, poetas latinos, Gallici poetæ imitati sunt.

III. Quos Romani plures imperatores vexaverant Christianos , iis favit imperator Constantinus. — Alexander suis amicis denuntiavit, quot et quantæ calamitates, ipso mortuo, Macedoniæ impenderent.

IV. Gelonem haud minùs diligebant Syracusani quàm reverebantur. — Cimonem Atheniensem semper plures sequebantur famuli loculos nummis plenos ferentes , ut omnibus miseris opitularentur.

V. Juvenalem et Horatium , satyrarum scriptores , unus nostros inter poetas celeberrimos apprimè imitatus est. — Quantùm Nicoclem , Salaminis regem , dilexerunt Cyprii , tantùm Evagoram , ejus filium execrati sunt.

VI. Intelligentes Saguntini quantum sibi instaret periculum , Romanos certiores fecerunt quantùm Annibal vincendo progrederetur. — Quantùm utrumque Dionysium horruerant ac abominati fuerant Syracusani , tantùm Timoleontem dilexêre et veneratisunt.

245.ᵉ Règle : Cicéron étoit admiré... *Admirabantur Ciceronem* , etc.

I. Admirabantur Socratem , cùm in vitium detonaret.

II. Probroso Neroni applaudebant , cùm in scenam ascenderet. — Mendacem ubique detestantur.

III. Sisaræ acriter instabant , cùm in Jahelis tabernaculum ingressus est.

IV. Neronem sui regni initio admirati sunt , sed posteà ab isto abhorruêre. — De Domitiano suspicati sunt , quòd Titum fratrem suum veneno sustulisset.

V. Divo Joanni , cui Chrysostomi seu oris aurei cognomen est , applaudebant , cùm de divinis concionaretur. — Commodo gratulati fuêre cùm post sui patris obitum Romam ingressus est ; sed paulò post istum abominati sunt.

VI. Caligulam admirati sunt , cùm à Judæis quæsivit cur porcinâ carne abstinerent ; istique applauserunt , non secùs ac si quid ingeniosi et valdè lepidi dixisset.

———

246.ᵉ Règle : Vous dites que Pierre aime Paul.
Dicis Paulum à Petro amari.

I. Haud te fugit Darium , Persarum regem, ab Alexandro victum fuisse.

II. Nemo nescit ab Annibale pluries victos fuisse Romanos , et posteà à Scipione Annibalem.

III. Tandem agnovit Babylonis rex , à Bel sacerdotibus se decipi. — Samsoni dixit Dalila : mihi liquet me à te non amari.

IV. Saül perspiciens cum Davide Dominum esse , illumque ab universo diligi populo , istum jam magìs quàm cùm maximè formidavit.

V. Non existimabat Artaxerxes ad se tam citò à Datame adductum iri Thyum , cujus rebellio ipsum valdè commoverat.

VI. Narrant in bello quod adversùs Romanos gesserunt Cantabri , suos à matribus liberos , senesque invalidos ab adolescentibus voratos fuisse.

247.ᵉ RÈGLE : *Virtus amatur*, etc.

I. Apud Ægyptios, perjuri capite damnabantur.

II. Apud Persas, asperè Castigabatur linguæ intemperantia.

III. E templo abrepta est Athalia, gladiisque trucidata.

IV. Nimiò pluris terrestres divitiæ, nec sat magni bona fiunt cœlestia.

V. Simulacro quod *Bel* vocabant, similæ duodecim mensuræ, quadraginta verveces, vinoque plena sex vasa grandia quotidiè offerebantur.

VI. Timoleonti mortuo majores quàm viventi honores tributi fuêre.

248.ᵉ RÈGLE : *Adolescentibus non modò non invidetur, sed,* etc.

I. Divitibus invidetur. — Mendacibus diffiditur.

II. Ex Horatio poetâ, athletis vino interdicebatur.

III. Interdùm haud minùs dictis quàm factis nocetur. — Crucis viâ ad cœli gloriam pervenitur.

IV. Regi Saüli dixit Samuel : nunquid victimas vult Deus ? Nonne potiùs ut suæ voci obediatur ?

V. Syracusis nullâ de re magni momenti, nisi consulto Timoleonte, deliberabatur.

VI. Tàm horrendæ cædi relicta est Babylon, ut neque senibus, neque mulieribus, neque infantibus, vel in matrum suarum sinu inclusis, parceretur.

249.ᵉ **RÈGLE** : On admire, on aime la vertu,
Admirantur, amant virtutem.

On dit... on rapporte...
Aiunt... ferunt, etc.

I. **SENECTUTEM** ubique reverentur. — Mendacium constanter detestabuntur.

II. Plerumquè ut vixêre sic moriuntur. — Existimant imperatorem Claudium ab Agrippinâ suâ conjuge veneno necatum fuisse.

III. Sæpiùs prava quàm bona exempla imitantur.

IV. Phocionis constantem ac interritum animum admirabantur, cùm ad supplicium duceretur. — Ferunt opprobriis oneratum ictibusque contusum fuisse Vitellium, istiusque corpus in Tiberim projectum fuisse.

V. Si quam Turennio gratularentur victoriam, hanc suorum militum fortitudini tribuebat, nedùm eâ superbiret.

VI. Narrant Neronem, priùsquàm moreretur, diù flevisse, deinque in jugulum sibi suum pugionem infixisse.

250.ᵉ **RÈGLE** : On se repent, etc.
Homines pœnitet malè vixisse, etc.

I. **VIDUARUM,** pupillorum, ægrotorumque homines miseret.

II. Amici proditi homines pudet.

III. Seriùs Ociùsve homines pœnitebit in Deum peccavisse.

IV. Frivolorum mundi gaudiorum mox tædet homines.

V. Homines semper pœnitet tempus quod reparari nequit frustrà absumpsisse. — Homines olim pudebit quòd æternæ felicitati frivola mundi gaudia præposuerint.

VI. Cùm ingruit diluvium, homines pœnitere debuit quòd Noemi monitis fidem non adhibuissent.

———

251.ᵉ RÈGLE : On ne peut, etc. *Nemo sine virtute potest esse beatus*, etc.

I. Sine vi nemo cœlum assequitur.

II. Neminem unquàm pœnitet virtutem coluisse.

III. Nemo in cœlorum regnum potest ingredi, nisi sacro fonte ablutus fuerit—Sine prælio nemo victoriam reportat.

IV. Justo sub Deo, nemo, nisi nocens, miser est.

V. Juxtà Persarum leges, nemo regem ipsum alloqui poterat, priusquàm ad ejus pedes demissè sese prostravisset.

VI. Socrates, admodùm dispari in fortunâ, tantà fuit æquanimitate, ut nemo illum aut hilariorem aut mœstiorem unquàm viderit.

252.ᵉ Règle : Quand on, etc. *Qui bonum alienum appetit, meritò amittit proprium*, etc.

I. Qui lethale committit peccatum, iste Jesum Christum rursùs crucifigit.

II. Qui dæmoni se permittit, cordis quietem, quibuslibet mundi thesauris anteponendam, amittit.

III. Qui in corde alit caritatem, ille invenit undè pauperes sublevet. — Qui modica possidet, nec aliud appetit præter solum bonum quod potest cor implere, ille semper dives est.

IV. Qui dives est, is non modò suas divitias augendi desiderio, sed etiam ne illas amittat metu cruciatur.

V. Qui perpendit quo in statu natus sit, et quo in statu sit moriturus, ille minimi divitias æstimat.

VI. Moyses, jubente Deo, æneum fecit serpentem, quem summo affixum spiculo erexerunt; et qui illum aspiciebat, sanabatur.

____

253.ᵉ Règle : Si on, si l'on, etc. *Si quis te interroget*, etc.

I. Si quis velit me laudare, inquiebat Nero imperator electus, dùm me laudibus dignum præstiterim exspectet.

II. Juxtà quamdam Athenarum legem, si quis in bello membro captus fuisset, sumptu publico alebatur.

III. Si quis suo indulgeat corpori, inquiebat priscus philosophus, suâ libertate frui non potest.

IV. Si quis tibi genam dexteram percutit, inquit Jesus Christus, præbe et alteram.

V. Si quis Dionysii et Damoclis historiæ renovet memoriam, ille exploratum habebit, in honoribus et divitiis haud positam esse felicitatem.

VI. Si quis prophetam Isaïam leget, haud mirabitur quòd Cyrus gentes adeò facilè subegerit, regesque fugaverit orbis potentissimos.

———

254.ᵉ RÈGLE : *Si quandò... nequandò... si quis*, etc.

I. Si quid adversi Benjamino accideret, aiebat Jacobus, mœrore conficerer.

II. Si quis, dicit Dominus, ad hariolos et magos confugiet, è medio populo meo eradicabitur.

III. O pueri! horumce legis verborum nolite oblivisci : si quis patrem suum aut matrem verbis appetat contumeliosis, morte iste mulctetur.

IV. Labano avunculo suo dixit Jacobus : si quid ovis à feris voratum esset, aut raptum à latronibus, in me istud damni recidebat.

V. Si quis credat, ait quidam auctor, cæcum natum esse Homerum, procul dubio cæcus ipse est, cunctisque orbatus sensibus.

VI. Ad cunctas sui regni civitates ista

scripsit Antiochus tertius : Si quid legibus adversum vobis præscripsero, veto ne quispiam mihi pareat.

255.ᵉ Règle : *Videas… Reperias… Videre est*, etc.

I. Homines tigribus ac leonibus sæviores interdùm videas.

II. Homines honorum contemptores, etiamnùm reperias : at paucissimos reperire est.

III. Homines videas Deum existere negare audentes. O stupenda cæcitas !

IV. Elephantes quindecim altos pedibus nonnunquàm reperias.

V. Videre est homines quælibet, præter Jesum Christum, ediscentes scientesque : istorum sors quàm dolenda est !

VI. Videas plerosque homines divitiarum voluptatumque amore fascinatos ; ideòque paucissimos solam virtutem æstimantes reperias.

256.ᵉ Règle : On dit que les cerfs…. *Cervi dicuntur diutissimè vivere*, etc.

I. Feruntur Scipio et Asdrubal unà cœnavisse apud Syphacem, regem Africæ potentissimum.

II. Dicitur Annibal venenum hausisse, ne vivus in Romanorum manus incideret.

III. Dicitur Metellus Numidicus, in exilium

lium profectus fuisse , ex eoque rediisse , eodem vultu, scilicet eâdem æquanimitate.

IV. Fertur Camillus adeò longè et acriter Gallos insecutus fuisse , ut in reipublicæ terris soli superstiterint mortui.

V. Fertur Hunericus , Christianorum vexator , à vermibus quibus scatebat ipsius corpus , exesus fuisse.

VI. Fertur Augustus imperator modò pisces hamo cepisse , modò astragalis vel nucibus cum puerulis lusisse.

257.ᵉ RÈGLE : On dit que les cerfs vivent long-temps. *Dicitur cervos* , etc.

I. DICITUR Coriolanum à Volscis occisum fuisse.

II. Dicitur arma tractandi necnon equitandi peritissimum fuisse Cæsarem.

III. Dicitur imperatorem Julianum semper mediâ nocte è lecto surrexisse.

IV. Fertur Alcibiadem in cubiculo in quo cubabat, penè vivum crematum fuisse. — Dicitur Philippum potiùs mercatorem quàm populorum domitorem fuisse.

V. Dicitur Caligulam solitum fuisse, modò Jovis fulmine, modò Neptuni tridente armatum se dare conspiciendum.

VI. Fertur Arium, famosum hæresis architectum, mortuum repertum fuisse, ipsâ Dominicâ die, quâ sacram in ædem Constantinopolitanam erat introducendus.

258.e R È G L E : *Dicitur te tuæ culpæ pœnitere* , etc.

I. DICITUR Cliti cædis Alexandrum puduisse.

II. Existimant Annibalem pœnituisse quòd post Cannarum prælium in Romam non processisset.

III. Dicitur Augustum imperatorem Juliæ filiæ suæ flagitiorum puduisse.

IV. Dicitur Darium pœnituisse quòd Caridemum neci dedisset.

V. Ferunt Minucium pœnituisse quòd prælium, invito Fabio qui tamen ipsi venit auxilio, commisisset.

VI. Dicitur Alexandrum suæ ergà Thebanos pœnituisse crudelitatis, istiusque memorià ergà multos alios mitiorem et humaniorem effectum fuisse.

259.e R È G L E : *Pueri docentur grammaticam*, etc.

I. SANCTUS Arsenius græcas latinasque edoctus est litteras.

II. Quam Saulus edoctus fuerat Moysis legem, hanc sedulò observabat.

III. In Pharaonis palatio educatus fuit Moyses ; ibique omnes Ægyptiorum scientias edoctus est.

IV. Divus Germanus qui humaniores doctus est litteras, ad honores promotus est, et deindè præsul Antissiodorensis electus.

V. Videtur Alexander musicen edoctus fuisse ; namque die quâdam suus ei dixit pater: annon te pudet tàm bellè canere ?

VI. Apud Persas, publicis in scholis jus-titiam docebantur regis filii, non secùs ac alibi pueri rhetoricen philosophiamque docentur.

———

260.e RÈGLE : *Vulpes negavit se esse culpæ proximam , etc.*

I. SE pastores esse regi Pharaoni respon-derunt Jacobi filii.

II. Deo supplicavit Salomon ut cor docile sibi daret. — In morbum incidit Alexander, seque mox moriturum esse cognovit.

III. Ægrè tulit poeta Æschilus sibi An-tepositum fuisse Sophoclem, adeò ut Athenis profectus, in Siciliam ubi mortuus est, sese receperit. — A Deo interrogatus Caïnus ubi-nam esset suus frater Abel, respondit se nescire, nec se sui fratris custodem esse.

IV. Agesilaüm haud fugiebat se non sibi, sed suæ civitati et cum ipsâ fœderatis im-perium accepisse. Princeps ille obtempe-rare legibus quàm Asiam subigere sibi glo-riosius fore existimavit.

V. Nos edocet Seneca se sibi unguentis interdixisse. — Pœni se victos fuisse credere nequiverunt, donec illis Annibal ipse se vic-tum esse professus fuisset.

VI. Alexander arbitrans se mentibus veluti linguis posse imperare , se Jovis filium non modò vocari, sed et existimari jussit.

I 2

261.ᵉ R ÈGLE ; *Credo illum mentitum
fuisse*, etc.

I. A D pœnitentiam homines Noemus invitabat ; at nos edocet Moyses illum non
auditum fuisse.

II. Alexander celeriter vincendo populos
subegit : dicit Sanctus Spiritus illum terram
non tetigisse.

III. Bessus suæ pœnas perfidiæ persolvit :
narrat Quintus Curtius istum, naso auribus-
que mutilatum, cruci affixum fuisse, sagittis-
que à Barbaris trucidatum.

IV. Darius, cùm fugeret, eò devenit pe-
nuriæ ut aquam cœnosam, et cadaveribus
inquinatam biberet : refert tamen quidam
historicus illum nunquàm jucundiùs bibisse.

V. Cùm philosophus Callisthenes, qui inter Alexandri aulicos versabatur, dixisset
illum hominem, non autem deum esse,
hoc ei rex vertit crimini.

VI. A suo regno aberat Philippus, cùm
tres nuncii simul nunciaverunt, illum olympicis in ludis coronatum fuisse, illum per
unum è suis ducibus insignem retulisse victoriam, illique natum esse filium.

262.ᵉ R ÈGLE : *Pater amat suos liberos*, etc.

I. S UUM fratrem Abelem occidit Caïnus,
— Jesus Christus suas oves verbo suo, suâ
carne, suoque alit sanguine.

II. Ad regem Pharaonem Josephus suum patrem adduxit. — Suos mater liberos, suam maritus conjugem, suum amicus amicum diligit.

III. Tobias suum edocuit filium Deum timere, atque ab omni peccato abstinere. — Josephus, sexdecim annos natus, sui patris oves pascebat.

IV. Pompeius, Ptolemæi, Alexandriæ regis, jussu, antè conjugis suæ suorumque liberorum oculos, pugione perfossus est. — Gæsar, ob denegatum sibi consulatum, patriæ suæ bellum denunciavit.

V. Eurydice, Philippum, suum dilectum filium, obnixè commendavit Pelopidæ qui illum, tanquàm obsidem, Thebas abduxit. — David, priusquàm moreretur, animo sensit suum filium Salomonem unicum sui regni hæredem instituendum esse.

VI. Suà Demosthenes facundiâ, suæ patriæ majora præstitit officia, quàm suâ bellicâ virtute duces peritissimi. — Fame ità extimulati sunt Judæi, ut vel tenerrimæ matres, fame crudeles factæ, suâ manu suos coquerent infantulos, suique ventris fructum comederent.

———

263.ᵉ RÈGLE : *Pater amat suos filios, at eorum vitia odit*, etc.

I. ABELEM ejusque dona vultu propitio aspexit Deus ; at Caïni illius fratris neglexit munera.

II. Agnovit Nabuchodonosor Deum solum

magnum esse, nihilque omnipotenti illius resistere brachio.

III. Datames vi apertâ Thyum aggressus, istum, necnon illius uxorem, eorumque liberos apprehendit.

IV. Cùm Deus humanum genus diluvio perdere decrevisset, Noemo, hujus uxori, eorumque liberis virtutem colentibus pepercit.

V. Impius Antiochus, licèt Deo præclara promitteret, iram ejus placare non valuit.

VI. Alexandri vel nomen Bessum, Nabarzanem, istorumque sceleris conscios adeò perterruit, ut quamvìs numero et viribus superiores, in fugam sese dederint.

264.ᵉ RÈGLE : *Suum Cæsari gladium restitui*, etc.

I. O JESU ! suum tuæ dilectæ sponsæ decorem pristinum restitue.

II. Tumet, ô Jesu ! suam dæmoni prædam suosque servos eripuisti. — Juvenis prodigi pater suis dixit famulis : qui perierat meus filius, is repertus est, citò suâ eum pristinâ togâ induite.

III. Tobias suo dixit filio : Gabelum adi, acceptâque quam illi commodaveram pecuniâ, suum ei chirographum restitues.

IV. Senes duo castam Susannam calumniati sunt : ô Daniel ! huic ultionem tua pariat sapientia, suumque ei honorem restitue.

V. O vivorum mortuorumque Judex summe , tandem aderit dies quo suam impio pœnam , suumque justo addices præmium.

VI. En tyranni Pisistrati hostes , suæ timentes vitæ , urbe Athenis aufugiunt : tu vero , Solon , audeas suam Atheniensibus ignaviam , suamque tyranno perfidiam exprobrare.

————

265.ᵉ RÈGLE : *Mater te orat ut filiolo ignoscas suo , etc.*
Ad amicum scribo ut mihi negotium committat suum , etc.

I. CRUDELIS Joabe , te David obsecraverat ut filio suo Absaloni parceres.

II. O Saule ! queritur Dominus quòd tu suum devastes gregem.

III. O crudelis Appi ! incassùm ergò te obsecrat Virginius , ut te suæ misereat filiæ.

IV. O Deus ! quoties te obsecravit Augustinus , ut tuâ potenti gratiâ suas catenas confringeres ! — O adolescentes ! Dominum orate ut vos suis adversùs dæmonem armis induat.

V. O angele Raphael ! te ergò sibi ignotum obsecrat Tobias , ut in Medorum regionem suum deducas filium. — Jesus Christus moriens suum Patrem obsecravit ut suis ignosceret tortoribus.

VI. Dominum obsecremus atque obtestemur, ut adversùs nostræ salutis hostes nos suâ roboret gratiâ. — Eurydice , Amynthæ Macedoniæ regis conjux, Iphicratem Atheniensem ducem obsecravit , ut adversùs Pausaniam , regni ereptorem , duos filios suos adhuc infantes, Perdiccam et Philippum, tueretur.

———

266.ᵉ Règle : *Te rogabo ut illius commodis inservias* , etc.

I. **Juvenis** est Gordianus ; O Romani ! vobis supplicamus ut illius commodis inserviatis.

II. O Christiani ! Alexander Heliogabali successor , propitius vobis est ; Deum orate , ut illius dies proferat.

III. Verè hypocrita est Arius ; ô Constantine ! te obtestamur , ut ab istius dolis tibi caveas.

IV. Nos Annibalem novimus : ô Varro ! tibi suademus ut ab illius caveas astibus.

V. In suam patriam juravit Catilina : ô Cicero ! te Romani obsecrant atque obtestantur ut istius omnes conatus infringas.

VI. Cujus insimulatur Susanna flagitium , istud illa non admisit : te obsecramus, sancte propheta Daniel , ut illius comprobes innocentiam.

———

267.ᵉ Règle : *Ejus indoles est optima* , etc.

I. **Sœpius** martyrum legis historiam : verè miranda est illorum patientia.

II. Dei amicus erat Moyses : illius frater et soror qui ipsi invidebant pœnas dede-runt.

III. Judas prælium committere decrevit : milites ejus, leonum instar, in hostes irruerunt.

IV. Hominum pulcherrimus erat Darius : mulier orbis speciosissima erat conjux illius, et utrique similes erant illorum filiæ.

V. Decem juvenes Absalonem tribus tra-jectum jaculis confecerunt : corpus ejus in foveam projectum est, saxorumque obru-tum congerie.

VI. Per fenestram projecta fuit Jezabel : istius sanguis murum respersit, corpusque ejus equorum pedibus conculcatum est.

———

268.ᵉ RÈGLE : *Sua eum commendat mo-destia*, etc.

I. IN Davidis civitate Salomon sepultus est, et suus ei successit filius.

II. Cyrus junior suum fratrem Artaxerxem de solio dejectum voluit ; at sua ipsum per-didit ambitio.

III. Porus quem sua clades non fregerat, regis instar, haberi voluit.

IV. Cicero quem sua immortalem fecit facundia, trucidatus est à satellitibus Antonii, cui sua scelera ac flagitia palàm exprobra-verat.

V. Decem annos regnavit imperator Ves-pasianus : sui ei filii deinceps successêre.

I 5

VI. Ludovicus nonus quem suæ virtutes in perpetuum commendabunt , christiani nomen multò pluris quàm augustum Franciæ regis titulum faciebat.

———

269.ᵉ RÈG. : *Sua hominem perdet ambitio*, etc.

I. SUA Judam perdidit avaritia. — Sua Samsonem conjux prodidit.

II. Suæ Mariam singulares et eximiæ virtutes suprà angelos extulerunt.

III. Sua rebelles angelos superbia cœlo depulsos in inferos præcipitavit.

IV. Sui Josephum fratres mercatoribus in Ægyptum euntibus viginti nummis argenteis vendiderunt.

V. Sui Judam Machabæum milites viventem adeò diligebant , ut illum mortuum diù luxerint.

VI. Sua Pharisæos adeò obcæcaverat invidia , ut , quamvìs Jesus Christus innumera patraret miracula , illum tanquàm Dei filium agnoscere noluerint.

———

270.ᵉ RÈGLE : Tel que... *Non is sum qui tu*, etc.

I. NON is fuit Numa qui Romulus suî (1) antecessor.

II. Haud is erat Varro qui Paulus Æmilius ipsius (1) collega.

———

(1) Je crois qu'on peut mettre l'un ou l'autre indifféremment.

III. Domitianus, Vespasiani filius, non is fuit qui Titus suus frater. — Haud is erat Brutus quem putabat Tarquinius.

IV. Pauci se eos vident ac judicant qui reapsè sunt. — Fabricius haud is erat quem putabat Pyrrhi medicus.

V. Quamvìs eadem semper stet Jesu Christi religio, haud inficiandum est, eos qui olim erant, non hodiè esse Christianos. — Non is erat Manius Curius quem putabant Samnites qui aurum ei obtulerunt.

VI. Non is erat divus Thomas quem putabant ipsius condiscipuli ; eum verò se exhibuit quem magnus Albertus, ipsius magister, existimaverat. — Longè abest ut is fuerit Augustus imperator, qui triumvir Octavius.

—

271.e Règle : Tel non suivi de que... *Is ou talis fuit pater meus*, etc.

I. Inter Persarum reges , nonnulli crudelissimi fuerunt : talis fuit Ochus.

II. Inter Ecclesiæ doctores , nonnullos eloquentissimos reperias : is fuit divus Joannes Chrysostomus.

III. Inter Ecclesiæ patres , quosdam æquè doctos ac pios reperire est : is fuit omnium confessione divus Augustinus.

IV. Regem sui populi amantissimum admirantur : talis fuit Henricus quartus , Franciæ rex.

V. Grandis thesaurus est princeps dies suos suis numerans beneficiis : is fuit imperator Titus.

VI. Non te fugit quàm miserè perierit Absalon qui in Davidem patrem suum rebellaverat : talis erit interitus liberorum qui suos parentes non reverentur. — Exstitêre principes qui soli digni fuerunt præconiis : is fuit Antoninus.

272.ᵉ RÈGLE : *Tel... qui... Quidam hodiè rident qui cras flebunt*, etc.

I. QUIDAM hodiè rectè valent, qui cras forsan ægrotabunt.

II. Quidam multùm sperant, qui parùm inveniunt.

III. Quidam hodiè saltant, qui fortassè cras sepelientur.

IV. Incidunt tempora cùm quidam obediunt, qui deberent imperare, et quidam imperant, qui obedire deberent.

V. Quidam, ut gloriam acquirant, sævissima constanter perferunt vulnera, qui morbi franguntur doloribus.—Quidam se, columnæ instar, stabiles existimant, qui arundine vacillantiores sunt.

VI. Quidam sanctos se existimant, cum sceleratis se conferendo, qui se cum sanctis æquiparando nocentes profectò se judicabunt.

273.e RÈGLE : Tel répété... *Qui pater est ,*
is est filius , etc.

I. SÆPISSIMÈ , quæ mater , ea est filia.

II. Plerumquè , qualis dux , tales sunt
milites.

III. Quæ fuit ducis , ea esse debet mem-
brorum via.

IV. Qualis fuerat Tobias pater , talis fuit
ipsius filius quem Domino servire docuit.

V. Qui fuerant sanctus Basilius et ipsius
conjux , ii fuerunt eorum decem liberi , quos
Deus singularibus complexus est beneficiis.

VI. Qualem se gesserat Amilcar , talem
Annibal , ipsius filius , hæres ejus odii adversùs Romanos , se præstitit.

274.e RÈGLE : *Ea esse debet liberalitas , ut*
nemini noceat , etc.

I. Is fuit ergà homines Dei amor , ut
Filio suo unicò non pepercerit.

II. Id erat adversùs Josephum Jacobi
filiorum odium , ut cum illo amicè loqui
non possent.

III. Ea erat Sophoclis carminum suavitas ,
ut idcircò Apis cognomen illi tributum fuerit.

IV. Ea erat in Hebræos Pharaonis bar-
baries , ut illorum infantes masculos recèns
natos in Nilum projici jusserit.

V. In Evagorâ , Salaminis rege , is inerat
veritatis amor , ut unum ejus verborum
sacri jurisjurandi instar haberetur.

VI. Ea erat ergà ipsi subditos Henrici quarti benignitas, ut optaret agricolas quâlibet die dominicâ gallinam in ollâ decoquere.

———

275.ᵉ Règle : *Tel* pouvant se tourner par *de cette sorte*, etc.

I. Titum omnes luxerunt Romani : quis hujusmodi principem non desideravisset ?

II. Nobis perpetuò insidiantur dæmones : quis istiusmodi adversarios non reformidet ?

III. Alexandro urbis suæ portas clauserunt Tyrii : istiusmodi contumeliæ impatiens fuit.

IV. Pyrrhus in pugnæ campo stratos videns Romanos milites, exclamavit : cum hujusmodi viris ego mox orbem totum subegissem.

V. Edixerat Lycurgus ut Lacedæmonii non belligerantes otium agerent : quis istiusmodi legem approbet ?

VI. Junoni ac Veneri tàm abominandæ res tribuebantur, ut civis nullus Atheniensis conjugem suam, suasve filias istiusmodi dearum similes voluisset. — Jesus Christus, Dei filius, nobis viam aperuit : nemo hujusmodi ducem sequens potest deerrare.

———

276.ᵉ Règle : Le même que... *Idem qui...* *ac... atque*, etc.

I. Alexander Darii victor haud idem qui anteà fuit. — Eodem anno quo Annibal, obiit Scipio.

II. Ezechias ad vitæ suæ finem, eamdem quam initio pietatem exhibuit. — Ochus, Persiæ rex, eodem obiit anno, quo Philippus rex Macedoniæ.

III. Thebanorum gloria quæ cum Epaminondâ orta fuerat, eumdem quem magnus ille vir finem habuit. — Dario Alexander respondit eâdem ferociâ quâ ille ad ipsum scripserat.

IV. Querebatur Annibal quòd jam iidem non essent Romani qui Pyrrhi temporibus. — Ferunt Platonem, postquàm unum suprà annos octoginta vixisset, eodem quo natus fuerat die obiisse.

V. Ea erat Persiæ regum mollities, ut quas suâ in aulâ, eamdem magnificentiam easdemque delicias in castris exigerent. — Cupiebat Abdalonymus quo animo suam pertulerat penuriam, eodem coronam sustinere.

VI. Vult Quintilianus, clarus rhetor, ut quo suum filium pater, eodem amore suum magister complectatur discipulum. — Socrates, ut philosophus, inanium deorum simulacra clàm despiciebat; sed ille, ut civis Atheniensis senatorque, eumdem quem cæteri cultum istis exhibebat.

277.e RÈGLE : *Le même* devant un nom ; *même* après un nom ou pronom, etc.

I. NERO, ait quidam auctor, nunquàm eâdem veste bis indutus est.—Ferrum ipsum rubigine exeditur.

II. Divus Hilarius, Arelatensis præsul, hiemali æstivoque tempore, eâdem veste induebatur. — Reges ipsi morbo et morti obnoxii sunt.

III. Suum nepotem Tiberius lugens amplexus est, et Caligulæ dixit : huncce tu infantem olìm interimes ; te verò idem manet fatum. — Minimarum avium leo ipse nonnunquàm fit pabulum.

IV. Narrant imperatorem Augustum plus quadraginta annos hieme atque æstate in eodem habitavisse conclavio. — Alexander ipse cum Ephæstione captivas principes feminas invisit.

V. Sanctus Arnulfus, sanctusque Clodoaldus seu Clodulphus, ejus filius, eamdem pontificalem sedem, Metensem nempè, deinceps occupârunt. — Lacedæmone, publica ad convivia, tanquam ad sapientiæ ac temperantiæ scholam ipsi pueri ducebantur.

VI. Aiunt idem solum in Ægypto tria vel quatuor diversorum fructuum genera unum intrà annum gignere.—Affirmat Apion quæ de Androclo ac leone narrat se ipsum vidisse.

277.e RÈGLE * : *Avarus sibi ipse nocet*, etc.

I. REX Saül se ipse suo perfodit gladio.
II. Ad desperationem adductus Pilatus se ipse occidit. — Anaxarchus, ut aiunt, sibi ipse dentibus linguam præcidit.
III. Judas, suum post proditum Magistrum, necem sibi ipse conscivit.

IV. Attila, Hunnorum rex, se ipse Dei flagellum vocabat.

V. Charondas, ne à se latas leges infringeret, se ipse suo transfodit gladio.

VI. Se ipse occidit Mago; iratique Pœni quòd Siciliam non subegisset, corpus ejus cruci affigi jusserunt. — Nos fugit utrùm in carcere se ipse occiderit Appius, an ab alio occisus fuerit.

———

278.ᵉ Règle : Ne pas même... *Eum ne vidi quidem*, etc.

I. Cum obiit divus Joannes, Alexandriæ præsul, ne as quidem unus illi supererat.

II. Inter mulieris adulteræ delatores, ne unus quidem in illam primum lapidem jacere ausus est.

III. Omnes Gallos Camillus ferro trucidavit; et ne unus quidem superfuit qui istius cladis ferret nuncium.

IV. Cæsi fuerunt trecenti Fabii, nec unus quidem hostium gladium effugit.

V. Immisericors dives qui Lazarum vel mensæ suæ micis defraudavit, ne aquæ quidem impetrabit guttulam, ut suam linguam refrigeret.

VI. Cùm quæreret quidam utrùm cum Domitiano in ipsius conclavi aliquis versaretur, respondit Crispus ne muscam quidem illi adstare. — Cùm de Messalinæ suæ conjugis morte audivit Claudius, minimè commotus est; ne quæsivit quidem utrùm istam alius, an se ipsa interfecisset.

279.ᵉ RÈGLE : De même que si... *Non secùs ac, perindè ac,* etc.

I. ARISTOTELEM diligebat Alexander, non secùs ac si illum patrem habuisset.

II. Samson rugientem leonem discerpsit, perindè ac si hædus fuisset.

III. Sysigambis, Darii mater, ab Alexandro diligebatur, non secùs ac si hunc illa genuisset.

IV. Hodiè vivunt plerique homines, perindè ac si non speranda esset æterna felicitas, nec formidandi æterni cruciatus.

V. O lugendam cæcitatem ! vivimus, terrenisque inhærescimus bonis, perindè ac si nobis nunquàm moriendum esset.

VI. De Alexandri morte audiens Sysigambis, neptium sortem suarum suamque deflevit, non secùs ac si altero fuisset orbata Dario.

280.ᵉ RÈGLE : De même, *Item...* et même, *Imò, quin etiam,* etc.

I. DAVIDEM Saül acerbè oderat : de Jonathâ non item. — Jesu Christi doctrinam Judæi, imò falsorum numinum cultores admirati sunt.

II. Haud ægrè flectitur arbor tenera : item de puero. — Omnes peccatis obnoxii, imò fidei desertores, ad divum Franciscum confugiebant.

III. Solum Ægyptiacum, ait quidam auctor, multa eximia medicamenta, simulque plurima gignit venena : item de Alcibiade.— In Carceribus fame sitique cruciabantur martyres ; quin ægroti etiam frigidâ aquâ defraudabantur.

IV. Cyrum usquè eumdem videre erat, nempè usquè magnum, vel in minimis : de multis aliis haud item. — Suo Jonathas gladio, suo arcu, suo balteo Davidem donavit, quin etiam detractis suis vestibus illum induit.

V. Cùm animo aliquid consilii Alexander agitaverat, non is erat qui à proposito deterreretur : item, ut aiunt, de Carolo duodecimo, Sueciæ rege. — Omnes Jesu Christi doctrinam admirabantur : imò et dæmones illum Christum esse clamabant.

VI. Philippus, Macedoniæ rex, ut narrant, calamo perindè ac gladio utebatur ; item de Cæsare. — Plerumquè ut tonitru audiebat Caligula, expallescebat tremebatque ; quin etiam suo sub lecto interdùm delitescebat.

———

281.ᵉ RÈGLE : Autre, autrement que... *Alius, aliter quàm, ac,* etc.

I. ARISTIDES alitèr ac Themistocles censebat agebatque.

II. Domitianus imperator alius erat ac Titus ipsius frater.

III. Haud aliter apostoli quàm ipsorum Magister habiti sunt. — Annibalis milites, Capuæ commorati, alii ac anteà fuerunt.

IV. Si quis alii Deo quàm sóli veróque Domino sacrum faciet , morte mulctabitur.

V. O Jeroboami conjux ! dixit propheta, cur aliam ac es te simulas ?

VI. Longè aliter ac prioribus seculis hodiè vivimus ; at longè abest ut æquè diù vivamus.

282.ᵉ Regle : Tout autre que, *Quivis Quilibet alius ac... atque* , etc.

Tout autrement que... *Longè aliter ac... atque* , etc.

I. Quilibet alius ac Annibal Alpium altitudine perterritus fuisset. — Longè aliter ac Varro censebat Paulus Æmilius.

II. Quivis alius ac David regem Saülem quem in speluncâ solum nactus est , trucidavisset. — Post captivitatem, longè alii ac antè fuerunt Judæi.

III. Quilibet alius ac Alexander Tyri obsidione abstitisset. — Sub Timoleonte longè alia erat urbs Syracusæ (1), ac sub utroque Dionysio.

IV. Quilibet alius ac Aristides, immeritò ex suâ pulsus patriâ, istius injuriæ ægrè oblitus fuisset. — Cùm Socrati auscultaret Alcibiades , hunc longè alium ac modò videbant.

V. Quivis alius ac Judas , hæcce Jesu Christi verba audiens : mi amice, ad quid

---

(1) Syracusæ Syracusarum.

...enisti ? detestando abstitisset consilio. —
Se longè alium gessit Cimon ac se præsti-
erant plerique magistratus , qui antè ipsum
reipublicæ præfuerant.

VI. Quemlibet alium ac Salomonem fuisset utri mulieri assignandus esset infan-
ulus quem utraque repetebat. — Si sua in
Italiam arma vertisset Alexander , cum
ducibus longè aliis atque Dario rem gessisset.

———

283.ᵉ RÈGLE : *Autre*, après *lequel des deux…*
    Quære uter utri insidias fecerit , etc.

I. DAVID contrà Goliathum congredi ausus
est : non te fugit uter utrum vicerit.

II. Cum Gallo staturâ armisque suis cons-
picuo , manus conseruit Valerius Corvinus :
haud tibi latet uter utri caput præciderit.

III. Quantum amorem sibi invicem signi-
ficabant Orestes et Pylades , cùm coram
rege Thoante inter se acriter certarent uter
pro utro moreretur !

IV. Si te solum fugit uter utri pareat ,
Dario Alexander ferociter dicebat , hoc tibi
aperiet prælium.

V. Cinnæ dixit Augustus : tibi ego bis
vitam dedi , primùm tanquàm aperto hosti ,
deinque tanquàm infido amico : jam certemus
uter utri majorem amorem exhibeat.

VI. Qui cum Alexandri exercitu Persarum
exercitum contulisset , is crevisset facilè
uter utrum esset victurus.

284.e RÈGLE : *L'un l'autre, les uns les autres.*

I. Suos Alexander milites adhortabatur, alios gloriæ desiderio, alios prædæ incitamento. — Apostoli erant Judas et Petrus : alter prodidit Jesum Christum, alter illum ter ejuravit.

II. De Jesu Christo longè aliter loquebantur Judæi : alii dicebant : propheta est ; alii, contrà : iste populum seducit. — Caïnus Abelque Domino munera, alter terræ fructus, alterque agnos, obtulerunt.

III. Thrasybulum execrabantur Syracusani : alios in exilium pellebat, alios mulctabat bonis, plurimosque interimebat. — Duobus Pharaonis præfectis longè aliter obtigit : unus pristinum in gradum restitutus est, alterque ad palum affixus.

IV. Athenienses indulgenter habuit Philippus ; haud item de Thebanis, quorum principes, morte alii, alii exilio mulctati sunt. — Scytharum legatis si fides adhibenda est, Alexander unâ manu orientem, occidentem alterâ attingere cupiebat.

V. Mentor rebelles populos, alios solertiâ suâ atque stratagematibus, alios vi, Ochi Persarum regis imperio subjecit. — Si Valerio historico credendum est, duæ filiæ in carcere, suum patrem altera, altera suam matrem, lacte suo aluerunt.

VI. Ea erat Philippi politica scientia, ut cum aliis, aliorum opprimendorum causâ, societatem copularet, omnium sic potiturus.

— Quàm Diogeni Alexander dissimilis erat !
lter cuncta appetebat , benè erat alteri
quòd nihil possideret.

285.e RÈGLE : L'un répété, et l'autre aussi
répété, etc.

I. INTER Ægypti civitates , aliæ aliud
animal colebant.

II. Philippus alios alio modo populos
subegit.

III. De Coriolani interitu inter se dissi-
lent historici : alii alio modo illum obiisse
narrant. — Aiunt post pugnam juxtà Issum
Barbaros alios aliò aufugisse.

IV. Phlippus, solo adæquatis Phocæorum
urbibus , cives alios in alium pagum trans-
ulit. — Triginta tyranni alii alio modo mulc-
ati sunt.

V. Post pugnam ad Trasymenum lacum ,
erè decies mille Romani stragis (1) supers-
ites, alii alià Romam confugerunt. — Judæi ,
audito Jesu Christo , de illo alii alio modo
loquebantur.

VI. Nos docent historici Barbaros , jaculis
confosso Dario, alios aliò dispersos fuisse.
— Absalon regno detrusum volens Davidem,
patri suo subditos alios alio modo suas in
partes alliciebat.

---

(1) Bellorum superstes... Tacite.

Ni l'un ni l'autre... l'un l'autre.

286.^e RÈGLE : *Neuter alterum amat , uterque alterum odit , etc.*

I. JOANNES Jacobus Voltariusque eodem vixerunt seculo : neuter alterum diligebat. — Artaxerxis mater erat Parisatis, hujusque regis conjux erat Statira : utraque tamen alteram execrabatur.

II. In congressum et colloquium venerunt Annibal et Scipio : utrumque alter æstimavit necnon admiratus est. — Hanno et Annibal duo erant Pœni quorum neuter alterum diligebat.

III. Romæ æmula erat Carthago : neutra urbs illa alteram tolerare poterat. — Jesu Christi præcursor fuit divus Joannes : uterque de altero testimonium perhibuit.

IV. Claudius Nero Liviusque Salinator eodem anno consules designati sunt, quamvìs neuter alterum diligeret. — Imperium affectabant Otho et Vitellius : idcircò uterque alteri infestissimus erat.

V. Divus Paulus, eremi cultor, divusque Antonius se invicem amplexi sunt , inter se suo consalutantes nomine , licèt neuter unquàm de altero audivisset. — Priscum novumque fœdus discernimus : liquet utrumque alteri cohærere.

VI. Pelopidas Epaminondasque Thebanam rempublicam et domi et militiæ diù administraverunt ; neuter tamen unquàm alteri invidit. — Cæsaris gener erat Pompeius ; uterque tamen alteri perdendo studuit.

287.^e

287.ᵉ RÈGLE : L'un ou l'autre... *Alterutrum ad te mittam*, etc.

I. DUOBUS dominis, Deo argentoque haud possumus servire : alterutrum deligamus.

II. Pœnis dixit Fabius : pacem bellumque ad vos affero ; alterutrum eligite.

III. Cùm Ismael pacem cum Isaaco habere non posset, alterutrum Abrahamus coactus est dimittere.

IV. Nemo terrestri et cœlesti frui potest beatitudine : alterutra abjicienda est.

V. Usquequò, Israelitis dixit Elias propheta, usquequò Dominum inter et Baalim hæsitabitis ? alterutrum eligite et illi vos addicite.

VI. Catone Judice, simul stare non poterant Roma et Carthago : alterutra evertenda erat.

———

288.ᵉ RÈGLE : L'un après l'autre..... *Cœpit vesci singulis*, etc.

I. FRATRES suos singulos Josephus amplexus est.

II. Philippus, Alexandri patêr, cunctos Græciæ populos, singulos aggrediendo, in servitutem asseruit.

III. Decreto in Siciliam bello, portu naves singulæ progressæ sunt.

IV. Gelon, Hiero et Trasybulus tres erant fratres qui Syracusas, urbem Siciliæ potentissimam, singuli administrârunt.

V. Unus ex Horatiis, cernens suos fratres à Curiatiis occisos, tres suos adversarios seorsim aggressus est, illosque singulos interfecit.

VI. Domitianus, sui regni initio, suo in palatio solebat se includere; muscasque venatus, præacutâ siculâ singulas trajiciebat.

289.ᵉ **RÈGLE** : *Prior, posterior... primus, secundus,* etc.

I. DUCES ambo peritissimi erant Scipio et Annibal : posteriorem devicit prior. — Quis Romanorum rex primus fuit ? Romulus. Quisnam secundus ? Numa Pompilius.

II. A Cæsare devictus est Pompeius : prioris gener erat posterior. — Quis primus Lugduni præsul fuit ? divus Pothinus. Quis secundus ? divus Irenæus.

III. A Cyro, primo Persarum rege, ad Darium qui postremus exstitit, tredecim reges numerantur. — Divus Petrus divusque Paulus Romæ eâdem die martyrio affecti sunt : posterior, tanquàm Romanus civis, obtruncatus est, priorque cruci affixus.

IV. Codrus, postremus Athenarum rex, eodem tempore, quo Saül rex Judæorum primus, vivebat. — Vespasianus longè alius erat ac Tiberius. Posterior postquàm in solium ascendit, prioris statûs jam non meminerat; prior autem humilis sui generis nunquàm oblitus est.

V. Non te fugit sanctum Joannem sanctumque Jacobum fratres fuisse : posterior martyrii palmâ primus inter apostolos donatus est ; priorque qui circiter centum vixit annos , omnium apostolorum postremus obiit.

VI. Haud te præterit Caïnum Abelemque, Adami, primi nostri patris, et Evæ , primæ mulieris , primos fuisse filios ; priorem primum fuisse interfectorem , et posteriorem , primum omnium mortis imperium subivisse.

———

290.e Règle : Celui-ci , celui-là... *Hic , ille*, etc.

I. Varronis collega fuit Paulus Æmilius : ille acer ac temerarius erat ; hic contrà prudentissimus.

II. Persarum dissimiles erant Medi : illi sobrii ac laboriosi, hi molles erant ac voluptati dediti.

III. Aristides longè alius erat ac Pausanias ipsius collega : ille reipublicæ planè erat deditus ; hic contrà suam prodendi patriam consilium animo agitavit.

IV. Thebis nati sunt Pelopidas et Epaminondas, hic ex pauperibus, et ille ex ditissimis parentibus.

V. Græci ambo philosophi erant Heraclitus et Democritus ; hunc semper risisse, illum perpertuò flevisse perhibent.

VI. Pharnabasus Tissaphernesque, Persarum regis satrapes, longè aliâ erant indole : ille summâ de fide gloriabatur, hic contrà vel juramenta deridebat.

———

291.e RÈGLE : Celui des deux qui , etc. *Uter demutaverit , pecuniá mulcta- bitur , etc.*

I. UNA vitam agunt Ismael atque Isaacus : uter pacem perturbaverit, paternâ domo expelletur.

II. De imperio inter se decertant duo fratres : uter ab Annibale electus fuerit, pro Allobrogum rege habebitur.

III. Duos infantes suo in sinu gestat Rebecca : uter prior in lucem editus fuerit , suam ætatis prærogativam amittet.

IV. Ad Jesu Christi sepulcrum Petrus et Joannes convolant : uter prior advenerit posterior tamen intrabit.

V. Cyrus, Armenios inter et Chaldæos pace reconciliatâ , dixit : uter populus fœdus infregerit , in meî hostem habebitur.

VI. Ad Antiochum Philippumque à senatu legatur Popilius : uter arma abjicere noluerit, in populi Romani hostem habebitur.

———

292.e RÈGLE : Quel , quelle que , etc. *Quicunque , qualiscunque , quantus- cunque , etc.*

I. QUANTACUNQUE sit nos inter et planetas distantia, hanc astronomiæ periti amussìm emetiuntur.

II. Quantumcunque sit elephantis robur, illum homo ex voluntate dirigit. — Qualiscunque sit cujusvis hominis conditio, labori addicitur.

III. Quantacunque sit Dei clementia, expiandum est peccatum. — Quicunque reus sit, dicebat Saül, immisericorditer morietur.

IV. Quantacunque sit medicamentorum amarities, istis tamen, ut ad sanitatem redeamus, utimur. — Qualescunque sint istius vitæ ærumnæ, si quis fide valet, gaudio affluit.

V. Quantacunque esset Epaminondæ peritia, adeò ingrati fuerunt Thebani, ut illi imperium abrogaverint. — Qualecunque sit munus, inquiebat Epaminondas, obeunti potest esse gloriæ.

VI. Quantacunque esset Socratis, Græciæ philosophorum celeberrimi, scientia, hic tamen se nihil scire fatebatur. — Quæcunque sit parentum agendi ratio, caveant liberi ne eos oderint, vel debitam iis reverentiam exuant.

293.^e RÈGLE : Qui que ce soit qui, *Quicunque, quilibet….* Qui que ce soit des deux qui…. *Utercunque*, etc.

I. DICEBAT Caïnus : Quicunque obvium me habuerit, me interficiet. — Ad pugnam procedunt David et Goliathus : utercunque victus fuerit, obtruncabitur.

II. Quilibet me contempserit, ait Dominus, in contemptum ipse incidet. — De imperio inter se contendunt Niger Severusque : utercunque Romam prior advenerit, Juliano succedet.

III. Quilibet patris voluntatem fecerit, divinam esse filii doctrinam cognoscet. — Sortiuntur Matthias et Josephus , justus cognomine : utercunque à Deo sic electus fuerit, proditoris Judæ locum occupabit.

IV. Quicunque Hiericuntis prædæ aliquid subtraxerit , cremabitur. — Pavore et consternatione territa est Roma , postquàm imperatores declarati fuère Otho et Vitellius : utercunque , aiebant , victoriam retulerit , multùm sanguinis profundetur.

V. Post trucidatum Pertinacem , prætoriani milites altâ voce clamare ausi sunt : quilibet plurimùm obtulerit , imperator proclamabitur. — Imperium licitantur Sulpicianus ac Julianus : utercunque plures ostenderit nummos , illud impetrabit.

VI. Quicunque imperatorem Claudium adire voluisset , excutiebatur , ne quid armorum suâ sub veste occultaret. — Hyperbolus , homo nequam et improbus , adversùs Alcibiadem et Niciam populum perpetuò exasperabat : utercunque exilio affectus fuerit , secum dicebat , isti ego subrogabor ; at ipse suam præter exspectationem exilio mulctatus est.

294.ᵉ Règle : *Quelque que* avec un substantif singulier , etc.

I. Quemcunque legas librum , illumne Evangelio assimilandum existimabis ? —

Quantamcunque sapientiam Salomon primùm ostendisset, posteà tamen falsa gentium numina coluit.

II. O Thebani ! quemcunque ducem eligatis, num Epaminondà peritior erit ? — Quantumcunque animum primùm exhibuissent apostoli, suum tamen Dominum posthæc deseruerunt.

III. Quamcunque sententiam in curiâ aperiret Cato, addebat : censeo et delendam esse Carthaginem. — Verebatur Augustus ne Claudium irriderent qualemcunque ad dignitatem istum promoveret.

IV. Ferunt servo suo Catonem nunquàm iratum fuisse, qualemcunque cibum ille ipsi apponeret. — Quantamcunque laudem per vitam suam sibi peperisset Regulus, fuit tamen mors ipsius præclarior.

V. Qualemcunque mortem minarentur martyribus, nequaquam hi movebantur. — Quantâcunque ignominiâ sese obruisset Faustina, suam conjugem deæ instar cultam voluit Marcus Aurelius.

VI. Qui adulteram mulierem ad Jesum adduxerant Pharisæi, ii arbitrabantur, quodcunque daret responsum, se illius accusandi causam arrepturos. — Quantocunque in Romanos furore inflammarentur Falisci, vix de præclaro Camilli, Romani ducis, audiverunt facinore, cùm pacem petiverunt.

295.ᵉ Règle : *Quelques... que* avec un substantif pluriel, etc.

I. Quantumvis multa Manasses commisisset scelera, misericordiam impetravit.

II. Quotcunque suppliciis torquerentur
Machabæi, invicti perstiterunt.

III. Quantumvis multas regiones divus
Paulus evangelizando perlustravisset, sese
apostolorum minimum profitebatur.

IV. Quotcunque beneficia à suo magistro
accepisset Judas, illum tamen prodidit.

V. Quantumvis multa Jesus coram Judæis
patraverit miracula, de eo plerique non
crediderunt.

VI. Quotcunque nostris parentibus præs-
temus officia, quod nobis illi fecêre, an
unquàm illis nos faciemus?

296.ᵉ Règle : *Quelque... que* avec un adjectif,
un adverbe, etc.

I. Quantumvis insons esset Socrates,
capite damnatus fuit. — Quantùmvis sapienter se gerat homo quilibet, carpitur.

II. Quantumvis munita foret urbs Syracusæ (1), hanc Timoleon temporis puncto
expugnavit. — Quantumvis strenuè Annibal
dimicaret, à Scipione victus est.

III. Quantumvis vafer esset Lysander,
iste tamen à Pharnabazo delusus fuit. —
Quanticunque, Cyro judice, æstimanda

---

(1) Nom pluriel.

foret liberalitas , nihilominùs benignitatem affabilitatemque pluris faciebat.

IV. Quantumvis dives foret Crassus , haud alias ædes ac suum domicilium ædificandas curavit. — Quanticunque æstimanda sint bona cœlestia , ità cæci sunt plerique christiani, ut illis terrestres præponant divitias.

V. Quantumvis pauper esset Phocion , Atheniensium dux , centum talenta quæ ad ipsum Alexander miserat , repudiavit. — Quanticunque cæterùm æstimaretur Themistocles , huic fuit vituperationi , quòd post cœnam , veluti cæteri , fidibus canere nequivisset.

VI. Claudicabat Agesilaüs ; at nullum incœptum , quantumvis arduum esset , invaletudinis causâ detrectabat. — Quanticunque æstimanda Græcis videretur musica , Philippus tamen ab Alexandro filio suo quæsivit , an ipsum non puderet tàm bellè canere.

———

297.ᵉ Règle : *Quelque grand que... quelque petit que* , etc.

I. Quantulumcunque esset viduæ oblatum , hoc divitum donis præposuit Dominus.

II. Quantuscunque esset Gallus qui Romanorum fortissimum lacessebat , istum Manlius Torquatus suo gladio transfossum interfecit.

III. Quàdam lege vetabatur ne Lacedæmonii terga verterent , quantuscunque esset hostium numerus.

IV. Quantulæcunque nobis videantur stellæ, illæ tamen terrâ multò ampliores sunt.

V. Quodlibet donum, quantulumcunque foret, rex Artaxerxes libentissimè accipiebat.

VI. Cùm Agrippæ regi tantillùm aquæ obtulisset Thaumastes, ille id officii, quantulumcunque nobis videatur, opimis rependit muneribus.

———

298.ᵉ RÈGLE : *Il* devant un impersonnel ne s'exprime pas, excepté devant *pœnitet*, *pudet*, etc.

I. Nos edocet Evangelium oportuisse Christum pati. — Victoriâ abusus est Sylla; haud te fugit dictaturæ illum tæduisse.

II. Dicebat Vespasianus oportere stantem mori imperatorem. — Alexandrum adoptavit Heliogabalus; haud nos præterit hunc mox pœnituisse.

III. O adolescentes ! vobis sit persuasum suave esse Domino servire. — Valdè vorax erat Vitellius; haud puto illum suæ ingluviei unquàm puduisse.

IV. Jure censebat Trajanus satius esse sontem dimittere quàm insontem condemnare. — Demonstravit Judas ipsum pœnitere quòd innocentem tradidisset sanguinem; at iste ad Deum non confugit.

V. Utinam intelligant adolescentes homini expedire, ut Domini jugum citò subeat. —

Malum coram Domino Achabus patravit : constat istum suæ impietatis nunquàm pœnituisse.

VI. Haud putabant prisci Britanni sibi licere gallinis et anseribus vesci ; attamen suæ delectationis gratiâ hos et illas alebant. — Significavit Antiochus se suæ ergà Judæos crudelitatis pœnitere ; iste tamen suo in peccato interiit.

299.e Règle : *Celui*, *celle*, *ceux* suivis d'un génitif, etc.

I. Atrocius erat principum sacerdotum quàm Pilati facinus.

II. Ut corporis, sic animæ morbi contagiosi sunt. — Imperator Antoninus neque Romanorum, neque exterarum nationum profudit sanguinem.

III. Sodomæ quatuorque proximarum urbium incolæ in turpissima prorumpebant flagitia. — Nullum sævius est quàm dæmonis aut peccati jugum.

VI. Longè alia erat Atheniensium ac Spartanorum educatio.

V. Lues horrenda maximam pecorum Ægyptiorum partem interemit ; nec attigit Israelitarum pecora.

VI. Theopompus, multò minùs animæ quàm ingenii dotibus commendabilis, adeò gloriosus erat, ut se palàm jactaret, Isocrati magistro suo se præstitisse.

K 6

300.ᵉ Règle : *C'est ainsi que... Est-ce ainsi que*, etc.

I. Nilo Ægyptus suam debet feracitatem.

II. Ineunte vere in Asiam Alexander profectus est.

III. Obsidionis tres post menses ab Alexandro expugnata est urbs Tyrus.

IV. Neutiquàm urbi Athenis, sed triginta tyrannis bellum indixerat Thrasybulus. — Quidam pontificis minister Jesu Christo ausus fuit dicere : itàne tu summo respondes sacerdoti ?

V. Semper absentem Phocionem elegerunt, quem exercitibus præficerent. — Proh Besse! tu Darium vincis : hoccine est benefactorum ejus pretium ?

VI. Quid de seipso sentirent, in casâ primùm Antiochus audivit. — Proh Juda ! tu tuum osculo prodis magistrum : siccine tu illi te præbes memorem ?

———

301.ᵉ Règle : *Ce n'est pas que... mais c'est que*, etc.

I. Immisericors dives in inferis cruciatur : non quòd alienum rapuerit, sed quòd pauperum non misereretur.

II. Græciam subegit Philippus; non quòd oppida expugnaret, sed quòd illa emeret. — Deus suos castigat filios : non quin illos diligat, sed quòd illos se dignos velit efficere.

III. Impius dicit : non est Deus : non quòd id credat, sed quòd exoptet. — Jesu Christo dixerunt Judæi : nobis aperi an Christus tu sis : non quin Jesu Christi intelligerent verba, sed quòd indocili essent ingenio.

IV. Dicebat Plinius adolescentes repentè sapientes ac doctos fieri : non quòd id censeret, sed quòd istos arrogantiæ ac indocilitatis argueret. — petiverunt Judæi ut Barabbas dimitteretur : non quò pluris istum facerent quàm Jesum Christum, sed quò isti minùs infensi essent.

V. Militiam capessivit sanctus Sebastianus : non quòd ad hanc artem propensior esset quàm ad aliam quamlibet ; sed quòd christianis vexatis opem ferre cuperet. — Caligulam sui successorem indicavit Tiberius : non quin istum odisset, sed quòd Romanis serpentem, cæterisque populis Phaetontem traditum vellet. — Abelis, non autem Caïni, munera accepit Deus : non quò agni Deo gratiores essent quàm terræ fructus ; sed quò plus in uno quàm in altero fides vigeret.

VI. Annibal Capuam secum fœderatam à Romanis obsessam videns, ad Romam præcipitanter processit : non quòd illam obsidere in animo haberet ; sed quòd existimaret Romanos Capuæ obsidionem soluturos esse, ut in suæ patriæ auxilium advolarent. — Claudio soli, suo avunculo, pepercit Caligula, non quò minùs istum odisset quàm cæteros suos cognatos ; sed

quòd istum aspernaretur perpetuòque de-
rideret.

———

302.ᵉ RÈGLE : *Ce n'est pas à dire... Est-ce à*
dire pour cela que, etc.

I. TITI frater erat Domitianus ; non idcircò
illi similis fuit. — Commodus *Pium* se
cognominatum voluit ; num ideò pius fuit ?

II. A proditione non abhorrebant Philippus et Alexander ; non idcircò proditores
caros habebant. — Annibal, tu Sempro-
nium, Flaminium Varronemque vicisti ;
nùm ideò tu Fabium Scipionemque su-
perabis ?

III. Homerum Virgiliumque spernebat
imperator Adrianus ; non idcircò poetæ illi
contemptu digni sunt. — Xerxes in Græciam innumerabiles ducit copias ; an idcircò
victoriam reportabit ?

IV. Valdè præclara promittebat Antiochus ;
non idcircò istum suorum sincerè pœnituit
scelerum. — Haud semper hâc in vitâ
pœnas dat impius ; num idcircò mortuus
non persolvet ?

V. Pro Messiâ Jesum Christum habere
Judæi hactenùs noluerunt ; non idcircò in
suâ cæcitate semper perstabunt. — Christianos haud vexavit Commodus ; num idcircò humanus et æquus exstitit ?

VI. Suis fratribus Ruben suasit ut Josephum in foveam immitterent ; non idcircò
huic iratus erat ; contrà, in animo habebat
illum ex eorum manibus eripere, foveâque

eductum ad Jacobum conducere. — Confessus est Judas scelus se admisisse, tradendo justi sanguinem; an idcircò misericordiam impetravit? nequaquam, cùm deindè se ipse suspenderit.

———

303.e Règle : *Ce qui*, *ce que*, suivis de *c'est* et d'un nom, etc.

I. VOLUPTATUM ardor plerosque adolescentes perdit.

II. Omnes sanctos perterruit electorum paucitas.

III. Cyrus ergà deos reverentiam omnibus præponebat.

IV. Ergà Darii matrem et conjugem summa Alexandri benignitas huic perhonorifica est. — Non possum huic mirari Cæsaris suos ergà hostes clementiam. — Immensum Dei ergà nos amorem in cœlo tantùm intelligemus.

V. Cæcitatem hominum qui æternæ beatitudini felicitatis umbram anteponunt haud ego possum intelligere.

VI. Dei furorem adversùs Babylonem accenderunt intoleranda istius urbis superbia, ejus ergà Judæos sævities, illiusque regis sacrilega impietas.

304.ᵉ Règle : *Ce qui , ce que* suivis de *c'est que*, etc.

I. Illud in Alexandro demiramur , quòd Darii , sui hostis , matrem , conjugem et filias honorificè habuerit. — Illud verebatur Caïnus , Abelis percussor , ne ipse interficeretur.

II. Illud Annibalem gravissimè punxit, quòd Capuam secum fœderatam, à Romanis obsessam videret. — Illud dubitamus , an Salomon misericordiam impetraverit.

III. Illud metuebat Jacobus , ne quid adversi Benjamino accideret.—Illud sperant Jesu Christi verè discipuli , se post mortem beatitudinem æternam esse reperturos.

IV. Illud Themistocli verto vitio , quòd Aristidi inviderit. — Illud Tobias ejusque conjux timebant , ne quid adversi suo accidisset filio.

V. Illud Periclem mox moriturum cumulabat gaudio , quòd nullum civem lugubria induere coegisset. — Illud Catoni jure vertit crimini Plutarchus , quòd ille censuerit, servos senes factos venundandos esse , nec alendos homines ad nullam partem utiles.

VI. Illud Socrati verto crimini , quòd unum esse Deum agnoscens, plures tamen coluerit. — Illud timebant cæci nati parentes , ne è Synagogà ejicerentur.

305.e Règle : *C'est* devant un infinitif suivi
de *que de*, etc.

I. Ipsi Jesu Christo contumeliam facit,
qui pauperes habet duriter.

II. Judæ scelus admittit, qui ad sacras
epulas indignè accedit. — Sese odit qui
peccatum diligit.

III. Perire vult, qui peccati occasiones
non fugit. — Regnat qui suas frangit cupiditates.

IV. Sese nescit qui cæteros aspernatur.
— Jesum Christum ejurat, qui se illius discipulum non audet profiteri.

V. Regnat, ait Seneca, qui, cùm potest,
regnare non vult. — Jesu Christo Barabbam præponit, qui mavult suis cupiditatibus
quàm Evangelio, profano quàm divino Spi-
ritui obtemperare.

VI. Demens est qui hodiè paulisper inhæret
divitiis quas heri non possidebat, nec jam
cras possidebit. — Non perdit, sed lucrum
facit, qui opitulando pauperibus, Jesu
Christo largitur.

306.e Règle : *Etant, ayant été*, devant un
substantif, etc.

I. Augusto imperatore, Bethlemæ natus
est Jesus Christus. — Cùm Jesus Christus
noster sit dux, eum imitari debemus. —
Quintius Cincinnatus, postquàm sexdecim

dies dictator fuisset, dictaturâ se abdicavit, et ad rusticos labores rediit.

II. Cùm imperatores essent Maximianus et Diocletianus, divus Mauricius cum legione cui præerat occisus est. — Cùm Ecclesiæ fundamentum sit Jesus Christus, illa nequit deleri. — Tarquinius, superbus cognomine, cùm ferè viginti quatuor annos rex fuisset, solio pulsus est.

III. Cùm consul esset Fabricius, Pyrrhus, Epiri rex, quartam sui regni partem illi obtulit. — Cùm rex noster sit Ludovicus decimus octavus, illi orare debemus. — Marius, postquàm sextùm consul fuisset, proscriptus est, Româque egressus in Africam trajecit.

IV. Scipione consule, eversa est Carthago, anno antè Jesum Christum centesimo quadragesimo quarto. — Cùm veritas sit Jesus Christus, neque errare, neque nos potest fallere. — Divus Ludovicus, seu Ludovicus nonus, postquàm ferè quadraginta quatuor annis Franciæ rex fuisset, propè Tunetum in Africâ, lue interiit.

V. Cùm imperator esset Theodosius, magnus cognomine, in Ægypto alibique eversa sunt inanium templa numinum. — Cùm mater nostra sit Ecclesia, illam diligere et illi parere debemus. — Diocletianus, postquàm ferè novem decim annos imperator fuisset, necessitate adstrictus imperio se abdicavit.

VI. Sanctus Martinus, cùm miles esset, cuipiam mendico, quem Ambianum ingrediens vidit gelu rigentem, mediam lacernam dedit. — Cùm Dei mater sit Maria, ad eam quàm maximâ fiduciâ debemus confugere. — Nero, postquàm tredecim annos septem menses vigintique octo dies, Romæ imperator fuisset, universo orbi exosus interiit.

307.ᵉ RÈGLE : *Ayant* se tourne par *lorsque*, *puisque*, *parce que*, *quoique*, etc.

I. Cùm suos dilexisset Jesus, ait divus Joannes, illos ad finem dilexit. — Cùm Jesus suam crucem bajulaverit, nostram et nos tenemur bajulare.

II. Postquàm Pilatus Jesum Christum capite damnavisset, hunc milites in Calvarium montem conduxerunt. — Quamvìs promisisset Petrus, se Jesu Christi ergò moriturum esse, eum tamen ter ejuravit.

III. Cùm audivisset Dionysius tyrannus, Platonem Syracusas mox adventurum esse, illi in curru à quatuor equis albis vecto obviam ivit. — Quia Nero sibi subditos asperè habuit, istum semper detestabuntur.

IV. Cùm unus è tribus Angelis quæsivisset cur risisset Sara, quasi Deo aliquid esset difficile, perterrita Sara dixit se non risisse. — Quia Samueli prophetæ Saül non paruerat, iste à Deo rejectus est.

V. Cùm audivisset Cato suum fratrem in Thraciâ in morbum incidisse, naviculam onerariam, quamvìs sæviret procella, conscendere non dubitavit. — Cùm Henricus quartus sibi subditis valdè affabilem sese exhibuerit, Francis grata semper erit ipsius memoria.

VI. Sysigambin tanto affecit mœrore Alexandri interitus, ut, quamvìs Dario plures annos superstes vixisset, Macedoniæ regi paucis duntaxat diebus superesse potuerit. — Cùm toto corpore contremuerit sanctus Hieronymus, de ultimo meditans judicio, quis non contremiscere poterit? — Quamvìs Adamo et Evæ Deus, interpositâ mortis pœnâ, unius arboris fructu interdixisset, illi tamen comederunt.

3o8.ᵉ Règle : *Etant*, *ayant été*, devant un verbe neutre ou déponent, etc.

I. Cum in Ægyptum advenissent Jacobi filii, Josephum adivêre, illique reverentiam adhibuerunt. — Darius, quia ipsum adulati erant aulici, coronam et vitam perdidit.

II. Cùm Isaacus adolevisset, Deus, ut Abrahami fidem exploraret, dixit ei : sume tuum filium unicum quem diligis, itoque illum mihi immolaturus. — Postico è suo palatio exivit Vitellius, cùm sui eum soli sequerentur coquus ac cupediarius.

III. Isaaci oculi, cùm senuisset, ità obscurati sunt, ut videre jam non posset. — Cùm Josephi oblitus fuisset pincernarum præfectus, ille in carcere biennio adhuc detentus est.

IV. Cùm servum Androclum qui à tribus annis cum leone vitam degebat, istius incultæ ac horridæ vitæ tæduisset , aufugit, dùm leo venaretur. — Cùm Bessum insequerentur Alexandri copiæ , in Bactrianam se contulit.

V. Alexander, cùm in solium ascendisset, varias gentes barbaras, alias sui nominis terrore , alias armorum vi , subegit. — Cùm Turennio victorias quas reportabat gtatularentur, illas suorum militum fortitudini tribuebat.

VI. Cùm quidam juvenis unguentis delibutus venisset , Vespasiano de munere impetrato gratias habiturus , istum despicatum habuit imperator , illique munus à se concessum ademit. — Cùm Pœnis Romani bellum minati fuissent , mulieres capillos suos ad faciendos funes totonderunt.

3o9.ᵉ RÈGLE : *Ayant autant* devant un nom;
étant aussi devant un ajectif, etc.

I. Pro suâ prudentiâ Fabius ab Annibale vinci non potuit. — Alexander pro suâ fortitudine nullum formidabat periculum.

II. Pro suâ æquitate Aristides Themistoclis consilium obtrectavit. — Pharisæi pro suâ invidiâ Messiam agnoscere noluerunt.

III. Pro suâ superbiâ prisci philosophi graviori afficiebantur morbo , quàm quibus medebantur. — Samson suo pro robore , quibus constringebatur vincula haud ægrè rumpebat.

IV. Pro suâ ambitione Cæsar secundo loco contentus esse non poterat. — Suâ pro doctrinâ divus Augustinus quoslibet errores frangebat.

V. Sanctus Ludovicus pro suâ pietate, regis titulo christiani nomen præponebat. — Moyses pro suâ mansuetudine Dominum obsecravit ut Aaroni et Mariæ ignosceret.

VI. Suâ pro facundiâ Demosthenes, Philippo, Macedoniæ regi, terrorem incutiebat. — Xerxes pro suâ potentiâ existimabat se Græciam subacturum esse.

310.ᵉ RÈGLE : *Que* adverbe interrogatif....
que ne... que signifiant *combien*, etc.

I. ULYSSI Ajax dicebat : quid tu Achillis petis clypeum, cujus pondus te obrueret ? — Quin Caridemi consilio parebat Darius ? — Quanti valebat frumenti modius, cùm Titus Hierosolymam obsideret ? sexcentis nummis.

II. Achilli Ulysses dicebat : cur potentem urbem Trojam dubitas subvertere ? — Quin Sanctos imitamur, ut quâ in cœlo fruuntur fiamus gloriæ participes ? — Quanti æstimabatur Bucephalus ? tredecim talentis. Quanti valebat talentum ? mille nummis.

III. Regi Saüli respondit Samuel : cur ad me confugis, cùm à te recesserit Dominus ? — Davidem loquentem audiens Eliabus, iratus dixit illi : quid hîc agis ? quin tu ad tuum redis gregem ? — Quanti valebat

asini caput, cùm obsessa est Samaria ? octoginta nummis argenteis.

IV. Cur suum in patrem Absalon rebella-
bat ? — Quin de morte sæpiùs meditamur,
quò minùs istam experiamur terribilem ?
— O Juda ! quod effudit unguentum Maria,
quanti tu facis ? trecentis denariis : quanti
autem Jesum Christum ? viginti. Quanta est
tua cæcitas !

V. O mater mea ! exclamabat Jeremias :
cur peperisti me toti huic regioni discor-
diam pariturum ? — Dicebat Antonius ægrotis
qui sanandi ad se confugiebant : quin filium
meum Hilarionem aditis ? — Quanti veniit
mus, quandò Casilinum Annibal obsedit ?
ducentis denariis.

VI. Demens Phormio, quid tu Annibalem
artem edoces militarem ? — Post subactam
Africam, aiebat Phyrrhus, dulci fruemur
otio. Ah ! quin tu, respondit Cineas, isto
otio jam nunc frueris ? — Quanti regi Attalo
constiterat tabella, quam post captam
Corinthum emerat? nummorum sex millibus.

511.ᵉ Rècle : *Que* de désir, *Utinam*, etc.

I. Dei frumentum ego sum, exclamabat
sanctus Ignatius ; utinam ferarum molar
dentibus !

II. Absalon, fili mi, mi fili Absalon, exclamabat David ! utinam pro te ego moriar !

III. Utinam divus quilibet, veluti Jobus,
possit dicere : pauperibus quod à me pos-
tulabant haud ego denegavi !

IV. Josue respondit Moyses : utinam Dominus in omnes suum effundat spiritum, ut omnem populum ego prophetantem audiam !

V. Israelitæ in deserto conqueri cœperunt dicentes : utinam mortui essemus in Ægypto, ubi quælibet arridentia comedebamus ! — Utinam Jesu Christi corporis virgis cruentati vulneribus sanentur animæ meæ vulnera !

VI. Querente uno inter Theodosii amicos quòd sontes capite non damnaret, utinam, respondit imperator, mortuos quoque ad vitam possim revocare ! — O divites ! cur vos perituris divitiis hodiè paulisper adstringimini ? Utinam attendatis istas vos heri non possedisse, neque cras jam esse possessuros !

312.e Règle : *Ne... que* signifiant *seulement, rien autre chose*, etc.

I. Deo Esther dixit : mihi adesto, Domine : à te solo aliquid opis exspecto. — Soli Deo confidere suave est.

II. Samuele judice, falsa Israelitæ rejecerunt numina, solique Domino servierunt. — Nullum inimicum, solummodò fratres habet vir christianus.

III. Solummodò hominum peccatis Dei furor accenditur. — Qui numen reverebantur, hos solos Cyrus subditos fideles agnoscebat.

IV.

IV. Cùm Davidem loquentem Saül audivisset, non potuit non exclamare : tu me justior es : à te enim ego nihil aliud nisi bonum, tuque à me nihil aliud nisi malum accepisti.

V. Solummodò arma tractandi periti erant Spartani; non item de Atheniensibus. — Apud Persas pueri publicas benè manè (1) petebant scholas, nihil aliud quàm panem nasturtiumque in cibum ferentes, necnon poculum ad aquam è proximo fluvio hauriendam.

VI. Metuebat Mardochæus ne ad hominem honorem soli Deo debitum transferret. — In magnifico templo auro argentoque splendente, aiebat quidam auctor Ægyptios irridens, frustrà Deum avidi exquirunt oculi; nihil aliud quàm simium, felem, ciconiam ibi reperiunt.

313.ᵉ Règle : *Que* entre deux négations, etc.

I. Cimon nullum miserum videbat quem non sublevaret. — Nihil suscipiebat Moses quin Dominum consuluisset.

II. Nullus est dolus quem Satanas in Jesu Christi discipulos non adhibuerit. — Nihil rei magni momenti decernebant Persæ, priusquàm magos in consilium adhibuissent.

III. Nulla res est quam non edoceantur elephantes. — Philippus, Macedoniæ rex,

---

(1) *Benè manè* Cicéron.

nullam unquàm perfringebat portam, quin clave aureâ istam aperire conatus fuisset.

IV. Nihil convicii fuit quod Socrates à Xantippe suâ conjuge non exciperet. — Persarum exercitus pro antiquo more, nunquàm nisi orto sole progrediebatur.

V. Quantumvis per se peritus esset Evagoras, Salaminæ rex, nihil unquàm consilii capiebat, quod quorumdam sapientium virorum arbitrio non permitteret. — Nullum unquàm virum Persæ condemnabant, priusquàm auditus fuisset, et cum ipso sui compositi essent delatores.

VI. Cùm Regulus, haud impetratâ captivorum commutatione, Carthaginem rediisset, nihil supplicii fuit, quod in hunc illustrem Romanum non excogitaret Pœnorum crudelitas. — Philippus, ut perhibent, nunquàm è suo exibat palatio, quin servus sic jussus ipsum ter inclamavisset : Philippe, te mortalem esse memento.

314.e Règle : *Que* d'admiration, etc.

I. Quam suave est Domino servire! — Quanti constat momentanea voluptas!

II. Jacobus pavore perculsus exclamavit : quàm terribilis est locus iste! — Quantam fidem exhibuit Abrahamus!

III. Quàm miser sum ego! exclamabat propheta Jeremias! — Quàm multas Alexander peragravit regiones, ut mortuus exiguum teneret spatium !

IV. Quàm Evagoras , Salaminæ rex , Nicocli suo patri haud similis erat ! — Quantò cæteris populis feliciores sunt christiani !

V. Quantò Jesus Christus philosophos doctrinâ antecellit ! — Quanti Titum faciebant Romani !. Quantùm hunc mortuum deside- ravêre !

VI. Quantâ dignus est miseratione reinex septem catenis constrictus ferreis ! Quantò autem miserior est anima à septem possessa dæmonibus !

———

3i5.e RÈGLE : *Que* d'admiration , ou *combien* joint au mot *grand* , ou au mot *petit* , etc.

I. QUANTUS fuit Francorum mœror , cùm de Turennii morte audivêre ! — Quanta messis hodiè est ! at quantulus operariorum numerus !

II. Quantulum est vermiculi corpus ! id tamen necessario quolibet instructum est organo.

III. Præ stellis quantula est terra ! — Quantulus primòdùm apparuit Jesus Chris- tus ! at quantus rursùm apparebit !

IV. Quantus Francis , quantulus verò sibi videbatur divus Ludovicus ! — Quantulus noster est oculus ! attamen illius ope quàm multa introspicimus miracula !

V. Quantum fuit Jacobi gaudium , cùm Josephum vivere audivit ! Quantula est regis nostri conjux ! exclamabant Lacedæmonii : Regulos solummodò nobis pariet. — Quantulæ nobis videntur stellæ , quamvìs prodigiosæ sint amplitudinis !

VI. Quanta erit impiorum consternatio , cùm Jesu Christi crucem fulgentem videbunt ! — Quantulus viro fide valenti videtur orbis universus ! — Joannes Jacobus ipse exclamabat : Quantuli sunt præ Jesu Christo vel maximi philosophi !

316.ᵉ Règle : Après un *que d'admiration* la négation française ne s'exprime pas en latin , etc.

I. Quot et quanta patravit Jesus Christus miracula !

II. Quot et quantas tempestates à suî constitutione sustinuit Ecclesia ! — Quanti valet anima Jesu Christi redempta sanguine !

III. Quàm multas Alexander Cæsarque retulêre victorias ! — Quàm multis adolescentibus exitium affert pravi exempli pestilentia !

IV. Quot dolos ad perdendos homines adhibet Satanas ! — Quot et quantos labores divus Paulus ad ampliandum Jesu Christi gregem pertulit !

V. Quantum Jesu Christo dolorem attulit Judæ facinus ! — Quàm multæ et præclaræ dotes in Epaminondâ eminuêre !

VI. Quot cruciatibus avarus conficitur , seu metu ne suum amittat thesaurum , seu istius augendi desiderio ! — Quot et quantas ærumnas perpessi sunt Judæi, quòd Jesum Christum neci dederint !

317.ᵉ Règle : *Adverbes de quantité.*

I. Multum oryzæ, milii, sacchari, thuris et casiæ producit India.

II. Quænam regio plus hordei, oryzæ et frumenti gignit quàm Ægyptus ?

III. Parùm frumenti, vini et olei, plurimùm verò aureorum malorum fert Lusitania. — Area est Ecclesia, in quâ plus paleæ quàm probi (1) frumenti reperias.

IV. In Persiâ satis vini, multùm oryzæ, olerum minutarumque frugum ; at parùm secalis ac avenæ colligunt.

V. Multùm bombycis, tantùm vini quantùm frumenti fert Italia ; ibique reperire est multùm marmoris, satisque auri, argenti et ferri fodinarum.

VI. Plato, licèt falsorum cultor numinum, parentibus suadebat ut suis liberis, non quidem multùm auri et argenti, at multùm famæ reliquum facerent.

———

317.ᵉ Règle : * Un peu d'eau, *Tantillùm aquæ, aliquantulùm aquæ... leviter vulneratus... leviter irascitur,* etc.

I. Tantillum aquæ, et dein aliquantulùm panis propheta Elias à quâdam viduâ poposcit.

II. Tribus angelis dixit Abrahamus : istâ

———

(1) Bon argent, *Probi nummi.*

sub arbore quiescite : tantillùm aquæ ad abluendos pedes vestros vobis afferam, et panis aliquantulùm ut vires reficiatis.

III. Alexander in prælio propè Granicum leviter vulneratus est. — Divæ Paulæ quæ mortifero morbo ursa fuerat, frustrà suaserunt medici, ùt vini potaret tantillùm, ne hydropica fieret.

IV. Josepho leviter iratus est Jacobus, quòd ille duo somnia futuram suam potentiam præsignificantia retulisset.

V. Leviter iratus est Ægypti rex Abrahamo qui Saram suam conjugem esse non aperuerat.

VI. Cato plerumquè solam aquam, nec unquàm paululùm vilis vini potabat nisi cùm vires deficerent. — Pyrrhus, primùm lanceâ leviter vulneratus, paulò post interfectus est tegulâ, quam mulier quædam utrâque manu in ipsius caput dejecit.

318.e Règle : *Adverbes de quantité* avec un nom de chose qui ne se compte pas, et peut se dire *grande*, etc.

I. VETERES multam simplicitatem multâ cum dignitate copulabant. — Pompeius haud minori ambitione quàm Cæsar laborabat.

II. Meminerint juvenes semper nocuisse nimiam loquacitatem. — Forsan in Varrone sat magna fortitudo, sed parva prudentia inerat.

III. Majori nonnunquàm suo quàm hostium exercitui detrimento erant elephanti· — Tantâ doctrinâ quantâ pietate pollebat divus Ambrosius.

IV. Haud inficiandum est nimiâ infectam fuisse arrogantiâ epistolam quam Alexandro victori victus scripsit Darius. — Quantam in divi Augustini operibus reperias eruditionem !

V. Amicos obsequium , ait quidam poeta, inimicos parit veritas ; caveamus tamen ne veritatem nimio prodamus obsequio. — Queritur Jesus Christus quòd minorem prudentiam sui discipuli in perficiendâ anim , suæ salute adhibeant , quàm seculi filiiæ ut petita assequantur.

VI. O nos fortunatos , si æternam gloriam assequendi gratiâ tantum expromeremus ardorem quantum olim athletæ , ut caducam coronam adipiscerentur ! — Lucius Scipio , Africani frater , demónstravit in se inesse tantas vires tantumque animum , ut cum Antiocho , Syriæ rege , bellum posset gerere.

3ı9.ᵉ RÈGLE : *Adverbes de quantité* avec un nom de choses qui se comptent , etc.

I. Gedeoni dixit Deus : tibi sunt nimis multi milites. — Quàm multos populos divus Paulus ad fidem adduxit ! — multi vocati , pauci verò electi numerantur.

II. In montem ascendit Moses , manu tenens virgam quâ Deus tot patraverat miracula. — Tum multos flores et paucos fructus producunt arbores, tùm plures fructus quàm folia.

III. Samson plures Philistæos moriens occidit, quàm vivus occiderat. — Pauciores Alexandro erant homines quàm Dario, at illi plures erant milites.

IV. Xerxi, ait quidam auctor, multi quidem homines erant, at pauci milites. — Deum obsecravit Mosés ut ignosceret populo, quem ex Ægypto tot eripuerat prodigiis.

V. Exclamabat olim Seneca : quàm multos unius venter movet homines ! — Gedeoni multò pauciores milites erant quàm Madianitarum imperatori ; at ille, cùm ipsi favisset Deus, insignem reportavit victoriam.

VI. Cùm Mago, Annibalis frater, Cannense post prælium Carthaginem advenisset, mediam in curiam annulorum aureorum effundi jussit modium, ut pateret quàm multi nobiles Romani in pugnæ campo jacuissent. — Indignè ferebant Pharisæi, quòd plures discipuli Jesum quàm divum Joannem consectarentur.

320.ᵉ Règle : *Combien* signifiant *combien de personnes*, etc.

I. Quam multi convolabant Jesum Christum audituri !

II. Quàm multi, casta veluti Susanna, immeritò probri insimulantur !

III. Quàm multi obsessâ Hierosolymâ occiderunt !

IV. Quàm multi graviora ad pereundum perferunt quàm sancti ad assequendam salutem pertulêre !

V. Domine, Alexandro aiebat Cœnus, non te fugit quàm multi te è Mācedoniâ proficiscentem sequeremur; vide quotusquisque tibi nunc supersit.

VI. Nos non fugit quàm multi cum Xerxe ad occupandam Græciam profecti sint; nec nos præterit quotusquisque in Persiam cum illo reversus fuerit. — Quàm multi erant in nave quæ divum Paulum Romam vehebat, et in insulam Meliten illisa est? ducenti septuaginta sex homines.

———

321.ᵉ RÈGLE : *Combien* signifiant *combien peu*, etc.

I. TOT inter divites, quotusquisque Cimonem Atheniensem imitatur !

II. Tot inter viros Christianos, quotusquisque in cœlum ingressurus est !

III. Quotusquisque, eâ quâ vivimus ætate, Ecclesiæ præcepta severè observat !

IV. Inter adolescentes, quotusquisque his temporibus collatam per baptismum gratiam servavit ?

V. Tot inter oratores, aiebat Cicero, quotumquemque nomine isto verè dignum reperias ?

VI. Nos non fugit quàm multi duce Mose

ex Ægypto profecti sint, sed eheu ! nec nos præterit quotusquisque in terram promissam ingressus fuerit.

322.e RÈGLE : *Que, combien, peu, trop*, etc. devant un adjectif ou un adverbe , etc.

I. ALEXANDER gloriæ avidior erat. — Ut modestus erat Turennius !

II. Perhibent Epaminondam haud gloriæ quàm argenti avidiórem fuisse.

III. Balthasar, Babylonis rex , staterâ appensus , levior æstimatus est.

IV. Quàm benignus erat Titus ! Ut, contrà, crudelis erat ejus frater Domitianus !

V. Ità suî compos erat Cyrus ut nunquàm vel unum verbum asperius ipsi exciderit.

VI. Quam Pontum Euxinum inter et mare Caspium Cadusii incolebant regionem, ea arationi tàm parùm idonea erat, ut frumentum ibi non sereretur.

323.e RÈGLE : *Si grand , aussi grand , si petit ; aussi petit*, etc.

I. Non te fugit divum Joannem , suo judicio tantulum , tantum autem coram Domino, Jesu Christi præcursorem fuisse.

II. Salomon , post templum Domino ædificatum , exclamabat : tantamne majestatem capere poterit ambitus tantulus ?

III. Audivi rhinoceroti murem nonnunquàm

mortem afferre, quamvis sint, tantus ille, hic tantulus.

IV. Culici, si verum narrat fabula, aliquandò succumbit leo ; annon stupendum est animal tantum tantulo ab insecto dejici ?

V. Goliathum occidit David : quis non mirabitur quòd gigantem tantum tantulus homo prostraverit ? — Socrati quispiam dixit se non posse intelligere quomodò philosophus tantus tantulas ædes ædificaret.

VI. Suum filium Alexandrum sic affatus est Philippus Macedoniæ rex : tantum regem complecti non potest tantulum regnum ; aliud igitur quærito ; tibi quippè sufficere haud valet Macedonia.

324.ᵉ RÈGLE : *Que, combien, peu,* etc. devant un comparatif, ou un verbe d'excellence, etc.

I. Suis militibus dixit Ezechias : ne trepidate : nos Assyriorum rege multò valentiores sumus. — Quantò suâ homo naturâ, ait Cicero, bestiis præstat !

II. Suâ singulari beneficentiâ multò celebrior est Gillias Agrigentinus quàm immensis suis opibus. — Multò malebat junior Cyrus amari quàm formidari.

III. Artaxerxes omnium hominum suæ ætatis maximè formosus habebatur : sed ejus benignitatem ac munificentiam multò magis collaudabant. — Quantò suavius ac tolerabilius est Domini jugum hominum servitute !

IV. Paucis Græcis Ochus multò magis quàm innumeris Persis confidebat. — Cyrus ad suî custodiam è Persiâ militum decem millia accersivit : tantò suâ fortitudine quantò armis splendidis cæteros præstabant.

V. Congressus Timoleon cum Pœnis numero ipsum multò præstantibus, de istis tamen insignem reportavit victoriam. — Narrant poetam Æschilum dolore interiisse, quòd Sophocli ipso multò juniori palmam adscripsissent.

VI. Fatebatur Henricus quartus sibi tantò præstare divum Franciscum, quantò ipse, tanquam rex, cæteris hominibus præstabat. — Diogenes, ad comprobandum quantò se feliciorem Xerxe existimaret, sibi nihil opus esse dicebat, Persarum autem regi nihil satis esse.

325.ᵉ RÈGLE : *Combien, un peu, beaucoup, autant* devant *antè* et *post*, etc.

I. Nabal à Deo percussus mortuus est. Paulò post David Abigaïlim uxorem duxit.

II. Josue fœdus Deum inter et Israelitas renovavit ; Paulò post obiit centum et decem annos natus.

III. Summus pontifex Parisiis rediens, Lugdunum, ineunte aprili, advenit : indè Paulò antè profectus fuerat imperator.

IV. Mortuum esse Jesum Christum nos confitemur ; scimus autem illum Paulò post revixisse.

V. Jesus Christus, Deus et homo, opprobriis saturatus est; at quantò antè id
prænuntiaverant prophetæ ! — Drusum suum
fratrem adhuc vivum reperit Tiberius ; at
Paulò post illum animam efflantem vidit.

VI. Quantumvis infirmus esset Alexander
ob vulnus quod aliquantò antè acceperat,
Scythis tamen acriter institit ; donec viribus
ipsum deficientibus, sistere coactus fuerit.

326.ᵉ RÈGLE : *Que , combien , peu ,* etc.
   avec un verbe ordinaire , etc.

I. JUDÆIS dicebat propheta : multùm
sevistis , et parùm collegistis.

II. Jacobus Josephum Benjaminumque
plus quàm cæteros liberos suos diligebat.

III. Quantùm Galli Ludovicum nonum
reverebantur ac diligebant ! — multùm
petit mundus , ut parùm det : Deus , contrà,
à nobis parùm petit, ut plurimùm largiatur.

IV. Quantùm Caligulam et Neronem Romani aversabantur ! — Venatione plus æquo
delectabatur Antiochus.

V. Claudii imperatoris conjuges nimiò plus
rudi istius simplicitate abutebantur.

VI. Nullus unquam dux magis desideratus
est quàm Pelopidas : mors ejus in luctum
vertit victoriam quam modò retulerant
Thebani.

327.e RÈGLE : Plus, moins, trop, avec *refert* et *interest*, etc.

I. MINUS nostrâ refert ut diù, quàm ut christiano more vivamus.

II. Juvenes, tempus ne terite, et voluptates fugite, nimiò plus vestrâ refert ut ad virtutis studia maturè incumbatis.

III. Cujusnam magis quàm viri Christiani interest, ut Jesu Christi pernoscat mysteria ? — Nostrâ multò minùs interest ut divitiâs, quàm ut sapientiam acquiramus.

IV. Nostrâ multò minùs refert ut divitum ac optimatum, quàm ut virorum virtute præditorum amicitiam nobis conciliemus.

V. Quorumnam magis quàm divitum interest ut pauperes ipsis cœlum aperturos sublevent ?

VI. Intelligit verè pœnitens suâ magis quàm cujuslibet alius interesse tempus sibi à Deo concessum benè insumere, ut quopiam modo temporis usuram sarciat.

———

328.e RÈGLE : *Que, combien, plus, moins,* etc. avec un verbe de prix et d'estime, etc.

I. JESU Christi gratiam, sanguinis ejus pretium nunquàm nos sat magni faciemus. — Quanti nomen *Jesus* (1) Mariæ Filio constitit !

———

(1) *Jésus* au nominatif, en tournant par *le nom Jésus.*

II. Medicam artem parvi faciebat Tiberius.

III. An unquàm amicus fidelis nimiò pluris fiet? — Philippus, ut perhibent, pluris facundo sermone parta quàm armis quæsita faciebat.

IV. Scythæ minoris aliorum populorum amplas urbes et feraces agros quàm suas solitudines faciebant.

V. Cyrus, pulcherrima licèt specie, multò pluris tamen ob ingenii dotes æstimabatur. — Quàm felices sunt christiani, qui tàm parvi æternam emant coronam !

VI. Cæsarem, quantùm tibi libuerit, dilauda : ego verò Aristidis et Epaminondæ virtutes multò pluris facio quàm bellica Cæsaris facinora, quantumvis numerosa sint atque insignia. — Quanti emit Augustus corvum qui ipsum imperatorem salutavit? Nummorum argenteorum viginti millibus.

329.ᵉ RÈGLE : *Combien, peu, beaucoup*, etc. avec les verbes *refert, interest*, etc.

I. MAGNI nostrâ refert ut quod æternum est acquiramus.

II. nostrâ refert parvi ut diù, sed permagni ut sanctè vivamus.

III. Magistri magni interest ut discipulos sibi creditos optimè instituat, illorumque tantidem ut ipsi attentè auscultent.

IV. Persarum rex, audito Pelopidà, sensit magni suâ referre, ut Thebanos adversùs Athenas et Lacedæmonem tueretur.

V. Regi Assuero dixit Aman perfidus : haud
te fallit quanti tuâ tuique populi intersit,
ut Judæorum tua mandata aspernantium
arrogantiam frangas.

VI. Præcipuè post mortuos Agrippam et
Mæcenatem intellexit Augustus, quanti regis
referat ut amicorum non sit inops fidelium.

330.ᵉ Règle : *Plus* devant *odisse et
fugere*, etc.

I. Philippus, Macedoniæ rex, pejùs proditores quàm proditionem oderat.

II. Quis unquàm homines pejùs osus (1)
fuit quàm Timon Atheniensis?

III. Thebani Athenienses pejùs oderant
quàm alios populos.

IV. Tissaphernes Græcos pejùs oderat
quàm quilibet alius Persa. — O Pueri ! cons-
pecto serpente fugitis ; peccatum vel pejùs
fugite.

V. Dubito an ulla gens unquàm mendacium pejùs osa fuerit quàm Persæ : apud
eos abjectum probrosumque vitium semper
habitum est. — A domo peste afflatâ refu-
giunt ; impiorum societatem vel pejùs fugite.

VI. Parysatis, juniore Cyro mortuo,
Statiram, Artaxerxis conjugem, pejùs oderat quàm cùm pessimè. — O Juvenes ! dis-
solutos homines pejùs fugite, quàm maximè
immanes fugeretis belluas.

---

(1) *Osus, a, um*, qui a haï. Plaute.

331.ᵉ RÈGLE : *Que* après *plus*, *moins*, et autres règles.

I. MAGIS Deum quàm Assyriorum regem timebat Tobias.

II. Haud minùs perfidus quàm crudelis erat Caligula.

III. Philippum arma magis delectabant quàm convivia. — Jesus Christus Judæos minùs humanos quàm ethnicos expertus est.

IV. Haud minùs philosophiæ quàm campestrium exercitationum studiosus erat Epaminondas.

V. Philippus, Macedoniæ rex, judice Demosthene, minùs suorum vi armorum quàm Atheniensium inertiæ, regni sui finium propagationem debuit.

VI. Suâ Demosthenes facundiâ Philippo Alexandroque magis formidandus erat, quàm suâ bellicâ virtute exercituum imperatores.

332.ᵉ RÈGLE : *Plures* ou *pauciores urbes quàm vici*, etc.

I. PAUCIORES claros oratores quàm celebres philosophos numerabat Cicero.

II. Alexander plures subegit provincias quàm urbes expugnârunt cæteri.

III. Cuinam magistro plures auditores quàm Socrati operam dederunt ? Cuinam illustriores ?

IV. Gloriabatur Philippus se plura oppida

suis largitionibus quàm armis expugnavisse. — Quamvìs Alexandro pauciores homines essent quàm Dario, illi tamen plures quàm Persarum regi erant milites.

V. Vulgò dicitur pauciores boves quàm vitulos occidi : ità plures pueros quàm senes demetit mors.

VI. Cùm summus Pastor suum gregem recensebit, eheu ! multò pauciores oves quàm hircos reperiet.

—————

333.ᵉ RÈGLE : *Pluris* ou *minoris æstimatur quàm frater*, etc.

I. MINORIS Crassi thesauros quàm Attici libros faciebat Cicero.

II. Judas, suâ obcæcatus avaritiâ, minoris Jesum Christum quàm Mariæ unguentum æstimavit.

III. Marco Aurelio successit Commodus : at quantò minoris filius quàm pater æstimatus est !

IV. Junior Cyrus pluris Græcorum quàm barbarorum copias faciebat.

V. Aliquandiù unà regnârunt Marcus Aurelius et Lucius Verus : at quantò minoris posterior quàm prior æstimabilis fuit !

VI. Plurisne caduca quàm æterna bona plerosque facere ! — Regnante Salomone, Hierosolymæ tanta erat argenti copia, ut haud pluris quàm lapides et plumbum fieret,

334.ᵉ RÈGLE : *Tantùm modestiæ quantùm doctrinæ. Tanta modestia quanta doctrina*, etc.

I. TANTAM modestiam quantam fortitudinem exhibebat Turennius.

II. Annibal tantâ calliditate quantâ fortitudine pollebat.

III. Cyrus tantam antè prælium sagacitatem quantum in prælio ardorem ostendebat.

IV. Aristides tantam animi firmitatem adversis rebus exhibuit, quantam prosperis modestiam.

V. Micipsa Jugurtham, sui fratris filium, tanto studio quanto suos filios educatum voluit.

VI. Betis quem Alexander circùm Gazæ mœnia raptari jussit, tantâ fide quantâ fortitudine Dario operam navaverat. — Jesus Christus tantà ergà Judam usus est mansuetudine, quantâ Judas in Jesum Christum perfidià !

335.ᵉ RÈGLE : *Tot fructus, quot flores*, etc.

I. TOT apostolos quot minores prophetas numeramus.

II. Deus Abrahamo tot posteros promisit, quot stellis Cœlum radiat.

III. Lacedæmone tot milites quot cives numerabantur.

IV. Dionysius major tot sibi esse hostes quot subditos existimabat. — Imilco, dux

Carthaginiensis, in Siciliâ primùm tot retulit victorias quot commisit prælia.

V. Abdalonymum haud fugiebat tot laboribus ac sollicitudinibus circumseptum esse solium quot voluptatibus et honoribus.

VI. Imperatori Theodosio dixit divus Flavianus : O princeps ! per te unum stat quominus tot tibi sint spirantes statuæ, quot olim in terris erunt homines.

———

336.ᵉ Règle : *Tàm prudens est quàm fortis*, etc.

I. **Tam** pius quàm facundus erat divus Joannes Chrysostomus. — Tàm humilis quàm doctus erat sanctus Augustinus.

II. Philippus, Macedoniæ rex, tàm eloquens erat quàm belli peritus.

III. Manasses, Ezechiæ filius et successor, tàm impium quàm crudelem primùm se gessit.

IV. Annibal tam politicæ quàm bellicæ scientiæ erat peritus. — Jugurtha tam astutus quàm fortis habebatur.

V. Asserit Plutarchus Athenienses tàm placatu faciles quàm ad iram pronos fuisse.

VI. Alexandro illud gloriæ est, quòd ergà victos tam clementem quàm suos ergà milites liberalem se præstiterit. — Tàm remissu facilis quàm propera erat Theodosii iracundia.

337.e Règle : *Tantùm te amo , quantùm me amas ,* etc.

I. Epaminondam tantùm dilaudabant Thebani, quantùm Aristidem Athenienses.

II. Romanos tantùm detestabantur Pœni , quantùm Pœnos Romani.

III. Timoleon suam patriam tantùm diligebat, quantùm tyrannos exsecrabatur.

IV. Videbatur Sisygambis Alexandrum tantùm diligere , quantùm hic ab Olympiade matre suà diligebatur. — Artaxerxes suam conjugem tàm multùm diligebat , quàm parùm nurum suam Parisatis.

V. Alexander tantùm à Persis quantùm ab ipsis Macedonibus desideratus est. — Tantùm Ciceronis facundiam admirabantur Romani , quantùm Demosthenis Athenienses.

VI. Apud Homerum Achilles dicit : tantùm ego mendaces quantùm inferorum portas abhorreo. — Jusjurandum Regulus tàm magnà colebat observantià , quàm parvà satrapes Tissaphernes.

338.e Règle : *Tanti te facio , quanti me facis ,* etc.

I. Alexander suum magistrum Aristotelem tantùm diligebat , quanti hunc æstimabat Philippus.

II. Cyrus in Astiagis sui avi aulâ tantùm amabatur quanti fiebat.

III. Væ nobis qui bona cœlestia haud

tanti facimus, quanti terrena profanum vulgus.

IV. Alexander Porum victum tantùm dilexit quanti æstimavit.

V. Dæmon perfidum Judam adeò obcæcaverat, ut iste haud tanti Jesum Christum quanti Mariæ unguentum æstimaverit.

VI. Istud ægerrimè tulit Annibal, quòd ager in quo prope Romam castra posuerat, tanti modò veniisset, quanti illum quovis alio tempore vendidissent. — Non dubito quin Thebis tantùm amatus tantique æstimatus fuerit Epaminondas, quantùm Athenis amabatur quantique fiebat Aristides.

339.ᵉ Règle. : *Tuá tàm magni refert quàm parvi meá,* etc.

I. Græci saltationem et musicam tàm magni faciebant, quàm parvi istas Romani.

II. Litteras tàm magni æstimabat Cicero, quàm parvi illas Marius.

III. His temporibus tàm magni fit argentum, quàm parvi olim Lacedæmone. — Caligulam, suo ineunte regno, tàm magni æstimavit ferox Artabanus, Parthorum rex, quàm parvi anteà Tiberium cui ille succedebat.

IV. Romani, desinente republicâ, divitias tàm magni faciebant, quàm parvi olim ipsorum majores.

V. Athenis et Romæ tàm magni fiebant poesis, litteræ ac philosophia, quàm parvi

Carthagine. — Homerum Alexander tàm magni faciebat, quàm parvi illum imperator Adrianus.

VI. Quantò pluris æstimanda filiorum Dei quàm filiorum hominum nobilitas ! quare igitur posteriorem pleriquetàm magni faciunt quàm parvi priorem ?

340.ᵉ Règle : *Quantùm prospicere possum*, etc.

I. Quantum potuit, Titus Judæos ad pacem adhortatus est.

II. Quantùm poterat, Lucii Veri, sui collegæ, vitia tegebat alleviabatque Marcus Aurelius.

III. Quantùm conjicere valeo, aiebat quidam rhetor, ad profundendum sanguinem pronus erit Tiberius.

IV. Quantùm de futuris possum conjicere, suis Alexander aiebat ducibus, ego prævideo cruentis præliis vos mea celebraturos esse funera. — Quantùm Joabus prævidere poterat, à Davide præscripta recensio aliquid gravis pœnæ Israeli erat illatura.

V. Quantùm ex historiâ cognitum haberi potest, in pace erant populus Romanus gentesque cæteræ, cùm natus est Jesus Christus. — Quantùm prænoscere valeo, suis discipulis dicebat Albertus, luminis thesaurus erit Thomas ; et quem vos bovem mutum dicitis, hujus doctis mugitibus totus orbis olim personabit.

VI. Quantùm præsagire valeo, dicebat Molon rhetor, metuo ne per Ciceronem Romani Græcos ingenii et eloquentiæ laude sint olim superaturi. — Quantùm in intimum Cæsaris pectus possum inspiceré, dicebat Sylla, haud dubito quin optimatum partibus exitio sit futurus ; namque isto in puero multos inesse Marios video.

241.e Règle : *Autant*, *aussi*, à la fin d'une phrase, s'expriment par *tantumdem*, *totidem*, *item*, *tantidem*, etc.

I. Salomon multùm sapientiæ exhibuerat, haud tantùmdem posteà Roboamus. — Admodùm prudens erat Paulus Æmilius ; non item Varro, illius collega. — Quot Jacobo fuerunt filii ? duodecim. Quot Jesu Christo fuerunt apostoli ? totidem.

II. Multùm pietatis præbuit Numa Pompilius ; non tantùmdem ostenderat Romulus. — Cùm Pyrrhus captivos Romanos sinè pretio restituisset, ad illum totidem miserunt Romani. — Valdè munificus erat imperator Antoninus ; haud item conjux ejus Faustina.

III. Ab omnibus Romanis dilectus fuit Titus ; non item frater ejus Domitianus. — Bellicosus rex fuerat David ; haud item posteà Salomon ejus filius. — Quot numerantur minores prophetæ ? duodecim. Quot verò apostoli ? totidem.

IV. Augustus imperator à cunctis Romanis

nis æstimatus fuit : non tantidem successor ejus Tiberius. — Rebeccæ matri suæ carus erat Jacobus ; non item Esaüs. — Quot captivos Coriolano offerebat consul Posthumius? decem. Quot verò equos ? totidem.

V. Valdè parcus erat Cato : non item Scipio, cujus quæstor fuit. — Magni fiebant Græcorum copiæ : haud tantidem Persarum. — Quot thronos circà Agni thronum vidit divus Joannes ? viginti quatuor. Quot verò seniores ? totidem.

VI. Æquum erat adversùs Babylonios bellum, Dario dicebat Artabanus, tuum est perpendere an item in Scythas. — A cunctis Persis æstimatus fuit Cyrus ; longè abest ut tantidem fieret ejus filius. — Triginta juvenibus comitantibus se dixit Samson : si vos per septem convivii dies, quod vobis modò proponam ænigma, mihi aperueritis, triginta vestes ego vobis dabo ; si non potueritis, mihi vos totidem.

———

341.ᵉ RÈGLE : *Autant* signifiant *la même chose*, s'exprime par *idem*, *item*.

I. EXERCITUS Adrianum imperatorem declaravit ; item fecit senatus.

II. Commodus cuilibet tonsori diffidens barbam sibi urebat ; idem fecerat Dionysius tyrannus.

III. Cuidam glorianti quòd multùm biberet nec inebriaretur respondit Aristippus : item facit mulus.

TOMUS I.   M

IV. Sextius, priusquàm lectum peteret, se ipse interrogabat quidnam vitii die illâ animo absterruisset, et qui melior esset factus : item faciebat Seneca.

V. Cùm rumor percrebuisset omnes regis filios ab Absalone trucidatos fuisse , David vestes suas discidit, humique prostratus est : cuncti adstantes item fecerunt.

VI. Cum quidam poeta carmen à se scriptum legisset, inter audientes unus illud memoriter pronuntiare cœpit, contenditque suum esse id carminis, cùm idem facere haud posset poeta. — Baalis sacerdotibus dixit Elias : bovem eligite, cui frustatìm conciso ignem non subjicietis ; ego verò item faciam.

342.ᵉ RÈGLE : *Qu'homme du monde, que chose du monde*, après *autant, aussi*, etc.

I. ALEXANDER tàm fervens erat quàm qui maximè.

II. Voluptati tàm deditus erat Sardana-palus quàm qui maximè. — Tàm affabilis tàmque benignus erat Ludovicus nonus quàm qui maximè.

III. Artis bellicæ tàm peritus erat Anni-bal quàm qui maximè. — Cambyses, Cyri filius, vino gaudebat quantùm quo maximè.

IV. Gillias Agrigentinus tàm munificus habebatur quàm qui maximè. — Aristides et Phocion mendacium tantùm abhorrebant quantùm quod maximè.

V. Cato Uticensis, quantùm qui maximè,

fraterno amore eminuit. — Regulus jusjurandum tantâ colebat observantiâ, quantâ
quod maximâ.

VI. Xantippe, Socratis conjux, tàm mo-
rosa erat quàm quæ maximè. — Evagoras,
Salaminæ rex, fraudem tantùm detesta-
batur quantùm quod maximè.

———

342.ᵉ Règle : * Que jamais... qu'en aucun
lieu du monde, après autant, aussi, etc.

I. Apud Æthiopes tàm severè quàm ubi
maximè observabatur justitia.

II. Athenæ, suâ recuperatâ libertate,
tantam præstiterunt fortitudinem quantam
cùm maximam.

III. Apud Persas, tanto horrori erat mendacium, quanto ubi maximo.

IV. Socrates, capite damnatus, ductus
est in carcerem, ubi triginta dies egit tàm
quietus quàm cùm maximè.

V. Perhibent Lacedæmone senes tàm re-
verenter habitos fuisse quàm ubi maximè.
— Conon, adjuvantibus Thebanis, breve
intrà tempus, Athenarum muros suscitavit;
quæ urbs suis hostibus tàm formidanda facta
est quàm cùm maximè.

VI. Nabuchodonosor, postquàm septem
annos ferarum instar vitam egisset, in
solium iterùm ascendit, tàmque potens
evasit quàm cùm maximè. — In Persiâ
tantùm colebantur parentes quantùm ubi
maximè.

M 2

343.e RÈGLE : *Qu'homme du monde , qu'en aucun lieu du monde*, après *autant aussi*, avec un verbe de prix ou d'estime , etc.

I. LIBROS tanti faciebat Cicero quanti qui plurimi.

II. Apud Græcos tanti fiebat libertas quanti ubi plurimi.

III. Homeri opera tanti æstimabat Alexander quanti qui plurimi.

IV. Lacedæmone tàm parvi fiebat argentum quàm ubi minimi.

V. Athenis tanti æstimabantur scientiæ quanti ubi plurimi.

VI. Martyres qui se ipsos ignibus traditos quàm sacros codices maluêre , apertè demonstrârunt se illos libros tanti facere quanti quod plurimi. — Noli dubitare quin à Francis tantùm amaretur Turennius quantùm qui maximè , et quin ab eis tanti æstimaretur quanti qui plurimi.

344.e RÈGLE : *Autant* , répété , etc.

I. QUANTUM Davidem Saül oderat , tantùm illum amabat Jonathas. — Quot cupiditates , tot tortores. — Quàm imbellis primùm fuerat Carthago , tàm potens deindè facta est.

II. Quantùm nos amavit Jesus Christus , tantùm nos fratres nostros tenemur diligere. — In exercitu Annibalis , quot homines , tot milites. — Quàm mansuetus erat Socrates, tàm iracunda jurgiosaque ipsius conjux.

III. Quanti divitias avarus æstimat, tanti nobis æstimanda est virtus. — Quot Cyro erant milites, tot illi amici. — Quàm acer magnisque ausis promptus fuerat major Dionysius, tàm placidus et quietus fuit junior.

IV. Quantum studium ad tuendam patrum suorum religionem ostendit rex Ezechias, tantam ad gerendum bellum exhibuit fortitudinem. — Quot in cœlis erunt electi, tot ibi erunt reges. — Quanti Athenis æstimabatur Demosthenes, tanti Romæ Cicero.

V. Quantum dolorem, amisso suo Deo Apide, hauriebant Ægyptii, tantam voluptatem, reperto ejus successore, percipiebant. — Quot dæmones, tot Ecclesiæ adversarii, quotque angeli in cœlis, tot defensores. — Quàm severus adversùsque vitia obfirmatus erat Cato, tàm ergà sibi conjunctos sanguine tener atque humanus.

VI. Quanti nos bona cœlestia, ineffabilia quidem atque æterna, æstimabimus, tanti et gratiam Jesu Christi qui nobis ea promeritus est. — Quot Lacedæmone cives erant, tot ibi numerabantur milites. — Quàm bellicæ artis peritus erat Turennius, tàm ille, prosperè gestâ re, modestus. — Quàntò Spartanus equitatus Thebanum numero præstabat, tantò solertiâ atque fortitudine priorem posterior. — Quantùm Demosthenis opera dilaudabant Athenienses, quantique ea faciebant, tantùm tantique Ciceronis opera Romani.

M 3

345.ᵉ **Règle** : *Eò modestior est quò doc-*
tior, etc.

I. Eò periculosius est adulationis venenum, quò subtilius. — Eò humilior erat
divus Augustinus, quò doctior.

II. Eò majori præditus erat virtute Epaminondas, quò pauperior.

III. Eò magis Philotæ invidebat Craterus,
quò majori apud Alexandrum Philotas valebat gratiâ.

IV. Nicocles, Salaminis rex, temperantiâ
eminuit; quæ virtus in principibus eò admi-
rabilior est, quò in illis rarior.

V. Quarumdam plantarum fructus eò
suaviores sunt, quò amariores earum radices:
item de virtute.

VI. Darii filius, puer adhuc, eò majori
dignus erat miseratione, quò ærumnas ad
se plus quàm ad quemlibet alium spectantes
minùs sentiebat.

———

346.ᵉ **Règle** : *Id eò mirabilius visum est,*
quòd à nemine exspectabatur, etc.

I. Eò audacior erat Alexander, quòd ipsi
prosperè procedebant omnia.

II. Episcopatu eò dignior erat divus Athanasius, quòd ad declinandum illud dignitatis
latebras quæsiverat.

III. Eò Pluris æstimandi erant Aristides
ac Epaminondas, quòd suorum civium injurias obliviscebantur.

IV. Artaxerxes , Persarum rex , audiens Datamem rebellavisse , eò magis perterritus est, quòd illius fortitudinem noverat.

V. Darius per eunuchum de suæ conjugis morte certior factus , eò graviori affectus est mœrore , quòd illam suo reginæ titulo debitis exequiis orbatam existimabat.

VI. Hydaspes , Indiæ fluvius , Macedones eò magis perterrebat, quòd quatuor stadia seu quadringentas orgyas latus erat , et ubique adeò altus ut maris speciem exhiberet.

* * *

347.ᵉ RÈGLE : *A proportion que*, etc.

I. Vir Christianus eò valentior est quò humilior.

II. Deo eò cariores fimus quò profano vulgo magis invisi.

III. Eò pejores evadebant homines , quò à suâ remotiores erant origine.

IV. Nostris oculis eò splendidior erit Jesu Christi religio, quò altiùs illam perscrutabimur.

V. Eò pluribus in odium veniebat Dionysius major , quò se crudeliorem gerebat.

VI. Philippus, suam ob fraudem notus , eò solertiorem se existimabat, quò agebat perfidiosiùs.

* * *

348.ᵉ RÈGLE : *Plus ou moins répétés*, etc.

I. Quo tu ergà pauperes beneficentior eris , eò Dei oculis eris ditior.

II. Quò plura Christus patrabat miracula, eò magis crescebat Pharisæorum odium.

III. Quò magis opprimebantur Israelitæ, eò magis in dies crescebat eorum numerus.

IV. Quò plures Alexander subigebat provincias , eò avidiùs cæteras appetebat.

V. Quò magis enitebatur contendebatque Pilatus ut Jesum dimitteret , eò sæviori in eum sui inimici furore incitabantur.

VI. Maluit Cato vir probus esse quàm videri ; et quò magis gloriam fugiebat , eò majorem assequebatur.

———

349.ᵉ RÈGLE : *Plus on , plus une chose* , etc.

I. Quo quis beneficentior est , eò magis ab omnibus amatur.

II. Quò quis in Deum magis gratus est ac memor , eò uberiores ab illo accipit gratias.

III. In Jesu Christi regno , quò quis plura dat, eò fit ditior. — Quò quid pretiosius, eò diligentiùs asservandum est.

IV. Quò quis ditior , ait quidam poeta , eò plures amicos numerat. — Quò quid rarius est , eò pluris æstimatur.

V. Quò quis plures sublevat pauperes , eò plures patronos sibi in Cœlo conciliat. — Quò quid difficilius est , eò majori est gloriæ.

VI. Diogeni suadebant ut senex factus otio se daret; at ille respondit, quò quis propiùs ad metam accederet, eò minùs illum debere se remittere. — Quò quid magis exitiosum est, eò accuratiùs ab isto abstinendum est.

350.ᵉ RÈGLE : *Ut quisque est vitiosissimus, ità miserrimus est,* etc.

I. Uᴛ quisque humillimus, ità Jesu Christo gratissimus est.

II. Ut quisque optimus est, ità plurimi æstimatur.

III. Plerumquè, ut quisque doctissimus, ità superbissimus est.

IV. Ut quisque maximè instabilis, ità miserrimus est.

V. Ut quisque istâ in vitâ miserrimus est, ità in alterâ felicissimus erit, modò æquo patiatur animo.

VI. Ut quisque docillimus est, ità facillimè obedit.

Le plus, le moins devant un adjectif.

351.ᵉ RÈGLE : *Omnium doctissimus* ou *maximè doctus... omnium minimè doctus,* etc.

I. Lᴜᴅᴏᴠɪᴄᴜs nonus Franciæ regum sanctissimus fuit. — Imperatorum Romanorum minimè crudelis haud fuit Domitianus.

II. Ecclesiæ doctorum maximè eruditus

habetur divus Augustinus ; nec est profectò omnium minimè eloquens.

III. Sanctorum Patrum maximè facundus existimatur divus Joannes Chrysostomus. — Imperatorum Romanorum minimè astutus haud fuit Tiberius.

IV. Ità gloriosus erat Artaxerxes, ut se omnium Persarum maximè formosum existimaret. — Nemo dicet Romanorum ducum minimè prudentem fuisse Fabium.

V. Saül omnium Israelitarum quos ad eligendum regem Samuel coegerat, maximus adstitit. — Multùm abest ut Severus imperatorum Romanorum minimè bellicosus fuerit.

VI. Significavit Annibal Scipionem omnium imperatorum solertissimum esse. — Omnium Romæ regum minimè bellicosus fuit Numa Pompilius.

Le plus, le moins avec un verbe ordinaire.

352.ᵉ RÈGLE : *Puer quem omnium maximè* ou *minimè diligo,* etc.

I. JOSEPHUS ac Benjaminus erant Jacobi filii quos hic omnium maximè diligebat.

II. Inter Darii imperatores haud erat Memnon ille quem omnium minimè Alexander formidaret.

III. Divus Joannes ille erat quem Jesus omnium apostolorum maximè diligebat.

IV. Jesus Christus nonnunquàm se abscondit, sed paulisper, illis quos omnium maximè diligit.

V. Ex Antonini virtutibus, benignitatem ac clementiam omnium maximè demiror. — Cives quos omnium maximè aversatus fuerat Domitianus, haud illi fuerunt quos Trajanus omnium minimè dilexit.

VI. Inter Romanos imperatores, Caligulam Neronemque omnium maximè abhorremus. — Inter oratores, Demosthenes profectò haud ille erat quem omnium minimè formidaret Philippus.

———

Le plus, le moins, avec un verbe de prix ou d'estime.

353.ᵉ Règle : *Puer quem plurimi* ou *minimi omnium facio*, etc.

I. Aspernati sunt sancti quod omnium plurimi faciunt mundi fautores.

II. Nomen patris patriæ titulus erat quem omnium plurimi Augustus faciebat.

III. Regis titulus ille erat quem minimi omnium faciebat Scipio.

IV. Inter philosophos inanium deorum cultores, ii sunt Socrates et Plato quos plurimi omnium facimus.

V. Inter Darii aulicos, is erat Caridemus quem ille omnium plurimi debuisset facere.

VI. Inter oratores tùm græcos tùm latinos, Demosthenem ac Ciceronem omnium plurimi facimus.

M 6

354.ᵉ RÈGLE : *Le plus*, *le moins*, devant un
adjectif *ou* un adverbe, suivis d'un *que*
adverbe, etc.

I. Esto quàm maximè affabilis.
II. Esto quàm minimè garrulus.
III. Esto quàm beneficentissimus.
IV. Esto quàm minimè pervicax.
V. Dionysius sibi subditis diffidens, quàm
rarissimè in publicum prodibat.
VI. Cùm impedire non potuisset Paulus
Æmilius quin Varro congrederetur, quàm
festinantissimè huic subveniens, illum quàm
maximè strenuè adjuvit.

———

355.ᵉ RÈGLE : *Le plus*, *le moins* devant
un substantif singulier suivi d'un que
adverbe, etc.

I. O liberi! vestris parentibus quàm plurimam poteritis exhibete benevolentiam.
II. Imperator Constantinus episcopis ac
sacerdotibus quàm plurimam poterat exhibebat reverentiam.
III. Alexander quàm maximâ potuit celeritate Darii interfectoribus institit.
IV. Alexander reginas captivas quàm plurimâ potuit benignitate habuit.
V. Suus Brutum collega quàm plurimo
potuit apparatu sepeliendum curavit.
VI. Alexander Ephæstionis funus quàm
plurimâ potuit magnificentiâ celebrari jussit.

356.e RÈGLE : *Le plus, le moins* devant un substantif pluriel, suivi d'un *que* adverbe, etc.

I. QUAM plurimos poterat libros congerebat Cicero.

II. Divus Joannes, Alexandriæ patriarcha, quàm plurimos poterat pauperes alebat.

III. Xerxes Græciam subactam volens, quàm plurimos potuit secum duxit homines. — Avarus quàm paucissimos potest è manibus nummos emittit.

IV. Imperator Theodosius quàm paucissimos poterat homines capite damnabat. — Samson quàm plurimas potuit vulpes coegit, ut Philistæorum agros incenderet.

V. Samson moriens quàm plurimos potuit Philistinos neci dedit.

VI. Evagoras, Salaminis rex, adversùs Persarum regem dimicaturus, quàm plurimas potuit copias et naves aggregavit.

357.e RÈGLE : *Le plus, le moins* devant un adjectif, suivi d'un *qui* ou *que* relatif, etc.

I. SOCRATES est omnium philosophorum quos antiqua dilaudet historia celeberrimus.

II. Samson est omnium hominum qui unquàm exstiterint maximè robustus.

III. Cicero est omnium quos pepererit Italia orator eloquentissimus.

IV. Homerus est omnium qui unquàm exstiterint poeta maximè inclytus.

V. Annibal existimatur omnium qui unquàm exstiterint imperator callidissimus.

VI. Affirmare audeo Timonem de quo verba facit Cicero, omnium hóminum qui unquàm exstiterint maximè morosum fuisse.

———

358.ᵉ Règle : *Tant.... que....* pouvant se tourner par *autant que*, etc.

I. Demosthenes haud tantâ pollebat fortitudine quantâ facundiâ. — Tot populos non subegit Philippus, quot Alexander.

II. Jobi uxor haud tantam exhibuit patientiam quantam sanctus ille patriarcha. — Græcis non erant tantæ copiæ quantæ Xerxi; rex ille tamen aufugere coactus est.

III. David in Absalonem haud tantam adhibuit severitatem, quantam Saül in Jonatham. — Alexandro haud tot erant homines quot Dario; at bellis magis assueti erant illius milites. — Nullus imperator tantùm desideratus est, quantùm Titus.

IV. Haud tantùm vini quantùm aquæ potabat Cato. — Ut Romanis copiis præfuit Fabius, Annibal haud tot victorias quot anteà retulit. — Multùm aberat ut Lucius Verus tanti fieret quanti Marcus Aurelius ipsius collega.

V. Nulla regio tantùm frumenti fert quantùm Ægyptus. — Gedeoni non tot erant milites quot Madianitis, ille tamen victoriam reportavit. — Longè abfuit ut tantùm amaretur Domitianus quantùm Titus ipsius frater.

VI. In Numâ haud tanta inerat fortitudo quanta in Romulo ; at Romulus non tantam exhibuit pietatem quantam Numa.—Obsidio nulla tot hominibus exitio fuit, quot Hierosolymæ obsidio. — Multùm aberat ut tanti fieret Tiberius quanti Marcellus, qui Augusto successisset, nisi immaturâ morte raptus fuisset Romanis.

359.ᵉ Règle : *Tant.... devant un comparatif, etc.*

I. Universum orbem subegerunt Romani ; tantò cæteris fortiores erant populis.

II. Annibalis impetum fregit Fabius ; tantò antecessoribus suis prudentior erat atque solertior.

III. Ephæstionem Alexander nihil celabat : tantò illum cæteris aulicis habebat cariorem.

IV. Omnes ad Socratem properabant juvenes ; tantò ille cæteris doctior erat philosophis.

V. Toti Ægypto Josephum præfecit Pharao ; tantò illum cunctis Ægyptiis sapientiorem censuit. — Pœni, duce Xantippo, de Romanis insignem retulerunt victoriam ; tanto dux ille Spartanus Pœnis ducibus solertior erat.

VI. Mortuo Memnone, Darius suis copiis ipse præesse statuit ; tantò pluris Memnonem quàm suos cæteros duces faciebat. — Cùm quidam Pelopidam admonuisset Alexandrum Pheræum ingenti cum exercitu adventare : tantò meliùs, respondit ei dux ille strenuus, eò plures profligabimus.

360.ᵉ RÈGLE : Si *tant....* ne peut se tourner par *autant*, le *que* s'exprime par *ut* avec le subjonctif, etc.

I. SANCTA in vitâ tantâ fidelitate perstiterunt omnes Tobiæ liberi, ut à Deo et hominibus dilecti fuerint.

II. In Scythas tanto impetu irruerunt Macedones, ut illi citato gradu aufugerint.

III. Themistoclis in Persiam adventus regem Artaxerxem tanto affecit gaudio, ut consopitus ter exclamaverit : ego Themistoclem Atheniensem habeo.

IV. Alexander Homeri opera tanti faciebat, ut singulis noctibus illa suo cum gladio cervicali supponeret. — Tot telis confossus est Darius, ut paulò post interierit.

V. Phameas, equitatui Pœno præfectus, Scipionem tanti faciebat, ut à Pœnis ad Romanos se contulerit.

VI. Philippus militiæ disciplinam tantâ severitate tuebatur, ut in militem qui ad levandam quâ ardebat sitim ex ordinibus secesserat, asperè animadverterit.

361.e RÈGLE : *Tant que*, signifiant *tandis que*, etc.

I. QUANDIU vivam, aiebat Jacobus, meum filium Josephum à ferâ pessimâ voratum ego lugebo.

II. Dùm Carthago stabit, dictitabat Cato, tuta haud erit Roma.

III. Quandiù illuxit, fugatis Scythis acriter institerunt Macedones.

IV. Dùm Alexandro obstitit Memnon Rhodius, ille gloriari potuit hostem Alexandro dignum à se victum fuisse.

V. Persuasum habebat Solon hominem, quandiù vivit, in beatorum numerum haud referendum esse.

VI. Absque argento dives erat Fabricius, quia persuasum habebat sibi, quandiù posset suis repugnare cupiditatibus, nihil unquàm esse defuturum.

362.e RÈGLE : *Tant... que*, signifiant *non-seulement.... mais encore*, etc.

I. CUNCTIS Athenarum civibus, cùm opulentis tum pauperibus in populi comitiis jus erat suffragii.

II. Cuncti Romani, cùm mulieres tum viri, Pyrrhi munera repudiârunt.

III. Diis grates agebat Marcus Aurelius quòd cùm sibi tum suis liberis magistros eximios tribuissent.

IV. Cicero tum suâ facundiâ tum suo ergà rempublicam studio immortalitatem consecutus est.

V. Amilcar, clari Annibalis pater, tum suâ fortitudine tum suâ prudentiâ, Pœnos inter duces eminuit.

VI. Carthagine multa cùm picturæ tum sculpturæ reperire erat opera, haud quidem facta ab ipsis Pœnis, sed victis ablata gentibus. — Cum Lysandro tum fortitudine, tum rei militaris scientiâ certabat Callicratidas; at moribus illum multò præstabat.

———

363.ᵉ Règle : *Non pas tant pour.... que pour*, etc.

I. Ad Jesum Christum properabant Pharisæi, non tàm ut illum audirent quàm ut illum explorarent.

II. Multi sancti suis laborabant manibus, non tàm ut de lucro viverent, quàm ut pauperibus opitularentur.

III. Jesum virgis cædi jussit Pilatus, non tàm ut in illum sæviret, quàm ut Judæorum cohiberet furorem.

IV. Quàm stulti sunt illi qui pauperibus stipem erogant, non tàm ut Jesum Christum suis in membris sublevent, quàm ut in honore apud homines habeantur !

V. Rex Sapor præconis voce promulgari jussit Usthazadem, suæ præfectum domui, ut Christianum neci datum fuisse, non tàm

ut Usthazadi qui id petiverat suffragaretur,
quàm ut cæteros perterreret Christianos.

VI. Alexander Homeri erat perstudiosus;
atque illum poetam pervolvebat, non tàm
ut animum levaret, quàm ut ex ejus operibus magno rege dignos sensus promeret.

364.ᵉ RÈGLE : *Tant.... tant il est vrai
que*, etc.

I. ALEXANDER solus in Bucephalum potuit conscendere; adeò equus ille suspicax
erat.

II. Xerxes aufugere coactus est; tantò
Persas Græci bellicâ præstabant virtute. —
A cunctis Francis desideratus est Turen-
nius; tanti ab illis æstimabatur.

III. Cicero Theramenis cicutam potare
jussi luctuosam mortem legere non poterat,
quin lacrymas profunderet; adeò ejus magnanimitatem demirabatur.

IV. Parùm abfuit quin Coriolanus Tul-
lusque Attius ferro et igne Romam vasta-
rent; adeò uterque huic urbi iratus erat.

V. Post Reguli cladem, nullum terrâ prælium experiri audebant Romani, adeò vel
solo elephantorum conspectu perterrebantur.

VI. Elephantes, quis credat? suam exuunt
feritatem, ut hominibus servorum famula-
tum præbeant; adeò verum est beneficiis
ferocissima allici animalia.

365.ᵉ RÈGLE : *Si.... que* pouvant se tourner
par *aussi.... que ,* etc.

I. HIRCUS haud tàm astutus fuit quàm
vulpes.

II. Varro haud tàm prudens erat quàm
Paulus Æmilius.

III. Themistocles non tàm æquum se gessit quàm Aristides.

IV. Pilatus Jesu Christo haud tàm infestus
fuit quàm sacerdotum principes ac Pharisæi.

V. Longè abfuit ut à Romanis tantùm
amaretur Tiberius quantùm Augustus ipsius
antecessor.

VI. Quantùm abfuit ut tanti fieret Domitianus quanti Titus ipsius frater !

366.ᵉ RÈGLE : *Si....* ne pouvant se tourner
par *aussi....* etc.

I. ADEò horrendum scelus est parrici-
dium , ut cuncta scelera videatur includere.

II. Sacerdotii sanctitudine ità perterrebatur divus Hieronymus , ut illius munera
nunquàm expleverit.

III. Adeò crudelis erat Athalia ut ad oc-
cupandum solium , mortui regis liberos neci
dederit. — A rege Pharaone tanti fiebat Josephus , ut toti Ægypto præfectus fuerit.

IV. Pecuniæ adeò avidi erant Pœni , ut
vel de militum sanguinis pretio auderent con-

tendere. — A Babylonis rege tanti fiebat Daniel, ut in ejus palatio semper habitaret.

V. Adeò perfidus avarusque fuit Judas ut proditum Dominum suum triginta denariis Judæis vendiderit. — Adeò vilipenditur homo mendax, ut isti vel verum dicenti fides non adhibeatur.

VI. Constantinopoli tantùm amabatur tantique fiebat divus Joannes Chrysostomus, ut cùm milites, jubente imperatore, illum comprehensuri venerunt, plebs tota, ad custodiendum suum pastorem, circà sacram Ædem sese agglomeraverit.

———

367.ᵉ Règle : *Tanta est Dei bonitas, ut, etc. Stella hæc tantula est, ut, etc.*, etc.

I. Tantus est ergà nos Jesu Christi amor, ut turpissimam mortem pertulerit.

II. Mi fili, Alexandro aiebat Philippus, tantula est Macedonia, ut tanto regi nequeat sufficere.

III. Tanta erat Cimonis Atheniensis liberalitas, ut suis hortis suisque prædiis nullos custodes apponeret. — Quædam existunt animalia tantula, ut solo microscopio aspici valeant.

IV. Tanta est Judæorum pervicacia, ut ab octodecim seculis in suâ perstent incredulitate.

V. Tanta est hominum cæcitas, ut æternam nihili pendant gloriam, solaque bona appetant terrestria. — Antonius, ubì natus

est Florentiæ episcopus, tantulâ erat staturâ, ut Antoninus nominatus fuerit.

VI. Philippus, suo ineunte regno, tantæ
erat severitatis, ut militem qui sua arma
posuerat immisericorditer morte mulcta-
verit. — Tantula est regis nostri conjux,
aiebant Lacedæmonii, ut regulos duntaxat
nobis sit paritura.

368.ᵉ Règle : *Non tanta est terra quantus
sol.... Hæc schola non tantula est quantula est nostra*, etc.

I. Haud tanta est Asia quanta est America.

II. Haud tantulæ sunt stellæ quantulæ
videntur.

III. Non tanta erat Græcia quanta Persia;
à Græciâ tamen Persia subacta est.

IV. O Alexander ! haud tantula est Persia
quantula est Macedonia, illa tamen subacta
tibi nondum satis erit.

V. Quamvìs David tantus non esset quantus
Goliathus, istum tamen humi prostravit.

VI. Quantùm abest ut tantulus sit leo
quantulus est culex ! prior tamen poste-
riori nonnunquàm pabulo est.

369.ᵉ Règle : *Assez* suivi de *pour*, etc.

I. Humanitatis adeò immemores fuimus,
aiebant Jacobi filii, ut fratrem nostrum non
audierimus.

II. Se adeò potentem existimabat Darius, ut obterendus esset hostis (1).

III. Tanti fiebat Gamaliel ut cuncti senatores ipsi assensi fuerint (2). — Ità barbarus fuit Ochus, ut Ocham suam sororem cujus filiam uxorem duxerat, vivam sepeliri jusserit.

IV. Tantam benignitatem habuit Scipio Æmilianus, ut suo fratri Fabio universam sui patris hæreditatem tradiderit.

V. Superbus Antiochus qui primùm se adeò potentem existimaverat, ut altissimos montes in trutinâ posset appendere, se mortalem esse tandem agnovit. — Tanti fiebat Regulus ut de redimendis captivis vicerit ipsius sententia.

VI. Adeò industrius fuit Philippus, ut Athenarum legatos, si Demosthenem excipias, multis donis corruperit. — Tanti fiebat Aristides, ut Themistoclis consilium vel ignotum omnium assensu explosum fuerit.

370.ᵉ **Règle** : *Assez peu* suivi de *pour*, etc.

I. Tam parùm prudens fuit Pelopidas, ut omnium hominum maximè fero fisus fuerit.

II. Tàm parùm verecundi fuerunt Syra-

---

(1) Je ne mets point : *ut hostem obtereret*, comme la règle sembleroit le demander, parce qu'on ne peut pas tourner la phrase par : Darius se croyoit si puissant qu'il écrasoit l'ennemi.

(2) *Nota.* Le sens demande qu'on tourne par : Gamaliel étoit si estimé que tous les sénateurs suivirent son avis : il en est de même des phrases suivantes.

cusani, ut de se optimè meritum Dionem turpiter ejecerint.

III. Tàm parùm humani erant Romani, ut fuso Gladiatorum sanguine delectarentur.

IV. Tàm parùm cordatus fuit Alexander, ut in sui equi honorem urbem quam dixit Bucephaliam condiderit. — Honores tàm parvi faciebat Phocion, ut illos neutiquam ambiret.

V. Dionysius major, æquè rudis poeta ac rudis dux, tàm parùm modestus erat, ut censeret majori sibi esse gloriæ sua carmina quàm suas omnes victorias. — Opes tàm parvi faciebat Aristides, ut istas neutiquam ambiret.

VI. Tàm parùm sapiens erat Babylonis rex, ut existimaret æneum simulacrum singulis diebus duodecim similæ mensuras necnon quadraginta verveces comedere. — Tàm parvi gloriam faciebat Epaminondas, ut istius haud magis quàm divitiarum esset avidus. — Sanctus Ludovicus, Tolosæ præsul, Neapolitanum regnum tàm parvi fecerat ut, istud repudiavisset.

———

371.ᵉ RÈGLE : *Trop.... pour*, etc.

I. GRAVIUS est meum scelus, dicebat improbus Caïnus, quàm ut mihi Deus ignoscat.

II. Major sum ego, aiebat Seneca, quàm qui meo serviam corpori.

III. Suæ gloriæ magis anxia erat Carthago, quàm quæ suis copiis externos duces præficeret.

præficeret. — Sacras scripturas pluris faciebant martyres, quàm qui illas ignibus tra-
derent.

IV. Plura scelera admiserat Jugurtha,
quàm cujus Romanos misereret. — Apud
Persarum regem majus nomen habebat Datames, quàm cui aulici non inviderent.

V. Gedeoni dixit Deus : Plures tibi sunt
milites, quàm ut victoriam referas. — Subs-
titutus est Philippus in locum Amyntæ multò
junioris quàm qui tot adversùs hostes regnum
tueretur.

VI. Paupertatem pluris faciebat Epaminondas, quàm qui muneribus corrumperetur. — Vetuerunt Spartani ne Athenienses
suam in urbem Thebanos patriâ pulsos reciperent, illisque opitularentur ; humaniores
autem erant Athenienses quàm ut istius in-
terdicti respectum haberent.

372.ᵉ Règle : *Trop peu pour.... pas assez
pour*, etc.

I. Minus ingenii habebat Claudius, quàm
ut imperium administraret. — Regis titulum
minoris faciebat sanctus Ludovicus, quàm
ut illum Christiani titulo præponeret.

II. In Vespasiano minùs ambitionis inerat
quàm ut imperium affectaret. — Pharaonis
nepotis nomen minoris faciebat Moyses,
quàm ut illud veri Dei famuli titulo ante-
poneret.

III. Aurum argentumque minoris faciebat

Fabricius, quàm qui Pyrrhi munera acciperet. — Julianus qui Pertinaci successit emitque imperium, minùs modestus erat, quàm qui illo se indignum æstimaret.

IV. Davidi dixit Saül : in te inest minùs virium, quàm ut cum viro omnium robustissimo congrediaris. — Censebat Scipio Nasica minùs potentes esse Pœnos, quàm qui Romanos subigerent ; potentiores verò, quàm qui ab his contemnerentur.

V. Regis nomen minoris faciebat Scipio, quàm qui id sibi oblatum acciperet. — Sui Judæ milites frustrà suaserunt ne prælium committeret, dicentes se pauciores esse quàm qui hosti obsisterent.

VI. Minùs modestus erat imperator Adrianus, quàm qui seipsodoctioribus cederet. — Artabazus et Græci Dario magis addicti quàm qui tetram Bessi adjuvarent perfidiam, minùs autem potentes quàm qui istam disturbarent, è militari viâ ad montes decesserunt.

373.ᵉ Règle : *A peine.... que*, etc.

I. Vix jussit Josue, cùm sol stetit.

II. Vix animam efflavit Alexander, cùm planctibus et lamentis tota personuit regia.

III. Nascitur homo veluti flos qui vix expansus est, cùm jam proteritur.

IV. Vix in lacum conjecti fuêre Danielis delatores, cùm à leonibus vorati sunt.

V. Ex urbe vix egressi erant Jacobi filii, cùm Josephus suæ domûs dispensatorem misit, per quem subreptum suum ex argento scyphum illis exprobraret.

VI. Vix Goliathum, bellatorem istum æquè arrogantem ac temerarium, humi prostratum viderunt Philistæi, cùm metu perculsi terga verterunt.

374.ᵉ RÈGLE : Aussitôt que, pas plutôt que ; *statim ut*, etc.

I. STATIM ut de Virginiæ exitiali morte audivit exercitus, decem tribunos militum creavit. — Statim ut in Deum rebellârunt Angeli superbi, è cœlo detrusi sunt.

II. Statim ut in senatum Cæsar ingressus est, in eum conjurati irruerunt. — Statim ut Pharaonis exercitum aspexerunt Israelitæ, metu perculsi sunt.

III. Statim ut confectum est bellum piraticum, contrà Mithridatem profectus est Pompeius. — Statim ut de Jacobi adventu audivit Josephus, obviam illi processit.

IV. Statim ut matrem suam aspexit Coriolanus, exclamavit : ô patria ! tu meam iram vicisti. — Statim ut ad Prusiam, Bithyniæ regem, se contulit Annibal, princeps ille Eumeni, Pergami regi, Romanis amicissimo, bellum indixit.

V. Statim ut expiravit Jesus Christus, scissæ sunt rupes, laceratum est templi velum, et aperta sunt monumenta. — Dùm copiarum suarum alacritatem præsens accendit Darius, vim vi acriter repulêre, at

statim ut hic terga vertit, illæ profligatæ
sunt.

VI. Statim ut pontifex Azarias aliique
sacerdotes Oziam regem lepris contactum
vidêre, è templo illum Ociùs repulerunt.
— Statim ut sui Alexandrum milites lethali
morbo tentatum audivêre, ad ejus regiam
properaverunt, ipsius videndi copiam fla-
gitantes.

375.ᵉ RÈGLE : Plutôt signifiant de meilleure
heure, plus promptement, s'exprime par
maturiùs, citiùs, celeriùs, etc.

I. Ad Jesu Christi sepulcrum accurrerunt
divus Petrus et divus Joannes, et sanctus
Joannes citiùs quàm sanctus Petrus advenit. — Testudo citiùs quàm lepus metam
attigit.

II. Demosthenes, clarus ille orator, maturiùs quàm opifices è lecto surgebat. —
Mors semper citiùs quàm putamus adest.

III. Cùm maturiùs solito surrexisset
Abrahamus, Agarim et Ismaelem dimisit. —
Bellum in Porsennam citiùs quàm putave-
rant desiit.

IV. Romam celeriùs advenit Severus, quàm
Niger qui de imperio cum illo certabat. —
In Pyrrhum bellum citiùs quàm sperave-
rant confectum est.

V. Apprehensum Thyum Datames ad
Artaxerxem citiùs quàm princeps ille speraverat conduxit. — Cùm solito maturiùs

surrexisset Darius , ad leonum lacum quò conjectus fuerat Daniel, properavit.

VI. Quod Deus citiùs quàm putamus vel in æternam nostram calamitatem , vel in æternam beatitúdinem feret judicium., id ratum stabit. — De Drusi morbo certior factus Tiberius , celeriùs quàm Augustus existimaverat, Romam advenit.

376.ᵉ RÈGLE : Plutôt marquant la préfé-
rence s'exprime par *potiùs*, etc.

I. HOMERUS , ait Cicero , potiùs pictor est quàm poeta.

II. Eva dæmoni potiùs quàm Deo credere non verita est.

III. Thebani de casu Epaminondæ quem mortuum existimabant certiores facti, potiùs victi quàm victores videbantur.

IV. Usthazades cui acciderat ut Jesum Christum proderet, exclamavit : utinam me omnia simul mala consectata fuissent , potiùs quàm solem adorarem !

V. Sævissimos cruciatus sustinuissent Ægyptii , potiùs quàm felem., crocodilum malè mulctarent; id , eorum quidem judicio , sacrilegium fuisset.

VI. Memini me apud quemdam historicum legere , divum Ludovicum, Franciæ regem , Ludovici Pisiaci potiùs quàm Ludovivi Re-
mensis nomen scriptis apposuisse.

377.ᵉ RÈGLE : *Que* après les adverbes et les noms de temps , etc.

I. Tum quùm regnaret Ferdinandus, detecta est America. — Primùm quùm vinum bibit Neomus, inebriatus est.

II. Die Quâdam quùm solus esset Josephus, pallii ejus oram apprehendit Putipharis conjux ; at Josephus suum reliquit pallium, et fugit. — Veniet tempus quùm Judæi Jesu Christi religionem amplectentur.

III. Inciderunt tempora quùm homines, ferarum instar, herbis vescerentur. — Trucidatus est Philippus, tùm quùm in theatrum ipsius statua introduceretur.

IV. Duo tantùm anni effluxerant, ex quo exercitui præerat Agesilaüs ; jamque vel nomen ejus terrori erat superioris Asiæ provinciis. — Primùm quùm elephantes viderunt milites Romani, mirifico timore perculsi sunt. — Postremùm quùm venit tribunus à Marco Aurelio tesseram sciscitaturus ; hic illi dixit : ad solem orientem ito, ego autem obeo (1).

V. Hora erat post meridiem tertia, cùm Jesus Christus duos inter latrones expiravit. — Fuit tempus quùm Dionysius non idem esset qui anteà, adeò ut vix illum agnoscerent.

VI. Tùm quùm civitati Lacedæmoni præesset Lycurgus , capite damnabatur

---

(1) *Obeunt sidera. Pline.* Les astres se couchent.

quicunque aurum aut argentum domi habebat. — Postremùm quùm David et Jonathas collocuti fuêre , mutuo amplexu juncti , sibi invicem intemeratam benevolentiam sacramento obstrinxerunt.

378.ᵉ Règle : *De* au commencement d'une phrase, etc.

I. Cunctis ex libris , nullus est cum Evangelio conferendus.

II. Ex omnibus Alexandri aulicis , nullus ei erat Ephæstione carior.

III. Ex omnibus humanis bonis , bona existimatio solum est quod mors nobis auferre non valet.

IV. Ex omnibus orientis fluminibus , nullum Tigride violentius invehitur. — Cunctis ex animalibus quæ colebant Ægyptii , celeberrimum (1) erat bos apis.

V. Ex omnibus Græcis , solum Aristidem Atheniensem commemorat historia , cui sua singularis probitas justi cognomen pepererit.

VI. Ex tot millibus militum quibus præerat Agesilaüs ; nulli erat culcitra straminea durior illâ cui ipse incubabat.

---

(1) En sous-entendant : *animal.*

379.ᵉ Règle : *De* entre un nom et le présent de l'infinitif actif, etc.

I. DICEBANT Judæi : nondum adest tempus Domini domum denuò ædificandi.

II. Jacobi filii Josephum suum fratrem occidendi consilium animo agitaverunt.

III. Deum orandi, et de alterâ meditandi vitâ nobis deest tempus, aiunt plurimi christiani : væ istis. Annon bibendi, edendi, iter faciendi, saltandi, ambulandi et dormiendi tempus inveniunt ?

IV. Tobias quocunquè vellet eundi copiam à rege impetravit.

V. Cùm de Socrate audivisset Aristippus, tàm acri illum philosophantem audiendi arsit desiderio, ut permacer et valdè pallidus factus fuerit, donec tàm laudabili desiderio respondisset.

VI. Cyrus divitias acquirendi rationes haud negligebat : non quòd eas magni faceret ; sed quòd eas aliis dispertiendo mirificè oblectaretur.

380.ᵉ Règle : *De* entre un nom et l'infinitif d'un verbe qui n'a point de gérondifs, etc.

I. DARIUS, ne ab hostibus vivus comprehenderetur, fugam cepit.

II. Diva Helena, imperatoris Constantini mater, summo perfusa est gaudio, quòd Jesu Christi crucem, quam quibuslibet orbis

thesauris præponebat, potuisset reperire.
— Suum corpus duriter castigabat divus
Paulus, ne reprobus fieret.

III. Objurgatus est rex Agis quòd cœnâ
abfuisset publicà, ut cum reginâ suâ conjuge cœnaret. — Domo raro egrediebatur
diva Marcella, præsertimque matronas non
adibat nobiles, ne quod ipsa spreverat,
in earum domibus videre cogeretur.

IV. Metus ne sepulturâ carerent, causa
fuit cur multi Ægyptii reges suo æquitatis
amore eminuerint. — Martyres summo per-
fundebantur gaudio, quòd Jesu Christi ergò
cruciatus et mortem perferrent.

V. Divus Petrus Româ excedens, ut
mortem sibi imminentem effugeret, vidit
Jesum Christum, qui ipsi dixit se Romam
venire, ut iterùm crucifigeretur. — Lætitiâ
efferebantur apostoli, quòd Jesu Christi
causâ virgis cæsi fuissent.

VI. Sanctus Petrus, Gonçales cognomine,
Hispaniensi ex aulâ discessit, ne triumphatâ
impudicitiâ, superbiâ corrumperetur. —
Athletæ, spe se Olympicis in ludis coronâ
redimitum iri, vitæ deliciis abstinebant;
quid nobis non faciendum est, spe nos in
cœlo esse coronandos?

381.ᵉ Règle : *De* suivi d'un infinitif pouvant
se tourner par *si*, etc.

I. In Indiâ, uxores se ignominiâ affectas
existimant, si suis supersunt maritis.

II. Judice Maharbale , optimè egisset Annibal , si post Cannarum pugnam in Romam processisset.

III. Apud Lacedæmonios , militi gloriæ erat , si suam in patriam in suo jacens clypeo referretur. — Sapienter egisset Darius , si Caridemi consilio paruisset.

IV. O nos fortunatos ! si hâc in vitâ lugeremus, ne in alterâ æternis ploratibus addiceremur !

V. Apud Græcos , et præsertim apud Lacedæmonios, nihil militi magis probrosum erat , quàm si absque suo clypeo è prælio reverteretur.

VI. Cùm quidam Juliam , suum corpus nimiâ colentem magnificentiâ , admoneret ipsam meliùs facturam esse , si Augusti imitaretur modestiam , illa ei arroganter respondit : Pater meus Cæsarem esse obliviscitur ; ego verò memini me Cæsaris filiam esse.

382.ᵉ Règle : *De* suivi d'un infinitif et pouvant se tourner par *moi qui, vous qui,* etc.

I. Sanctæ Virgini dixit sancta Elisabeth : tu beata es quæ credideris.

II. Suum filium Alexandrum Philippus inconsideratum habebat, qui in Bucephalum, equum asperrimum vellet conscendere.

III. Alexandrum beatum æstimo, qui crediderit se regem esse solummodò ut benè mereretur ; at ille stultus erat, qui Deus haberi vellet.

IV. Cùm quidam sanctus abbas divum Arsenium animam efflantem vidisset, illacrymans exclamavit : quàm tu beatus es, Arseni, qui tot lacrymas vivus profuderis ! — Heu miserum principem, de Alexandro Pheræo exclamat Tullius, qui magìs servo ac tonsori quàm conjugi suæ fisùs fuerit !

V. Achillem Alexander beatum æstimabat, qui vivus Patroclum amicum, mortuusque Homerum præconem habuisset. — Hominum filii, quàm cæci estis vos, qui æternæ beatitudini felicitatis umbram anteponatis !

VI. Quàm Demens erat Phormio qui bellicam artem Annibalem vellet edocere ! — Cùm die quâdam puerum aquam cavâ manu haurientem vidisset Diogenes, suum protinùs fregit calicem : nonne stultùs ego sum, ait, qui supervacuum onus mihi tamdiù imposuerim ?

383.383.^e Règle : *A* précédé d'un nom et pouvant se tourner par *qui*, *que*, etc.

I. Israelitæ in Samuelis agendi ratione nihil invenerunt quod redarguerent. — Saül solum reperit Davidem quem Goliatho opponeret.

II. Summus sacerdos Goliathi ensem Davidi dedit, quia alius quem daret ipsi præstò non erat. — Quisque Romæ nobilissimus divum adibat Benedictum, eique suos tradebat filios quos ille institueret.

III. Pauperes divus Franciscus suis ves-

N 6

tibus induebat, cùm quod illis daret nihil aliud ipsi suppeteret. — Antiocheni nullum alium quàm divum Flavianum suum præsulem repererunt, quem ad imperatorem Theodosium mitterent.

IV. Si quis pauperibus stipem eroget, ut hominum admirationem moveat, nihil est quod à Deo exspectet. — Quovis tempore christianis præbet Deus exemplaria quæ imitentur.

V. Marcus Livius Drusus, suo patrimonio largitionibus dissipato, profitebatur sibi nihil superesse quod daret, præter cœlum et cœnum. — O Athenienses ! Isocrates dicebat, quia vobis prosperè procedunt omnia, censetis nihil esse quod timeatis, ego autem longè aliter sentio. — Pœni solum Xantippum Spartanum repererunt, quem Romanis opponerent.

VI. Divus Dominicus nihil habens quod daret cuidam mulieri pauperculæ, cujus frater in manus Maurorum devenerat, sese cum illo infelici servo permutandum obtulit. — In ramo vel maximè specioso, ait quidam auctor, superest semper quod seces ac interputes.

384.ᵉ RÈGLE : *A* pouvant se tourner par
si, etc.

I. Si Æsopo credimus, linguâ nihil melius, nihilque pejus.

II. Si meas numeres victorias, Alexander dicebat, diù vixi ; sin meos annos, haud satis diù.

III. Si nonnullis historicis fides adhibenda est, oculos sibi effodit Democritus, quò altiùs philosophiæ studium hauriret.

IV. Si Senecam consules, his dabis, non autem illis ; sin Jesum Christum, omnibus largieris.

V. Dionysius major Syracusis ortum habuit : si nonnullis credimus, ille nobili et claro natus erat loco ; si aliis, obscuro atque humili.

VI. Si plurimorum sacris in ædibus corporis habitum inspicias, istos potiùs habeas Judæos, militesve falsorum cultores numinum, Jesu Christo insultantes, atque illum irridentes, quàm viros Christianos salvatorem suum suumque regem adorantes.

385.e **Règle** : *A* pouvant se tourner par *pour*, etc.

I. Ut verum dicam, admiranda est mors Socratis.

II. Ut ingenuè loquar, Alexandri ergà Darii matrem atque conjugem agendi ratio mihi movet admirationem.

III. Ut quod sentio aperiam, imperatorum Romanoram falsa adhuc numina colentium sapientissimus fuit Antoninus.

IV. Ferè octo menses duntaxàt regnavit Vitellius ; sed ut suum isti jus tribuatur, affirmandum est illum diutiùs regnavisse. — Ne verum dissimulem, Decius præclaris præditus erat dotibus ; quis verò istius ergà christianos sævitiam non abhorreat ?

V. Ut verum dicam , egregiis dotibus Alcibiades eminebat, sed, ne mentiar , vel notabilioribus inficiebatur vitiis.

VI. Cùm Augusti titulum accepit Vitellius , dixit : invitus accipio ; sed ut verum dicam , illum primùm solummodò fictâ modestiâ (1) deprecatus fuerat. — Vespasianus , ut narrant , quemdam cæcum et quempiam claudum sanos fecit ; sed ne meam dissimulem sententiam , duo tresve deceptores erant.

* * *

386.ᵉ RÈGLE : *Etre homme à... femme à.... capable de...*, etc.

I. Non is erat Fabricius qui Pyrrhi medici perfidiam probaret. — Non ea erat Susanna quæ adulterium committeret.

II. Is erat Fabius qui Annibalis impetum comprimeret. — Haud ea erat Parysatis quæ ignosceret.

III. Sinè controversiâ , is erat Plato qui Dionysium juniorem regnandi artem edoceret. — Ii erant soli Romani qui Alexandro obsisterent.

IV. Haud is erat Vedius Pollio qui servorum suorum animos sibi conciliaret. — Memnon Rhodius , Darii dux , is erat qui de victoriâ cum Alexandro contenderet.

V. Alexander tot emensus maria , haud is erat quem perterreret nomen fluminum

____

(1) Nota. *Munus deprecari* , refuser une charge.

quæ totidem sui regni propugnacula existimabat Darius. — Haud ii erant Pœni qui
Reguli magnanimitatem admirarentur.

VI. Is potiùs erat Æsopus qui alios irri-
deret, quàm qui ab illis irrideretur. —
Samnitibus demonstravit Curius se non
magìs esse eum qui corrumperetur muneribus, quàm qui armis vinceretur.

———

387.e RÈGLE : *Capable* avec un nom de
chose inanimée, etc.

I. ALPES impavidùm Annibalem à progressu
arcere non potuerunt.

II. Judæorum furor omnibus Pilati cona-
tibus mitigari non potuit.

III. Adeò numerosus erat Xerxis exercitus,
ut illum continere vix posset Græcia.

IV. Nec absterreri, nec vinci potuit ani-
mus Alexandri, qui urbem Tyrum quâlibet
ratione occupare statuerat.

V. Tempestatis vis impedire non potuit
quin Cato in navem ascenderet, fratri suo
in Thraciâ ægrotanti opem laturus.

VI. Animadvertit quidam auctor viros
Græciæ clarissimos summâ in paupertate
vitam egisse, eorumque virtutem auri fulgore corrumpi nunquàm potuisse.

388.e Règle : *Pour* signifiant *envers*, etc.

I. Quis ergà homines Jesu Christi amorem non miretur ?

II. Omnibus nota sunt Catonis suum ergà fratrem amor, ejusque ergà rempublicam studium.

III. Heliogabalus Romanorum ergà Alexandrum studium videns, cœpit illum odio habere, illumque neci dare voluit.

IV. Rex Childebertus die quâdam assium aureorum sex millia misit ad sanctum Germanum cujus ergà pauperes amorem noverat. — Ergà proximum cor fraternum habeamus necesse est, ut Deus ergà nos paternum habeat.

V. Tanto ergà rempublicam studio incendebatur Marcus Aurelius, ut imperium fuisset abdicaturus, id si ei expedivisset. — Vespasianus per omne sui regni tempus, humanitatis ac benevolentiæ ergà sibi subditos indicia præbuit.

VI. Quantus erit parentum suos ergà liberos amor, cùm videas feras ictibus vulneribusque se objicientes, ut suos tueantur catulos !

———

389.e Règle : *Pour* pouvant se tourner par *de*, etc.

I. Plurima parit scelera divitiarum cupiditas. — Plerisque juvenibus voluptatum ardor exitio est.

II. Athenienses suo libertatis amore claruerunt.

III. Fecit scientiarum amor ut Alexander vel medicæ arti studuerit.

IV. Dubito an ullus unquàm majorem quàm Alexander, Macedoniæ rex, gloriæ ardorem ostenderit.

V. Lacedæmonii, quò majorem ébrietatis horrorem suis inspirarent liberis, ipsorum antè oculos servos vino onustos proponebant.

VI. Cùm Socratem audio de veri amore verba facientem, tonantemque ut vitii horrorem injiciat, mihi quasi dubium est utrùm falsorum cultor Deorum, an christianus loquatur.

3go.ᵉ Règle : *Pour* signifiant *au lieu de....* *à cause de......*, etc.

I. Mucius Scævola pro rege ipso Porsennæ regis scribam occidit. — Aristides suam ob summam æquitatem justus cognominatus est.

II. Ensis loco Samson asini maxillam arripuit. — Abdalonymus suam propter virtutem solio dignus æstimatus est.

III. Pro Judà qui, prodito suo domino, sese suspenderat, sanctum Matthiam elegerunt apostoli. — Deus omnipotens, exclamabant Moyses et Aaron, adversùmne omnes unius ob noxam tua erumpet iracundia?

IV. Præsulis sancti Præjecti loco, sicarii sanctum abbatem Damarinum trucidârunt. — Sanctus Moyses Ethiops priùs è domini sui domo ob furta sua atque flagitia expulsus fuerat.

V. Judæi pro sceptro arundinem, et pro diademate spineam coronam Jesu Christo dederunt. — Pelopidas, Thebanorum dux, ob suam probitatem etiam magis colebatur plurisque fiebat, quàm ob suam bellicam virtutem.

VI. Agrippæ auream catenam loco ferreæ quà vinctus fuerat munere dedit Caligula. — Dion, qui Dionysii Siciliæ tyranni sororem uxorem duxerat, ob suas eximias dotes ab eo tanti factus est quantùm dilectus.

391.e Règle : *Pour* signifiant *pour l'amour de... Pour* marquant l'intention, etc.

I. Jesus Christus suarum ovium causâ suam vitam dedit. — In nostrum exitium dæmon vigilat, utì nostram in salutem Deus.

II. Ne unquàm obliviscamur Jesum Christum nostrâ causâ mortuum fuisse. — David in templi ædificationem quàm plurima apparavit.

III. Brutus, reipublicæ gratiâ, se patrem esse oblitus est. — In suam perniciem impii Achabi filiam uxorem duxit Joramus.

IV. Ad quodlibet rei suæ matris causâ paratus erat Coriolanus. — Salomonis regnum, in ipsius flagitiorum pœnam, Roboamum ipsius filium inter et servum ipsius Jeroboamum divisum est.

V. Domûs suæ administratori dicebat divus Franciscus : numquid Deo qui nostrâ

gratiâ crucifigi voluit, potest denegari ? —
Darius, in suæ matris, suæ conjugis suorumque liberorum redemptionem, Alexandro quantùm argenti vellet offerebat.

VI. Quis existimavisset Aristidem ab
Atheniensibus exilio mulctatum, ipsorum
causâ suas utilitates omissurum fuisse ? —
Haud perpendebat Alexander sibi, tot subactis provinciis, nihil aliud superfore quàm
exiguum in sui corporis sepulturam spatium.

392.e RÈGLE: *Pour* signifiant *à l'avan-
tage.... au désavantage de....* , etc.

I. DAVID infanti oravit : hic tamen die
septimo mortuus est.

II. Leges scripserunt, Minos Cretibus,
Lycurgus Lacedæmoniis, Solonque Atheniensibus.

III. Dionysius, Syracusarum terror,
sibimet timebat, et suæ tremebat vitæ.

IV. Nunquàm sibi solis Persæ, sed regi
totique imperio sacrum offerebant.

V. Tàm sibi quàm aliis severus erat Callicratidas. — Principibus magìs metuendi
sunt adulatores quàm arma hostilia.

VI. Quæ accipiebat Coriolanus bellica
præmia, ea tanto ipsius matri quanto ipsi
erant gaudio. — Si Pittaco adhibenda est
fides, sapienter administrat princeps, cùm
timetur ipsi, nedùm ipse timeatur : (*ou* cùm
ipsi, non autem ipsum timent).

393.e Règle : *Pour* devant un infinitif, etc.

I. Abrahamus, ut Deo pareret, unico suo filio non pepercit.

II. Jugurtha, ut Romanos senatores corrumperet, pecuniæ haud parcebat.

III. Ne vivamus ad bibendum et manducandum, ait quidam auctor, sed ad vivendum bibamus et manducemus.

IV. Israelitæ, sacris aureo vitulo factis, ad manducandum et bibendum sederunt, et saltandi causâ surrexêre.

V. Quàm felix cæcus qui non solummodò ad videndum oculos à Deo accipit, sed et pedes ut illum sequatur, linguam ut laudet, et cor ut illum diligat!

VI. Mos erat ut summis in calamitatibus reges Tyrii ad placandam deorum iram suos immolarent filios.

394.e Règle : *Pour* devant un comparatif, etc.

I. Sanctus Lucianus, Antiochensis sacerdos, quò liberiùs Deo serviret, mundum ejuravit, suaque omnia bona distribuit pauperibus.

II. Diogenes quò acriùs in philosophiam incumberet, veluti onere suis se exuit divitiis, dolioque se inclusit.

III. Dæmon hominis mulierisque invidens felicitati, serpentis formam induit, quò faciliùs illos deciperet.

IV. Alexandri milites fluvium Iaxartum trajicientes ratibus, genibus innixi sunt, quò minùs Scytharum sagittis paterent.

V. Datames, quò majori regem Artaxerxem afficeret gaudio, cum Thyo à se capto profectus est, nec ullum de suo itinere admonuit.

VI. Philippus, quò certiùs feriret, ictus sibi imminentes subterfugiebat; et quò faciliùs totam invaderet Græciam, hujus populos solummodò singulos aggressus est.

395.ᵉ **Règle :** *Pour*, accompagné d'une
négation, etc.

I. DAVID suis dixit ducibus : fugiamus hinc, ne in Absalonis manus incidamus.

II. Manibus operabatur divus Hilarius, aliis ne esset oneri.

III. Agar, mœrore confecta, à suo filio sub arbore jacenti recessit, ne illum morientem videret.

IV. Sysigambis agendi rationem ego demiror, hanc autem illustrem reginam vitupero, quòd omni cibo abstinuerit, ne Alexandro superstes viveret.

V. Illud graviter me pungit, regi Sapori respondit Usthazades, quòd solem simulatè adoraverim, ne tibi molestiam exhiberem.

VI. Quantocunque dolore percitus esset Datames, cujus natu minor filius occisus fuerat, hujus mortem suos milites celare

decrevit, ne illorum animum infringeret —
Decius imperator, ne in hostium manus
incideret, in altam paludem incitato equo
sese immisit.

———

396.ᵉ RÈGLE : *Pour*, pouvant se tourner
par *qui*, *que*, etc.

I. SAUL noctu misit sagittarios, qui Davidem occiderent. — Aristoteli Philippus
commisit suum filium Alexandrum, quem
ille institueret.

II. Plebi dixit Samuel : quod à me petiis-
tis ego feci; regemque habetis qui vobis
præeat. — Suæ famulæ Juditha Holofernis
caput tradidit, quod illa in saccum immitteret.

III. Babyloniorum dux è Judæâ non abduxit solummodò pauperrimos, qui agros
colerent. — Imperator Theodosius divum
Arsenium elegit, cui filium suum Arcadium
edūcandum crederet.

IV. Tobiæ dixit Angelus : Dominus me
misit, qui te facerem sanum, Saramque
tui filii uxorem à dæmone liberarem. —
Pharaonis filia Moysis genitrici sibi ignotæ
dixit : tibi hunc infantem committo quem
tu enutrias, tibique ego operæ mercedem
persolvam.

V. Cannensem post pugnam, Carthaginem
Annibal suum fratrem Magonem misit,
qui de victoriâ quam retulerat Pœnos certiores faceret, et qui ab illis peteret auxilia,
quò celeriùs bellum conficeret. — Cimon,
ait quidam auctor, divitias accumulabat;

quibus uteretur ; utebatur autem ut benevolentiam existimationemque sibi colligeret.

VI. Alexander ad Darii matrem et conjugem Leonatum misit, qui eas admoneret eum quem tanquam mortuum deflebant vivere. — Alexander lethali morbo affectus, adstantes suos milites benignè allocutus est, illisque manum suam quam oscularentur præbuit.

———

397.e RÈGLE : *Pour avoir..... ce n'est pas à dire*, etc.

I. INFELIX Samson, quamvìs pluries tua fregeris vincula, non ideò ista semper disrumpes.

II. Quamvìs Saül ab ipso Deo vocatus fuisset, non continuò præstans rex exstitit.

III. Quamvìs imperator Severus suo more cibo mòdicè uteretur, non ideò nunquàm inebriatus est.

IV. Quamvìs manus sibi laverit Pilatus, non ideò insons fuit.

V. O Judæi cæci ! quamvìs Jesum Christum neci dederitis, an ideò non est Dei filius ?

VI. Quamvìs Christianis pepercerit Commodus, non continuò iste Marco Aurelio qui primùm illos vexaverat, melior exstitit.

397.ᵉ ★ RÈGLE : Supplément. *Pour avoir*, pouvant se tourner par *parce que*, s'exprimé par *quòd*, *quia*, etc.

I. EPHÆSTION interiit quia plus æquo biberat. — Serpenti maledixit Deus, quòd Evam decepisset.

II. In morbum incidit imperator Antoninus, atque obiit quia caseum immoderatè comederat. — Morte mulctatus est juvenis Manlius, quòd sinè consulis jussu pugnavisset; *ou* (quòd consulis injussu pugnavisset.)

III. In statuam è sale conversa est Lothi conjux, quià retrò respexerat. — In terram promissam haud intrârunt Moysés ejusque frater, quòd orcàm populo laudem Deo non tribuissent.

IV. Michol nullum peperit filium, quia Davidem irriserat. — In Pontum ab Augusto amandatus est Ovidius, quòd licentiores scripsisset elegias.

V. Eversa est Hierosolyma, summasque Judæi hauserunt calamitates, quòd Jesum Christum neci dedissent. — Duo et quadraginta pueri à duobus ursis vorati sunt, quia prophetam Eliseum irriserant clamantes : ascende, calve, ascende.

VI. Parùm abfuit quin Caracalla, sui fratris Getæ interfector, matrem suam aliquotque feminas interficeret, quòd illacrymatæ fuissent. — Herodes Atticus, origine Græcus, clarusque orator, die quâdam ire voluit ut in fluvium sese immitteret, quia audiente Adriano insulsam orationem habuerat.

398.°

398.e RÈGLE : *Pour peu que* s'exprime par *si vel minimùm, si vel minimi, si vel paucissimi, æ, a, etc.* suivant le mot auquel il se rapporte, etc.

I. Si vel minimùm fidei in nobis inerit, caducis æterna bona præponemus.

II. Si vel minimi scientias fecisset Domitianus, viros litteratos non aversatus fuisset.

III. Si vel minimùm Jesu Christo dabimus, egenis opitulando, amplissimam mercedem accipiemus. — Si vel minimi medicam artem fecisset Adrianus, omnes suos medicos non dimisisset.

IV. Regnante Ezechiâ, Assyriorum rex urbi Hierosolymæ universum minatus est excidium, si vel minimùm incolæ ejus sui deditionem promoverent. — Noli metuere, Gedeon, si vel paucissimi tibi supererunt milites, victoriam reportabis.

V. Si vel minimùm Germaniæ legionibus Germanicus assentiri voluisset, de solio dejectus fuisset Tiberius. — Si Dario fuissent vel paucissimi fideles amici, Caridemo similes, tot tantasque calamitates non hausisset.

VI. Si vel minimùm irâ permoveretur imperator Augustus, viginti quatuor græcas litteras recitabat. — Si vel minimi poesim fecisset Caligula, Homerum Virgiliumque non aspernatus fuisset. — Pyrrhus Romanos cernens in prælii loco jacentes, trucemque vel mortuos præbentes vultum, dicebat :

si vel paucissimi similes istorum mihi essent milites , ego brevì orbem terrarum subegissem.

———

399.ᵉ RÈGLE ; *Pour moi, pour vous*, etc.

I. POPULO respondit Roboamus : vos pater meus virgis cecidìt ; ego verò vos flagellis acuto ferro armatis cædam. *Ou bien:* ego verò vos cædam scorpionibus.

II. Saüli dixit Samuel : tuus præeat famulus ; tu verò sta paulisper, ut te quid mihi dixerit Dominus edoceam. — Vobiscum semper erunt pauperes ; me verò, ait Jesus Chritus, haud semper habebitis.

III. Moysi respondit Deus : si quis in me peccaverit, istum meo libro eradam ; tu verò, procede, et quò jussi hunc deduc populum.

IV. Babylonis rex duos regis Sedeciæ filios occidi, ipsi autem effodi jussit oculos, eumque vinctum Babylonem abduxit.

V. Nesciebat Alexander cuinam suas deberet victorias ; nos verò non fugit Deum Persarum Orientisque imperium per Alexandrum eversum voluisse, veluti Babylonis imperium per Cyrum eversum voluerat.

VI. Divitias magni faciunt inanium deorum cultores ; nostrâ verò christianorum magni refert ut istas despiciamus. — Tobiæ ejusque filio dixit angelus : ad eum qui misit me, mihi redeundum est, vos verò Dominum laudate, ejusque mirabilia enarrate opera.

400.e Règle : *Pour* signifiant *eu égard*, etc.

I. Erat Socrates, ut falsorum cultor numinum, veri amantissimus.

II. Pilatus, ut judex, justitiam haud satis diligebat.

III. Seneca, ut philosophus, divitias haud satis aspernabatur.

IV. Erant in Poro, ut in barbaro principe, sat magna sapientia satisque magna prudentia. — Erat Alexander, ut Romanus imperator, admodùm popularis necnon frugalissimus.

V. In Aristide, Epaminondâ et Catone, ut in falsorum numinum cultoribus, multa erat sapientia. — Pro suâ beneficentiâ Titus haud satis diù regnavit.

VI. Alexander Pheræus, ut tyrannus, suam uxorem medullitùs amabat, si tamen dici potest à tyranno aliquem amari. — Censebat Alexander Darium, ut victum, nimiam exhibere arrogantiam.

401.e Règle : *Sans*, après un verbe non accompagné de négation ou d'interrogation, etc.

I. Judæis dicebat propheta : vos manducavistis, nec estis satiati, vosque bibistis, nec sitis depulsa est.

II. In leonum lacu sex dies mansit Daniel, nec ab istis fuit voratus. — Suos fratres agnovit Josephus, nec ab ullo eorum agnitus est.

III. Strenuus erat Jugurtha, nec temerarius ; prudens, nec trepidus. — Philippus ejusque filius, proditores, nec tamen proditionem diligebant.

IV. Pericles die totâ à quodam scelesto homine contumeliis laceratus est, nec ille vel unum verbum protulit. — Chaldæi Hierosolymitanorum horribilem stragem ediderunt, nec illos aut infantium aut senum misertum est.

V. Philippus Epaminondæ, sui pristini præceptoris, alacritatem ac fortitudinem, nec ejus temperantiam, æquitatem, fidem et clementiam imitatus est. — Manlius Torquatus filium suum securi percussum vidit, nec patris permoti præbuit speciem.

VI. Phocion quinquies et quadragies exercituum imperator delectus est, nec unquàm imperium postulaverat vel ambierat. — Aristides, suâ ab infantiâ, virtutem constanter coluit, nec unquàm deflexit ab æquitate, nec unquàm, vel per jocum, ad astutiam vel mendacium confugit.

402.ᵉ RÈGLE : *Sans* après un verbe accompagné d'une négation ou d'une interrogation, etc.

I. ALEXANDER Darii filium aspicere non potuit, quin miseratione moveretur.

II. Cæsar Pompeii, sui generi et hostis,

caput videre non potuit, quin lacrymas effunderet.

III. Nullam Spartanis legem scripsit Lycurgus, quin eam suo exemplo stabiliret.

IV. Alexander Darii qui modò animam efflaverat corpus videre non potuit, quin hujus principis sortem deploraret.

V. Affirmat Cicero se descriptam Socratis mortem apud Platonem legere nunquàm potuisse, quin lacrymas profunderet. — Sol Jesum Christum expirantem videre non potuit, quin obscuraretur.

VI. Quisquamne, ait sapiens, ardentes carbones potest calcare, quin sibi plantam exurat ? quis potest periculo se objicere quin in isto pereat ?

———

403.ᵉ Règle : *Sans* pouvant se tourner par *avant que*, etc.

I. Nihil rei Cyrus moliebatur, priusquàm suorum exercituum duces in consilium adhibuisset.

II. Plerique moriuntur, priusquàm **de** morte cogitaverint.

III. Velut reti capta est urbs Babylon, priusquàm sibi intendi laqueos animadvertisset.

IV. Postquàm Siciliam pacavisset Timoleon, nullum ibi absolutum est publicum negotium, priusquàm in consilium adhibitus fuisset.

V. Augustum pœnituit quòd Juliam suam

filiam mulctavisset exilio, priusquàm rem attentè perpendisset.

VI. Non committebant Spartani ut ad pugnam procederent, priusquàm sacrificiis ac precibus deorum imploravissent auxilium.

403.ᵉ RÈGLE : Supplément. Sans parler d'Athènes, *Ut omittam Athenas*, etc.

I. UT omittam Aristidem, quàm multos viros illustres peperit Græcia !

II. Ut omittam divum Pothinum divum-que Irenæum, quàm multi sancti præsules urbem Lugdunum illustravêre !

III. Ut sanctos Petrum et Paulum omittam, quàm multi clari martyres urbem Romam suo irrigârunt sanguine !

IV. Valerius Publicola et Menenius Agrippa, ut multos alios Romanos omittam, in tantâ paupertate decesserunt, ut sumptu publico sepulti fuerint.

V. Ut omittam Stangorum, Indicum regem, quàm multi alii reges Romam se contulerunt, ut imperatori Antonino reve-rentiam adhiberent !

VI. Homerus, Plato, ut permultos alios illustres viros omittam, Ægyptum petierunt quò meliores ibi fierent, adeò artibus et scientiis erat inclyta.

4o3.ᵉ Règle : ** Supplément. *Sans* pouvant se tourner par *quoique*, s'exprime par *quamvis* avec le subjonctif, etc.

I. Joannes Baptista, quamvis nullum patraverit miraculum, colitur tamen tanquam sanctorum omnium maximus.

II. Ægroti corpus incidit atque urit chirurgus, quamvis illi neutiquam iratus sit; item de animæ medicis.

III. Athenienses, quamvis tàm duriter quàm Spartani non educarentur, haud minùs fortes erant.

IV. Ingrati animi crimen, ut animadvertit Seneca, quamvis nullibi pœnæ obnoxium sit, ubique tamen damnatur. — Parùm abfuit quin Suzanna, quamvis ab adulterio abesset, lapidibus à populo obrueretur.

V. Aristides, quamvis haud semper magistratum haberet, semper tamen de suâ benè meritus est patriâ.

VI. Imperator Trajanus, quamvis litteris nunquàm vacavisset, nec à limine quidem salutavisset scientias, litteratos tamen viros amabat atque æstimabat.

4o4.ᵉ Règle : Différentes manières d'exprimer *sans* devant un infinitif, etc.

I. O peccatis obnóxii, Lazarum Jesus Christus haud sinè lacrymis et fremitu ad vitam revocavit. Moyses hominum mitissimus, sui fratris sororisque sermones æquo animo toleravit.

II. Qui pabulum præbent leonibus, istorum rictum sinè metu contrectant. — Sodomæ incolæ, absque ullo conscientiæ stimulo, turpissima admittebant flagitia.

III. Pœnorum speculatores incolumes dimisit Scipio. — Quem adorabant Babylonii draconem, istum Daniel sinè gladio et sinè baculo interemit. — Vespasianus sontis ad supplicium dati conspectum nunquàm sinè suspirio atque lacrymis sustinere potuit.

IV. Iniit Moyses nubem in quâ quadraginta dies noctesque quadraginta, neque manducans neque bibens, exegit. — Antiochus, à Scipione Africano licèt victus, suum ei filium incolumem remisit.

V. Socrates, cicutam jussus bibere, ne mutato quidem vultu, pateram sumpsit. — Darius primus, cùm articulum intorsisset, incredibiles sustinuit dolores, diesque septem et septem noctes insomnes duxit. — Mox ego in Babylonem, apud Isaiam ait Dominus, Medos suscitabo, qui neque aurum neque argentum inquirentes, suis sagittis ipsos transfodient pueros, nec recèns natis parcent.

VI. Agis, indictà causà, ab Ephoris capite damnatus est. — Salvà veritate dici potest Demosthenem ad populum dicendi quàm regendi exercitum peritiorem fuisse. — In Alexandrum venantem rectà venit leo mole horrificâ; rex impavidus adversùs leonem congressus est, istumque uno ictu occidit.

Après, suivi d'un nom.

405.e RÈGLE : *Post prandium.... secundùm
        Ciceronem, à Cicerone*, etc.

I. POST maris Rubri trajectum, Israelitæ
in vastam ingressi sunt solitudinem. — Ab
Alexandro, Pyrrhus Annibali imperatorum
maximus videbatur.

II. Post diluvium, Noemus coluit terram
et vitem consevit. — Secundùm Pharaonem,
Josephus vir erat totius Ægypti potentissimus.

III. Post Davidis pugnam adversùs Goliathum, Jonathas suîmet ipsius instar Davidem
dilexit. — David juraverat Salomonem à se
esse regnaturum.

IV. Post Moysis mortem, Josue dixerunt
Israelitæ : ut cum Moyse fuit, sic tecum sit
Dominus ! — A Xerxe, Pythius princeps
erat ætatis suæ locupletissimus.

V. Post Caligulæ cædem, nil minùs quàm
imperium cogitabat Claudius ; namque delitescebat ne occideretur. — Si Xenophontis
stamus judicio, à magno Cyro Cyrus junior
princeps erat qui imperaret dignissimus.

VI. Roma de pace post Cannensem pugnam poscendà neutiquam cogitavit, veluti
minùs periclitans Carthago poposcerat. —
Si Darius, inquiebat Alexander, à me primus esse vellet, forsitan ego illi aures
præberem.

4o6.^e RÈGLE : *Après*, suivi d'un infinitif français, etc.

I. TOBIAS , postquàm recepit (1) visum, adhuc duos et quadraginta annos vixit.

II. Postquàm Romanos devicero, aiebat rex Pyrrhus , in Siciliam impetum faciam.

III. Alexander, postquàm multas subegit gentes, Indos aggrediendi consilium cepit.

IV. Agesilaüs, velut cæteri Spartæ pueri educatus , imperavit solummodò postquàm parere didicerat.

V. O princeps ! Pyrrho aiebat Cineas, quid facies postquàm Siciliam occupaveris ? Mihi est in animo, ait rex, in Africam trajicere.

VI. Pœnorum adversùs Romanos odium , postquàm diù intumuit, tandem bellis æquè diuturnis ac sævis erupit.

4o7.^e RÈGLE : *Avant*, suivi d'un infinitif français, etc.

I. EVAGORAS , sub tyranno natus, diù paruerat antequàm imperaret.

II. Caligula, priusquàm animam efflaret, triginta ictibus appetitus est, semper dicens : etiamnùm ego vivo.

____

(1) Pour la 4o6.^e règle , je mets *postquàm recepit*, pour me conformer à la règle : j'avoue que j'aimerois mieux *recepisset*. Ainsi de quelques autres phrases. Dans le même rudiment, on trouve : *Cicero , postquàm fuisset consul.*

III. Divus Benedictus, sexto die antè-
quàm moreretur, suum sepulcrum aperiri
jussit.

IV. Abdalonymus, priusquàm in solium
ascenderet, hortum, ut victum sibi compararet, cogebatur còlere.

V. Alexander, antequàm Tyrum obsideret, non prævidebat incolas tàm acriter
sibi esse repugnaturos.

VI. Amilcar, magni pater Annibalis,
priusquàm in Hispaniam belli causâ intra-
rèt, sacra diis offerenda curavit.

————

408.ᵉ **Règle** : *Avant*, suivi d'un parfait de
l'infinitif, peut se rendre par un participe
du passé, en y ajoutant une négation, etc.

I. Asdrubal, non adito Annibale, occisus est.

II. Noemi posteri, turri Babel nondùm
perfectâ, dispersi fuêre.

III. Quos ad Coriolanum Romani miserant
legatos, ii, in castra neutiquàm admissi,
reversi sunt.

IV. Drusus Romam redeundi gratiâ profectus, Rheno haud trajecto, mortuus est.
— In quâdam legi fabulâ, ursi nondùm
occisi pellem non vendendam esse.

V. Cum Pœnis congressi sunt Romani,
nullo cibo sumpto ; quod his exitiosum fuit.
— Quatuor equites quos ad Annibalem
Asdrubal miserat, nondùm redditis quas
ferebant litteris, capti fuêre.

VI. Frendebat Annibal quòd, non subactâ Italiâ, Carthaginem revocaretur.

409.e RÈGLE : *Au lieu de*, suivi d'un nom, etc.

I. PRO Isaaco arietem Domino immolavit Abrahamus.

II. Regis loco duos consules Romani elegerunt.

III. Veri loco Dei, Israelitæ inania cæterarum gentium numina coluerunt.

IV. Esther pro unguentis pulvere ac cinere sibi caput conspersit. — Pro Jesu Mariæ datus fuit Joannes, magistri loco discipulus, pro Dei filio Zebedæi filius, veri loco Dei merus homo.

V. In quâdam legi fabulâ simium pro novaculâ rubiginoso cultro usum fuisse, ut Rodilardi barbam abraderet.

VI. Tarentinos mox pœnituit quòd regem Pyrrhum auxilio vocavissent; intellexeruntque, sed seriùs, se pro socio dominum accepisse.

410.e RÈGLE : *Au lieu de*, pouvant se tourner par *lorsqu'il devroit* ou *lorsqu'il auroit dû*, etc.

I. HOSTI obviam ivit Darius, cùm illum exspectare debuisset.

II. Caïnus, cùm ad Dei misericordiam debuisset confugere, desperationi se dedidit.

III. Post diluvium , homines, cùm Deum suî creatorem adorare debuissent , solem lunamque coluerunt.

IV. Israelitarum reges , cùm prophetas à Domino ad se missos debuissent audire , illos afficiebant contumeliis aut neci dabant.

V. Dionysius junior , cùm haustis tot calamitatibus ergà sibi subditos humaniorem se præbere debuisset , vel sævior evasit.

VI. Pilatus , cùm Jesum cujus innocentiam modò palàm agnoverat debuisset dimittere , hunc capite damnavit, et cruci affigendum Judæis dereliquit.

411.ᵉ RÈGLE : *Au lieu de*, pouvant se tourner par *lorsqu'il pourroit* ou *qu'il auroit pu* , etc.

I. CÙM splendido in palatio nasci posses, ô Jesu ! in præsepi tu nasceris.

II. Deus , cùm Adamum Evamque post ipsorum peccatum exterminare potuisset, salvatorem illis promisit.

III. Divus Paulus , cùm ea quæ sibi necessaria erant à fratribus potuisset accipere, manibus operabatur.

IV. Jesus Christus , cùm proditorem Judam indignans potuisset repellere, istius osculum accepit. — Jesus Christus , cùm suî accusatores pudore potuisset suffundere , tacuit.

V. Quàm multi sancti , cùm exaggeratis fortunis quæ hæreditate ipsis obvenerant uti potuissent, illas pauperibus dilargiti sunt !

VI. Jesus Christus, cùm in aulâ Herodis potuisset suam expromere potentiam, istum ne uno quidem verbo affatus est ; et cùm in suî insectatores leonis instar potuisset rugire, agni mansuetudinem exhibuit.

412.ᵉ Règle : *Au lieu de*.... précédé d'un verbe à l'impératif, etc.

I. Caïne, tuum imitare fratrem, non autem illi invide.

II. O Juvenes ! de morte meditamini, non autem vos voluptati dedite. — O Saül ! ad Dominum confuge, non autem mortuos interroga.

III. Bona appetamus cœlestia, non autem terrenis studeamus.

IV. O Dari ! forti gratias age Caridemo, non autem illum trahi ad supplicium jube.

V. Bonis utamur terrestribus, non autem istis fruamur. — O avari ! pauperes sublevate, non autem auri argentique acervos congerite.

VI. O sacerdotum principes ! Dei filium esse Jesum Christum agnoscite, et illum resurrexisse primi vulgate, non autem ejus sepulcri custodes multâ corrumpite pecuniâ. — Sui filii Jonathæ Saül mirator fortitudinem, non autem illum iste damnato capite.

413.ᵉ RÈGLE : *Au lieu que.... se tourne par au contraire*, etc.

I. FERRO quidem armisque, non autem Persarum auro et donis, invicti erant Græciæ populi.

II. Matres Spartanæ suorum filiorum in prælio desideratorum admirabantur fortitudinem, fugientes verò lugebant.

III. Quidam multùm loquendo nihil dicunt, Phocion autem multa paucis dicebat.

IV. Dictitabat divus Arsenius : vocem non continuisse semper me pœnituit, nunquàm autem siluisse.

V. Perhibent ad pugnam ovantes concurrisse Cimbros ac Celtiberios, in morbo autem sibi desperavisse. — Bona quælibet opera coram Deo delet superbia, cuncta verò peccata operit humilitas.

VI. Existimant secundùm Ephæstionem Craterum Alexandri amantissimum fuisse ; ille Alexandrum, hic autem regem diligebat.

414.ᵉ RÈGLE : *Au lieu de*, pouvant se tourner par *bien loin de*, etc.

I. JOSEPHUS suos fratres beneficiis cumulavit, nedùm ab illis se vindicaret.

II. Augustus ad consulatum promovit Cinnam qui in se conspiraverat, nedùm in illum sæviret.

III. Fabricius suam medico Pyrrhi perfidiam exprobravit, nedùm isti perfido præmium promitteret.

IV. Israelitas asperiùs quàm cùm maximè habuit Pharao, nedùm illos dimitteret.

V. Quis non stupet quòd homines post diluvium pejores quàm antè facti fuerint, nedùm ad bonam frugem se reciperent?

VI. Camillus proditori qui in sua castra Faliscorum liberos perduxerat, manus post tergum alligari jussit, istumque virgis verberari ab iis ipsis quos sibi traditos voluerat, nedùm ei præmium tribueret.

415.ᵉ Règle : *Bien loin de....* suivi d'un infinitif, etc.

I. Jonathas Davidem tanquam fratrem diligebat, nedùm illum odio haberet.

II. Sophocles in jus à suis vocatus liberis, absolutus est, nedùm à judicibus damnaretur.

III. Manlius Torquatus jussit ad palum alligari suum filium securi percutiendum, nedùm illi ignosceret.

IV. Herodes impius Jesum Christum ne unum quidem verbum proferentem audivit, nedùm illum aliquid prodigii patrantem videret, uti speraverat.

V. Sinè pavore spiritum ducere nequit parricida, nedùm absque sollicitudine possit vivere.

VI. Sacerdotum principes ac Pharisæi Jesum Christum occidendi consilium iniverunt, nedùm eum Dei filium agnoscerent, postquàm Lazarum ad vitam revocavisset. — Cùm in dies cresceret Caligulæ rabies, nedùm defervesceret, in istum conspiratum est.

———

416.e RÈGLE : *Si* conditionnel, etc.

I. Si nos diligeremus Deum, mandata ejus servaremus. — Domine, aiebat homo Lepris affectus, si vis, me potes mundaré.

II. Si te vulnerabit manus Domini, hæc te sanabit. — Solebat dicere divus Franciscus : si Saulus rejectus fuisset, divum Paulum nunquàm habuisset Ecclesia.

III. Si nos inquiremus Dominum, illum inveniemus. — Suæ conjugi Samson dixit : si septem viminibus adhuc viridibus me alligarent, cæterorum instar debilis fierem.

IV. Si Asdrubal cum Annibalis copiis suas potuisset conjungere, de imperio Romano actum erat. — Si fieri potest, ait divus Paulus, cum omnibus pacem habete.

V. Si vocem meam audietis, Israelitis ait Dominus, et si in meo manebitis fœdere, regnum meum et gens sancta vos eritis. — Si probis pro nummis, tibi ego præberem adulterinos, sinè dubio essem in culpà ; quomodò igitur carerem, si pro vero quod à me exspectas tibi præberem mendacium ?

VI. Bellum priores non ordiemur, dicebat Pericles ; sin nos lacessent, fortiter vim vi repellemus. — Si ab hominum societate ve-

ritas probitasque amoverentur, cor regum
illis deberet esse perfugio.

417.ᵉ RÈGLE : *Si*, suivi de *ne* seulement, etc.

I. In Ægyptum reverti haud possumus,
dixerunt Jacobi filii, nisi Benjaminum no-
biscum ducamus.

II. Cuidam è suis servis dixit Socrates :
ego te cæderem, nisi irascerer.

III. Aureis catenis vinctus fuit Cyrus junior, sui jussu fratris, qui ipsum dedisset
neci, nisi ipsorum mater obstitisset.

IV. De Thebano actum erat exercitu,
nisi Epaminondas id temporis privatus imperium accepisset.

V. Romæ nihil non metuendum erat, nisi
Coriolanus suæ matris lacrymis precibusque
motus, isti ingratæ urbi illatam sibi injuriam ignovisset.

VI. Videns Darius pacem sibi haud spe-
randam esse, nisi Alexandro totum imperium concederet, novum apparavit prælium.

418.ᵉ RÈGLE : *Si*, suivi de *ne pas, ne
point*, etc.

I. Si non miseros sublevas, at certè ne
illorum miseriæ insulta.

II. O Sylla ! si non viventibus, saltem
mortuis parce.

III. Si bonum alienum Galba non appe-

teret, at certè plus æquo suo parcebat. —
Si non Manlius Torquatus fortitudinis fructum suo filio referret, saltem debebat morti
illum eripere.

IV. Si non Jesum Christum diligis, tanquàm hominum salvatorem, at certè tanquàm tuum judicem illum time.

V. Appius Claudius Pulcher pullos sacros
in aquam mergi jussit dicens : si non edunt,
saltem bibent.

VI. Præfectus Modestus divo Basilio dicere
ausus est : si non te movet imperatoris benignitas, saltem iram ejus reformida. Quid
verò metueret cui mori lucrum erat ?

———

4i9.ᵉ RÈGLE : *Si*, signifiant *lorsque*, *parce*
que, etc.

I. Si Pharao à Deo percutiebatur, ad
Moysen confugiens cuncta promittebat ; si
desinebat plaga, quidquid promiserat statim
obliviscebatur.

II. Si Jesus Christus die sabbato miracula
patrabat, id ei crimini vertebant Pharisæi.

III. Si Galbæ mensa solito lautior erat,
illum dolentem, imò lacrymantem videbant.

IV. Si ad Caligulæ cœnam paulò seriùs ac-
cedebat Claudius, hunc cœnaculum obire
cogebant, priusquàm illum quasi beneficii
causâ admitterent. Si post cœnam obdormis-
cebat, illum scurræ olivarum aliorumve fructuum ossibus impetebant, aut cædebant fe-
rulâ, ut ejus somnum abrumperent.

V. Si piscatum ibat Nero, ex auro retia, ex serico funes erant; si iter habebat, mulæ quæ mille carrucas ipsius vestiario onustas vehebant, splendidis exornabantur phaleris, et argento calceabantur.

VI. Si urbs quæpiam incendio vastabatur, huic Antoninus publicâ subveniebat pecuniâ, illamque renovandam curabat; si quâ calamitate alia vexabatur, hanc sublevabat, suisque adjuvabat reditibus. — Si Claudii imperatoris mater de aliquo quem deficeret ingenium loquebatur, solebat dicere : est iste meo filio Claudio stolidior.

———

420.ᵉ RÈGLE : *Que si.... mais si.... etc.*

I. O Eva ! si obedies Deo, vives; quòd si dæmoni, morieris.

II. Caïno dixit Deus sin rectè facies, recipies mercedem; si autem malè, peccati pœnam lues. — Hoc si opus ab hominibus oritur, aiebat Gamaliel, corruet; quòd si à Deo, id destruere haud poteritis.

III. Dixit Salomon : si probum se præbebit Adonias, salvus erit; sin autem improbum, morietur.

IV. Si tu inquires Dominum, dixit David filio suo Salomoni, illum invenies; quòd si, væ tibi ! ab illo discedes, in perpetuum te rejiciet.

V. Regi Sedeciæ dixit Jeremias : si Babyloniis te dedes, urbs non incendetur, tuque et tui salvi eritis; sin aliter, urbem vastabunt incendio , nec è manibus eorum evadetis (1).

VI. Vetabat Alexander Severus ne sui milites quà transibant agros depopularentur ; quòd si quis eorum sua jussa infringeret, istum illicò baculo aut virgis castigandum curabat.

421.ᵉ R È G L E : *Si ce n'est que.... si ce n'est...., etc.*

I. Agarim et Ismaelem dimisit Abrahamus , nihilque eis præter panem et vas aquâ plenum dedit.

II. Gloriâ et divitiis Deus cumulavit Salomonem , qui ab ipso nihil præter sapientiam petiverat.

III. Manius Curius de prædâ hostili nihil nisi ligneum guttum in domum suam intulit.

IV. Jesu Christo vixerunt sancti : cuinam nisi sibi ipsis vivunt plerique Christiani, præsertim autem divites ? — Semeï salvum caput promisit Salomon , nisi fortè Hierosolymâ pedem efferret.

V. Cùm Alexander Cyri regis sepulcrum jussisset reserari, nihil ibi præter scutum putrefactum , duos arcus acinacemque reperit. — Deus nobis nostra condonabit peccata , nisi nos nostris veniam denegemus fratribus.

VI. Cùm Darius , Hystaspis filius , Nitocris , Babyloniorum reginæ , sepulcrum re-

---

(1) En le rapportant à *tu* et *lui*.

serari jussisset, nihil ibi nisi cadaver istaque verba inscripta reperit : nisi tu arderes avaritiâ, mortuorum tumulos non aperuisses. — Otho ære alieno obruebatur, palàmque dicebat : ego perditus sum atque etiam eradicatus, nisi forte ad imperium quamprimùm me promoveant.

422.e RÈGLE : *Si* dubitatif, etc.

I. AUDIENS David profligatos esse rebelles, quæsivit utrùm Absalon viveret. — Scytharum legati Alexandrum interrogaverunt utrùm se amicos an hostes habere cuperet.

II. Suos fratres interrogavit Josephus an Jacobus adhuc viveret. — Apud Ægyptios, suâ sponte homicida morte mulctabatur, nec perpendebant utrùm homo interfectus liber esset, necne.

III. Numida cui avunculus erat Masinissa, leniter arrisit Scipioni interroganti utrùm ad avunculum suum reverti cuperet. — Dubitant utrùm è carcere Conon evaserit, an morte fuerit mulctatus.

IV. Rebecca interrogata utrùm cum Eliezere Abrahami administro, vellet proficisci, haud cunctanter respondit se non abnuere. — In Ægypto, capite fuisset damnatus, qui felem occidisset, nec attendebant utrùm sponte fecisset necne.

V. Diva Theodora à judice interrogata utrùm libera esset, solummodò respondit se

Christianam esse. — Apud Persas, nemo unquàm damnabatur, quin ipsi producti fuissent delatores, ut cernerent utrùm jure an falsò insimularetur.

VI. Nescio nùm quid crudelius fingi possit animo cruciatibus quos Antiochi rabies in Judæos excogitavit. — Bocchus, Maurorum rex, diù deliberavit, utrùm Syllæ Jugurtham, an Jugurthæ Syllam traderet; ad extremum quæstori Romano suum generum tradidit.

423.ᵉ Règle : *Comme, de même que*, etc.

I. **Quemadmodum** anima nostra nostri vita est corporis, ità animæ nostræ Deus. — Ut Jesus Christus suis tortoribus oravit, sic nos nostris inimicis debemus orare.

II. Josue dixerunt Israelitæ : ut Moysi anteà, sic tibi obediemus.

III. Quemadmodum sinè aere aves volare non valent neque sinè aquâ pisces natare, ità, aiebat divus Gregorius, homo sinè Jesu Christo passum nequit proferre.

IV. Ut panis nostrum corpus roborat, ità animam nostram sacra Eucharistia. — Necesse est ut, quemadmodùm arbor bona bonos gignit fructus, ità vir Christianus bona opera exhibeat.

V. Præstans imperator erat Timoleon : et quemadmodùm, juvenis adhuc, senis maturitatem, ità, jam senex, juvenis fortitudinem vigoremque pæstitit.

VI. Ne dubites, ait quidam auctor, quin,

ut flagellis discinditur corpus, sic anima li-
bidinibus dilaceretur. — Dicere non verebatur Philippus, quemadmodùm pueri cre-
pundiis ludificantur (1), ità viros juramentis
ludificari.

———

424.e RÈGLE : *Comme*, signifiant *pendant
que*, *puisque*, *parce que*, etc.

I. CUM Tobias sibi pedes ablueret, ecce
piscis ingens aquâ exsiliit illum devoraturus.

II. Cùm in oppidulum intraret sanctus
Eusebius, quædam mulier Ariana illi tegulâ
cerebrum excussit.

III. Cùm Jesus in montem Calvarium ascenderet, in ferendâ cruce illum Simon
adjuvit.

IV. Cùm Pyrrhus in juvenem Argivum à
quo lanceâ vulneratus fuerat toto ferretur
impetu, adolescentis mater tegulam dejecit
in caput regis qui occisus est. — Suo filio
dixit Manliùs : quia injussus pugnâsti, pœnâ
tuâ militarem disciplinam restitues.

V. Cùm Darius animam mox efflaturus
esset, quidam Macedo qui ipsum audivit
ingementem, accessit opem ei laturus. —
Regi Saüli dixit Samuel : quia tu Domino
non obedivisti, jam non stabit tuum regnum.

VI. Cùm sævâ fame vastaretur Hispania,
divus Dominicus, suam omnem jam elargitus
pecuniam, suam supellectilem ipsosque

———

(1) On pourroit sous-entendre le mot *ludificantur*,
ainsi que *discinditur* dans la phrase précédente.

libros

libros vendidit, ut pauperibus opitularetur.
— Abrahamo dixit Deus : quia tu, ut mihi
obedires, non dubitâsti mihi tuum unicum
immolare filium, ego in te omnia congeram
beneficia.

425.ᵉ Règle : *Aller*, *devoir*, ne marquant
pas *obligation*, etc.

I. Ego, ait exercituum Dominus, cœlum
et terram, mare universumque orbem mox
sum conquassaturus. — Dominus, Israelitis
dixit Moyses, edendam carnem isto vespere
vobis daturus est, et cras pane vos satia-
turus (1).

II. Suis apostolis dixit Jesus Christus :
hic est meus sanguis qui mox mundi salutis
gratiâ effundetur. — Mox venturus est à
cunctis desideratus gentibus, ait Dominus,
meamque ego domum implebo gloriâ.

III. Mox moriar, aiebat Esaüs lentium
avidus, quid mihi proderit jus primogeniti ?

IV. Væ tibi, Pharao : in te mox suam
dexteram extendet Dominus, teque et tuum
populum percutiet. — O Israelitæ ! animum

---

(1) Pour me conformer à la règle qui dit qu'il faut
mettre le verbe au participe du futur, avec *sum*. *es*, etc.
Dans une autre édition, je lis qu'on met le verbe au
futur de l'indicatif en ajoutant *mox* ou *brevi*. Je crois
qu'on peut suivre l'une et l'autre édition, quand les
verbes *aller*, *devoir*, sont au présent de l'indicatif : mais
s'ils se trouvent à l'imparfait, on est obligé de se servir du
participe du futur, avec *eram*, *eras*, etc. J'allois *ou* je
devois partir, *mox profecturus eram*.

confirmate, Dominus ipse pro vobis pugna-
turus est.

V. Moysi dixit Dominus : mox tu videbis
an impotens sit verbum meum. — Nolite timere, dixit Moyses Israelitis metu perculsis ;
solummodò exspectate , vosque miraculum
quod vestrî gratiâ Dominus patraturus est
videbitis.

VI. Statim ut in Cydni aquas Alexander
ingressus fuit, tàm violento correptus est
horrore, ut illum mox moriturum esse exis-
timaverint. — O Pœni ! nolite victoriam
conclamare , quem Syracusis includitis Aga-
thoclem , is Carthaginem mox obsidebit.

426.ᵉ RÈGLE : *Devoir* , *il faut* , marquant
obligation , etc.

I. AMANDUS est Deus. — Diligendi sunt
fratres nostri.

II. Vitandum est periculum. — Corpus in
Dei legem rebellans macerandum est.

III. Edocendi sunt ignari. — Perferenda
sunt fratrum nostrorum vitia.

IV. Servanda sunt Dei et Ecclesiæ præcepta. — fugienda est desidia.

V. Æqua peccato pœna irroganda est.—
Jesu Christi crux nobis bajulanda est, ut
ejus gloriæ simus participes.

VI. Colendi sunt parentes. — Mi fili,
sancto Simeoni dicebat quidam senior, perferenda sunt fames et sitis , injuriæ necnon
opprobria.

427.e RÈGLE : *Avoir besoin*, suivi d'un infinitif, etc.

I. QUAM accuratissimè refrenanda est lingua.

II. Juvenes ad laborem excitandi sunt. — Caro jejunio domanda est.

III. Haud parcebat Socrates Alcibiadi cujus comprimenda erat superbia.

IV. Claudius, vel è potestate tutoris egressus ; diù à præceptore pueri instar regendus fuit.

V. Nunquàm incurvanda est regula, ait quidam auctor ; interdùm verò emollienda est.

VI. Persuasum habebant Persæ quò ad vitia proclivior est juventus, eò diligentiori severiorique disciplinâ hanc esse continendam.

428.e RÈGLE : *Devoir, il faut*, suivi d'un verbe qui ne gouverne pas l'accusatif, etc.

I. AD Deum semper confugiendum est. — Cupiditatibus responsandum est.

II. Jesu Christi mysteriis et exemplis studendum est. — Adversùs satanam luctandum est.

III. Miseris opitulandum est. — Ut valetudine, sic morbo utendum est.

IV. Videntur multi obliti esse, Ecclesiæ non secùs ac Deo ipsi esse obediendum.

Homines ne metuamus, quandò Deo parendum est.

V. Creatis bonis utendum, non autem fruendum est. — De salute nunquàm desperandum est.

VI. Ab omni malo abstinendum est, et à satanæ fraudibus præcavendum. — Sacerdotum principibus et legis peritis responderunt apostoli : potiùs Deo quàm hominibus obediendum est.

———

429.e RÈGLE : *Tant s'en faut*, etc.

I. TANTUM abest ut Charondas suas infregerit leges, ut contrà illas suo obsignaverit sanguine.

II. Lycurgi, Catonis, multorumque aliorum mortem adeò ego non demiror, ut contrà superbiæ necnon ignaviæ istos arguam.

III. Mortem adeò non fugiebat Jesus Christus, ut contrà quærentibus se militibus sese obvium dederit. — Tantùm abest ut nos pauperiores efficiat eleemosyna, ut contrà nos augeat divitiis.

IV. Pericles Atheniensium ambitioni adeò non subscribebat, ut contrà isti cohibendæ totam daret operam.

V. Nicocles, Salaminæ rex, dicebat : tantùm abest ut quempiam læserim civem, ut contrà multos locupletaverim.

VI. Domitianus Titi sui fratris vestigiis adeò non insistebat, ut contrà Neronem, imperatorum crudelissimum, imitatus fuerit.

430.ᵉ Règle : *Peu s'en faut, il ne tient à rien que, etc.*, etc.

I. Parum abfuit quin Annibal orbis imperium Romanis eriperet.

II. Parùm abfuit quin Marci Aurelii exercitus in Germaniâ siti interiret.

III. Parùm abfuit quin poeta Horatius arbore obtereretur.

IV. Tantùm non trucidatus est Plato à satellitibus Dionysii junioris, cui suadebat philosophus ut tyrannidem abdicaret.

V. Parùm abfuit quin res malè procederet Pelopidæ ejusque sociis, qui de Thebis à tyrannide liberandis simul consultaverant.

VI. Dùm Romæ consuli agerentur gratiæ quòd de republicâ non desperavisset, Carthagine Annibali tantùm non vertebatur crimini quòd retulisset victoriam, adeò illustri huic imperatori invidebatur.

431.ᵉ Règle : *Penser, faillir, manquer*, etc.

I. Josaphati Joramique exercitus in solitudine siti penè interiit.

II. Parùm abfuit quin Alcibiades in quo dormiebat cubiculo vivus combureretur.

III. Imperator Adrianus tantùm non interfectus est à quodam furibundo qui in ipsum stricto irruit gladio.

IV. Penè interiit Alexander, quòd in Cydno cujus perfrigidæ erant æquæ sese lavisset.

V. Qui dolo peremptus est **Datames**, is jam perfidi Thyi, sibi consanguinei et Paphlagoniæ præfecti, insidiis tantùm non perierat.

VI. Saül mortem minatus est ei qui antè Philistinorum internecionem cibum sumeret ; Jonathasque ejus filius penè periit.

———

432.e Règle : *Il s'en faut beaucoup que..... être bien éloigne de....., etc.*

I. Multum abfuit ut homines post diluvium meliores fierent quàm anteà.

II. Multùm abfuit ut Xerxes Græciam, prout speraverat, in servitutem addiceret.

III. Multùm aberat ut, regnante posteriore Artaxerxe, rege Persarum, iidem essent Græci qui regnante priore. — Longè aberat ut Cæsar Romæ secundo contentus esset loco.

IV. Multùm aberat ut Athenienses Philippi et Alexandri, Macedoniæ regum, temporibus, tantam fortitudinem quantam Xerxis, Persarum regis, ætate, exhiberent. — Longè aberat ut Cyrus solis servis præesse valdè præclarum haberet.

V. Multùm abfuit ut promissis staret Petrus qui Jesu Christi causâ se moriturum esse promiserat. — Longè aberat ut apostoli qui Jesum Christum viventem deseruerant, ejusdem mortui corpus auferrent.

VI. Multùm abfuit ut Bessus æquè animosum in prælio ineundo, ac audacem in committendo parricidio se præstaret. — Longè aberat ut Phocion Athenienses adularetur; sed ea erat ejus probitas ut illi, quamvis naturâ forent instabiles, semper ejus consiliis parerent.

———

433.e RÈGLE : *Faut-il que....* par exclamation, etc.

I. DEINE filium pro servis crucifixum fuisse !

II. Barabbamne, interfectorem istum, istum latronem, Jesu Christo antepositum esse !

III. Exclamavit Jonathas : mene mori quòd mellis paululùm degustaverim ! — Nero in desperationem adductus exclamabat : adeòne peritum musicum perire !

IV. Deine sanguinem plurimorum Christianorum causâ incassùm fusum fuisse !

V. Romani, mortuo Tito, exclamabant : annisne tàm paucis regnavisse adeò benignum principem !

VI. Cùm summus pontifex divus Gregorius servos Anglos optimo habitu corporis et pulchrâ facie vidisset, exclamavit : virosne ejusmodi coram Deo tàm deformes esse !

———

434.e RÈGLE : *Faire* signifiant *faire en sorte*, etc.

I. FECIT Mardochæus ut Esther superbi Amanis sceleratum consilium cognosceret.

II. Faciebat propheta Elisæus ut nullum Syriæ regis consilium Israeliticum regem fugeret.

III. Chusaï operam dedit ut quidquid in Absalonis consilio dictum fuerat, David per Domini sacerdotes cognosceret. — Dionysius, Syracusarum Tyrannus fecit ut intelligeret Damocles se non esse admodùm felicem.

IV. Dedit operam Jonathas ut sciret David suî vi apertâ persequendi consilium Saülem iniisse. — O parentes ! operam date ut christiano more vestri instituantur liberi.

V. Fecit Pilati conjux ut ille cognosceret quo ipsa de Jesu vexata esset somnio. — Operam dedit sanctâ Margarita, Scotiæ regina, ut suorum liberorum menti virtutis amor vitiique odium maturè injicerentur.

VI. Absque verbo et scripto fecit Tarquinius superbus ut intelligeret Sextus suus filius quid ergà Gabinos sibi faciendum esset. — Fecit Annibal ut Prusiæ copiæ tum mari tum terrâ multas referrent victorias.

435.ᵉ Règle : *Faire connoître*, etc.

I. Romani ex Caligulæ sceleribus ipsius barbariem cognoverunt.

II. Ex piis Magdalenæ sollicitudinibus, ipsius ergà Jesum Christum ardentem amorem cognoscimus.

III. Ex ardenti sancti Victoris studio cog-

noverunt falsorum deorum cultores hunc ge-
nerosum militem Christianam fidem profiteri.

IV. Ex litteris ad Tarquinium scriptis
perspicuè cognoverunt consules conjurationem, quam nonnulli juvenes Romani illius
ergò conflaverant.

V. Ex litteris quas ad Aristotelem Philippus de sui filii ortu scripsit cognoscimus
quanti viros doctos faceret.

VI. Capite truncati sunt duo juvenes fratres, Justus et Pastor, quia ex ipsorum ges-
tibus ac sermonibus falsorum numinum cultores cognoverunt illos Christianorum fidem
profiteri. — Sanctus Alexander, priusquàm
præsul esset, carbonarius fuerat, ità ut ex
vultu et ejus manibus artem ipsius cognos-
cerent.

436.ᵉ Règle : *Faire*, signifiant *contraindre*,
commander, *engager*, etc.

I. Jussit Josephus Simeonem apprehendi et vinciri. — Equites Romanos cogebat
Caligula gladiatorum instar dimicare.

II. Benjamini conspectus Josephum cogebat lugere. — Juda perfide, argenti amor
ad prodendum tuum Dominum te impulit.

III. Philistæi apprehensum Samsonem
incluserunt carcere, illumque pistrini molam
versare coegerunt. — Marius Jugurtham
catenis vinctum in obscurum cœnosumque
carcerem includi jussit. — Prophetæ Nathan

parabola oculos operire coegit Davidem qui statim dixit : peccavi.

IV. Sanctam Marcellam suæ crebræ infirmitates ad paululùm vini potandum impulerunt. — Legiones Romanas quæ sub jugum missæ fuerant, hominum colloquia et cœtus pudor cogebat fugere. — Artemisia Mausolo viro suo magnificum strui jussit tumulum, qui inter septem orbis miracula habebatur.

V. Judici dixit martyr divus Leo : quos mihi minaris cruciatus, isti neutiquam sententiam mutare me cogent. — Consul Nero antè Annibalis stationes projici jussit caput fratris ejus Asdrubalis qui armatus ceciderat. — Coriolanum impulit Veturia, ut à Romæ igne et ferro vastandæ consilio desisteret.

VI. David extemplò interfici jussit Amalecitam, qui ipsi regis Saülis diadema armillasque attulerat. — Ægyptias obstetrices ad mentiendum impulit miseratio, Deus idcircò illas, haud quidem propter ipsarum mendacium, sed propter humanitatem remuneravit. — Fames Casilinates coegit mures aliaque animalia, imò scutorum pelles fervidâ emollitas aquâ mandere.

437.e Règle : *Ne faire que de*, etc.

I. Darius animam modò efflaverat, cùm adveniens Alexander corpus illius suâ contexit chlamyde.

II. Alexander in amnem Cydnum modò ingressus erat, cùm subito horrore artus ipsius rigere cœperunt.

III. Magi Hierosolymâ modò excesserant, cùm stellam rursùs conspexêré.

IV. Persæ ab urbe Tarso cui subjecerant ignem modò profecti fuerant, cùm eò advenit Parmenio ut incendium inhiberet.

V. Alexander Tyro modò profectus erat, cùm Darii conjugem modò obiisse per eunuchum certior factus est.

VI. Mensæ modò accubuerant Alexander et illius exercitûs duces, cùm repentè auditus lugubris clamor ululatu planctuque permistus omnes epulantes cónterruit.

438.ᵉ Règle : *Ne faire que*, etc.

I. Esaus, Isaaci natu major filius, perpetuò venabatur.

II. Vorax Vitellius, imperatoris nomine haud dignus, perpetuò potabat, mandebat, vomebatque.

III. Iniqui perpetuò ululabunt in inferis, sancti autem in cœlo Deum semper collaudabunt.

IV. Divus Joannes, jam senex, has perpetuò iterabat voces : filioli mei, mutuò diligite; hoc est enim, aiebat, Domini præceptum.

V. Heraclitus videns quantùm insanirent homines, semper lugebat; perpetuò autem ridebat Democritus ut istorum dementiæ insultaret.

VI. Inter Hierosolymæ obsidium, quidam plebeius, Jesus nomine, perpetuò clama-

bat : væ urbi, væ templo, væ populo ; ad-
didit tandem : væ mihi, lapidisque ictu sublatus est.

— — —

439.e Règle : Différentes manières d'exprimer *faire*, etc.

I. In gratiam rediit Pilatus cum Herode
ad quem Jesum Christum miserat.

II. Scipio Africanus, vel adolescens,
bonam suî spem concitavit. — Dictaturam
Sylla extorsit.

III. Falsa Tiberii modestia primùm in
spem adduxerat Romanos se suam pristinam
libertatem recuperaturos esse. — Claudius,
suo ineunte regno, bonam de se spem concitavit.

IV. Livius Salinator reipublicæ consulens,
in gratiam rediit cum Claudio Nerone qui
ipsi collega datus fuerat. — Consulatum
extorsit Octavius.

V. Abdalonymi responsum præclaram de
ipsius virtute existimationem concitavit. —
Falsò putaverat Philotas se cum Alexandro
in gratiam rediisse.

VI. Quam primò Caligula ostendit clementiam, ea in spem adduxit Romanos se
feliciores fore quàm sub Tiberio ; at iste
de se pessimam opinionem mox concitavit,
atque dementiæ et sævitiei monstrum factus
est. — Ergà Antiochum Vespasiani benignitas
in spem adduxit illius filios se posse cum
hoc imperatore in gratiam redire.

440.ᵉ Règle : *Venir de...* devant un
infinitif, etc.

I. Josephus suo patri qui in Ægyptum
modò advenerat obviam properavit.

II. Alexander videns Cliti corpus quod
hastâ modò transfixerat, istâ se ipse volebat transfigere.

III. Israelitas in mare, quod modò Dominus exsiccaverat, ingressos persequi cœperunt Ægyptii.

IV. Brutus sibi timens sortem sui fratris
à Tarquinio superbo modò interfecti, stul-
titiam fingere non dubitavit. — Adonias illiusque fautores stupentes audiverunt Salomonem
Davidis jussu regem modò unctum fuisse,
illumque jam sedere in solio.

V. Scipio, postquàm Annibali gratias egisset
de consiliis quæ ipsi modò dederat, illum
admonuit ut pararet prælium, nisi mallet
quas modò illi proposuerat conditiones
accipere.

VI. Cùm audivit Sysigambis Alexandrum
modò mortuum esse, diceres modò expiravisse Darium, miseramque hanc reginam
simul duorum filiorum exequias ducere.

441.ᵉ Règle : *Venir à... N'aller pas...* etc.

I. Si tu Christo templum struxeris, imperatori Alexandro dicebat senatus, omnia
nostrorum deorum templa claudentur. — Ne
Prusiæ Annibal fidat.

II. Cùm Nero Claudii, cui præconium tribuebat, prudentiam et sapientiam verbis in majus extulit, cachinnum sustulêre. — Ne se insontem existimet Pilatus, quòd sibi manus abluerit.

III. Donéc felix eris, ait Ovidius, amicos numerabis plurimos; at si quid adversi expertus fueris, té isti dérelinquent. — Ne putemus Deum qui nos sinè nobis creavit, velle nos sinè nobis salvos facére.

IV. Si Germani, dicebant Romani post Vari cladem, in Romam procedant, de nobis actum est. — Ne existimet Xerxes Græcos ipsi facilè cessuros esse victoriam.

V. Si mendacii delator convincébatur, juxtà Persarum leges, eâdem mulctabatur pœnâ, quam luisset accusatus, nisi de hujus innocentiâ constitisset. — Ne putet Nero Romanos sibi vitam non adempturos, quòd peritum medicum sese existimet.

VI. An poterimus nos coram Deo non abjicére, si nostram cum priscorum Christianorum vitâ contulerimus ? hinc quantus fervor, quot et quantæ virtutes ! illinc quanta ignavia, quot quantaque vitia ! — Cùm nos castigat Deus, ne pro hoste qui ad perdendum nos insequitur, habeamus Deum nos castigantem solummodò ut nos se dignos efficiat.

442.e Règle : *Être près* ou *sur le point de*, etc.

I. Jesus Christus Judæ pedes abluit, quamvis mox ab isto perfido tradendus foret. — Jamjam expiraturus erat Jesus Christus, cùm uni è latronibus dixit : tu mecum hodiè in meo eris regno.

II. Saül ab hostibus suis jamjam comprehendendus suo armigero dixit : ensem tuum ut me transfigas distringe. — Plato, mox moriturus, sibi gratulabatur quòd eâ quâ vivebat Socrates ætate natus fuisset.

III. Teribazus morti eripuit Artaxerxem, Persarum regem, qui venando in eo erat ut à duobus leonibus voraretur. — Clitus Alexandrum clypeo suo protexit, dejecitque manum Rosacis qui regem à tergo mox erat percussurus.

IV. In eo erant Syracusæ ut Atheniensibus se dederent, cùm Gylippus peropportunè advenit, ipsis opem laturus. — Philippus in solium ascendens, jamjam opprimendam Macedoniam nactus est.

V. Urbs Olinthus à Philippo jamjam obsidenda Atheniensium auxilium imploravit. — Quidam miles in eo erat ut Cræsum sibi ignotum occideret, cùm hujus filius qui mutus habebatur, ut clamaret enixus est, et hæc verba protulit : miles, ne Cræsum occide.

VI. Philippus, sauciato femore, et equo dejectus, in eo erat ut occideretur, cùm

suus illi filius Alexander subsidio venit, illumque suo obtexit clypeo. — Mirabatur Parmenio quòd Alexander prælium mox com-
missurus tàm arctè dormiret ut è somno
excitandus fuerit : quomodò nos quieti non
essemus, Alexander respondit, cùm hostem
nostras in manus devenientem moxque cæ-
dendum videamus ?

443.ᵉ RÈGLE : *Ne manquer pas de*, devant
un infinitif, etc.

I. O Jesu Christi Apostoli ! nolite timere ;
Magister vester profectò vobis aderit.

II. O Israelitæ ! cur vos contremiscitis
Pharaonis exercitum aspicientes ? vestrâ
causâ profectò pugnabit Dominus.

III. O Jacobe ! Esaüm fratrem tuum ne
formides : hunc Deus tuî potector profectò
placatum efficiet.

IV. Cuncta aggredi potest Cyrus : Dominus,
ut illi omnes subjiciat populos, portas æreas,
ferreosque profectò confringet cardines.

V. Cur timent Israelitæ ne in deserto fame
intereant ? qui illos ex Ægypto eduxit Deus,
is eos profectò enutriet.

VI. In Regulum Pœni quoslibet frustrà
excogitant cruciatus : clarus ille captivus, suo
obligatus sacramento, Carthaginem profectò
revertetur.

444.ᵉ Règle : *Ne manquez pas de* , se tourne
par *souvenez-vous* , etc.

I. Militibus dixit Judas perfidus : mementote ut quem ego osculatus fuero hunc vos
apprehendatis.

II. David exercitûs sui ducibus incassùm
dixit : mementote ut mihi meum filium
Absalonem servetis.

III. Jacobus mox moriturus suo filio Josepho dixit : memento ut ex Ægypto majorum meorum in tumulum corpus meum
transferas.

IV. Suis præfectis dixit Absalon perfidus :
cùm signum vobis dedero , mementote ut
Amnonem percutiatis atque interficiatis. —
Juditha , priusquàm Holoferni collum sectura
proficisceretur, Oziæ ac senioribus dixit :
mementote ut mihi Deum exoretis.

V. Tobias, priusquàm moreretur, suo dixit
filio : statim ut quo tuum patrem matrem
tuam tumulo composueris , memento ut
hinc abscedas , ego enim Ninives excidium
instare prævideo.

VI. Diva Monica mox moritura suis dixit
filiis : ubi placebit corpus meum deponite ;
mementote autem ut Jesu Christo, summo
sacerdoti ac futurorum bonorum pontifici ,
meam animam commendetis.

445.e Règle : *Laisser…* devant un infinitif, etc.

I. THEMISTOCLEM dormire haud sinebant
egregia Miltiadis facinora.

II. Sivit Jesus Christus se à militibus
quos humi prostraverat apprehendi ac
vinciri.

III. Non sivit rex Agesilaüs, dùm viveret, suî effigiem exprimi.

IV. Sivit Samson se comprehendi à tribus millibus hominum qui ipsi manus injicere
jussi erant.

V. Platoni adeò confidebat Dionysius junior, ut sineret illum, nec excussum ad se
quâlibet horâ adire, quòd nulli è suis amicis
tribuebat.

VI. Joabi frater proterva Semeï verba audiens dixit : istumne canem mortuum regi
domino nostro sic malè precari sinemus ?
sinite illum mihi convicium facere, respondit David : illum Davidi malè precari
jussit Dominus.

446.e Règle : *Ne pas laisser de*, devant un
infinitif, etc.

I. SOCRATES, quamvis naturâ iræ impotens, summæ tamen moderationis exempla
præbuit.

II. Quamvis Jugurtha sibi ætate æquales
omnibus præstaret, ab illis tamen diligebatur.

III. Agis, licèt capite damnatus , se tamen feliciorem iis qui ipsum damnaverant existimabat.

IV. Gedeon solummodò cum trecentis viris , Madianitarum tamen exercitum ex centum et viginti millibus hominum conflatum prorsùs delevit.

V. Quamvis Scythæ Macedones tùm fortitudine tùm numero præstarent , illi tamen Philippi astu devicti sunt.

VI. Annibal de Prusià optimè meritus jure poterat existimare illum sibi fidelem fore ; ab isto rege tamen proditus est.

———

447.ᵉ RÈGLE : *S'occuper à..., Se mêler de..., etc.*

I. CAPTA est Babylon , dùm omnes ejus incolæ biberent ac comederent. — Alexander artem medicam exercebat.

II. Domitianus suo conclavi inclusus muscas acu trajiciebat. — Carmina condebat Dionysius major.

III. Cùm Navigium ædificaret Noemus , edebant bibebantque homines, nec de diluvio cogitabant. — Desipiens Caligula Homerum et Virgilium vellicabat.

IV. Arabat Quinctius Cincinnatus, cùm se dictatorem dictum fuisse certior factus est. — Annibali de re militari præcepta dare volebat Phormio.

V. Qui omnes suos antecessores luxu ac mollitie superavit Sardanapalus , iste muliebriter vestitus ac fuco illitus nebat. — Cæci-geno dixerunt Pharisæi : ab ortu sordes peccato , tuque nos edoces ?

VI. Die quâdam ab Æsopo interrogatus Chilo philosophus, quidnam Jupiter faceret, respondit : se extollentes deprimit, depri-mentes se extollit. — Infamis Nero de præmio cum peritissimis musicis , summisque scenicis actoribus contendebat.

448.ᵉ Règle : *Se mettre à...*, etc.

I. Tobias ejusque uxor suum videntes filium , flere gaudio cœperunt.

II. Perterriti Ægyptii retrogradi cœpêre , fluctibusque hausti sunt.

III. Philistæos insequi cœperunt Israelitæ, et plurimos occiderunt.

IV. Certior factus Pharao fugisse Israe-litas, suas coegit copias , illosque persequi cœpit.

V. Cùm cicutam hausit Socrates , ululare cœpit Apollodorus magnosque clamores edere, ità ut cujusvis cor finderetur : So-crates solus non fuit commotus.

VI. Sui ab Alexandro certiores facti mi-lites parùm abfuisse quin paucorum scelera-torum proditione ipsis raperetur , cœperunt omnes lacrymari ac gemitus edere.

449.ᵉ **Règle :** *Avoir la force de....., la hardiesse de..... etc.*

I. Qui Israelitico exercitui insultare ausus erat Goliathus, iste à Davide prostratus est.

II. O miser Juda ! sustinuisti ergò tuum prodere Dominum !

III. Gallus arrogans qui Romanorum fortissimum ad pugnam provocare ausus fuerat, à Manlio Torquato devictus est. — O Pilate ! tu sustinuisti capite damnare Jesum Christum cujus innocentiam agnoveras !

IV. Coriolanum filium suum interrogavit Veturia, quomodò sustinuisset solum natale quod ipsum aluerat depopulari. — Mater infantem suum edere sustinuit.

V. Græci, ut Alexandrum adularentur, sustinebant dicere Herculem, Bacchum, Castorem Pollucemque huic novo deo locum esse cessuros. — Babylonii ob sua munimenta atque armamentaria nihil sibi metuendum existimantes, Cyro ipsos obsidenti insultare audebant.

VI. Themistocles Athenis pulsus sustinuit ad Persarum regem confugere, qui caput ipsius addixerat, ducentaque promittebat talenta ei qui ad se illud afferret. — Annon Bessus qui Darium suum regem de ipso benè meritum vincire deinque jugulare sustinuit, tigridi potiùs quàm homini erat similis ?

450.e RÈGLE : *Ne servir qu'à*, devant un
infinitif, etc.

I. FORNACIS flamma Danielis comitum
rupit vincula.

II. Pilati ad liberandum Jesum conatus
osorum ejus rabiem exasperaverunt.

III. Omnes suos medicos dimisit imperator Adrianus, dicens medicamenta acerbitatem suis afferre doloribus.

IV. Quibus Deus Ægyptum percussit pla-
gis, istæ cor Pharaonis induraverunt.

V. Adversùs Jesum Christum Romanorum
imperatorum rabies, discipulorum ejus au-
gebat numerum, quia martyrum sanguis
Christianorum semen fiebat.

VI. Jesum Christum verè resurrexisse
probaverunt omnes Judæorum cautiones,
militumque sopitorum testimonium. — Dei
miracula ac beneficia cor illis abutentium
corrumpunt atque indurant.

451.e RÈGLE : *Savoir*, devant un infinitif, etc.

I. BIS solio pulsus est Pisistratus, bisque
solium recuperavit.

II. Cæsar moderatè usus est victoriâ,
atque omnibus qui in se arma sumpserant
ignovit.

III. In agro Falerno Annibalem incluserat
Fabius ; et Pœnus callidus absque ullo detrimento se expedivit.

IV. Discrevit Salomon utra mater esset infantis de quo inter se ambæ mulieres contendebant.

V. Claudius imperator qui hebes habebatur, quamdam mulierem convicit ipsam matrem esse infantis quem inficiari audebat.

VI. Alexander suis ducibus ac principibus tantam fiduciam tantumque animum injecerat, ut ipsos diceres haud quidem ad bellum, sed ad certam progredi victoriam.

452.ᵉ RÈGLE : *Il me tarde.... je suis dans l'impatience*, etc.

I. Divo Ignatio nihil longius erat quàm ut à feris voraretur.

II. Catoni nihil longius erat quàm ut Carthago subverteretur.

III. Jesu Christo nihil longius erat quàm ut calicem à Patre sibi paratum potaret. — Judæis nihil longius erat quàm ut Jesum cruci affixum viderent.

IV. Martyribus nihil longius erat quàm in tabulatum ascendere ut in cœlos avolarent. — Judæis Babylonem abductis nihil longius erat quàm ut Hierosolymam repeterent.

V. Dionysio, post confectum bellum, nihil longius erat quàm sibi adesse Platonem. — Græcis, qui à juniore Cyro steterant, nihil longius erat quàm ut suam attingerent patriam.

VI. Romanis nihil longius erat quàm ut

ab Annibale, vel proditione, se expedirent,
adeò solo ejus nōmine terrebantur. —
Alexandro nihil longius erat quàm ut Bessum
cruci affixum videret, cunctis regibus, om-
nibusque orbis populis meritas sui parricidii
pœnas solventem.

453.e Règle : Il ne tient qu'à moi, qu'à
vous, etc.

*Per me, per te unum stat quominùs id
fiat, etc.*

I. Per Socratem unum stabat quominùs
carcere evaderet.

II. Per Davidem unum stetit quominùs
Saülem suî osorem interficeret. — Per Solonem unum stabat quominùs rex eligeretur.

III. Per Fabricium unum stabat quominùs
Pyrrhus à suo medico veneno necaretur. —
Per Dionem unum stabat quominùs à Syra-
cusanis se vindicaret.

IV. Per imperatorem Augustum unum
stabat quominùs morerentur Cinna ejusque
conscii ; at illis maluit ignoscere.

V. Per Phocionem unum stabat quominùs
in multas opes cresceret, quandoquidem
sæpè exercitibus præfuit, maximaque reipublicæ obiit munera : ille tamen semper
pauper exstitit.

VI. Per Lycurgum unum stabat quominùs
capite damnaret adolescentem, Alcandrum
nomine, qui baculo ipsi oculum foderat ;
hunc

hunc verò perbenignè habuit , nedum ab illo sese vindicaret.

454.ᵉ Règle : *Avoir beau.... ,* etc.

I. Ad pœnitentiam homines Noemus frustrà hortatus est.

II. Sanctum virum Jobum à capite ad calcem Satanas frustrà percussit.

III. Quamvis imperator Titus Judæos ad deditionem invitaret, in suâ perstabant pervicaciâ.

IV. Rex Pharao omnes Ægypti hariolos frustrà consuluit : nullus duo ejus somnia interpretari potuit : de Josepho non item.

V. Quamvis Parmenionis epistolâ Alexander admonitus esset ut à Philippo suo medico caveret, rex tamen medicamentum sibi ab eo paratum hausit.

VI. Adeò parùm modestus erat poeta Pindarus , ut divinam Jovis avem in quam frustrà crociebant corvi sese nominaret.

455.ᵉ Règle : *Avoir de la peine à... , n'avoir*
pas de peine à... , etc.

I. Pœnos ægerrimè subegerunt Romani. — Haud ægrè Tarentum occupavit Annibal.

II. Romani anguem immanem suum exercitum vexantem ægerrimè interemerunt. — Samson quibus ligatus fuerat funes haud ægrè rupit.

III. Annibalis milites Capuæ deliciis ener-
vati, vix parebant, famemque, sitim, ac
militiæ labores ægrè tolerabant. — Cimon
quem Macedonum pecuniâ corruptum fuisse
arguebant, facillimè crimen diluit.

IV. Magnates se, quo cæteros, eodem
pistos luto ægrè existimant. — Hæcce verba
veni, vidi, vici, probant Pharnacem, Mithri-
datis filium, qui rebellaverat, haud ægrè à
Cæsare devictum fuisse.

V. Urbem Tyrum ægrè expugnavit Alexander, adeò ut deliberavisset utrùm incœptis
esset absistendum. — Pyrrhus cernens milites Romanos trucem vultum vel mortuos
exhibentes, dixit : ego talibus viris totum
orbem terrarum haud ægrè subigerem.

VI. Cato, gravis ille censor, ægrè in-
telligebat quomodò aruspex alterum aspi-
ciens aruspicem posset non ridere. — Existimant Annibalem Romam haud ægrè expugnaturum fuisse, si Maharbalis paruisset
consilio : aliter tamen nonnulli sentiunt.

456.ᵉ RÈGLE : *A force de....* devant un
infinitif, etc.

I. SANCTA Thaïs multâ oratione, multisque lacrymis ac gemitibus suorum pecca-
torum impetravit veniam.

II. Judæi quibus diram mortem Holofernes minabatur, multo clamore multoque
fletu defatigati tacuerunt.

III. Multis suis benefactis Cyrus Titusque

imperator sibi subditos benevolos sibi fecerunt.

IV. Alexander hausto multo vino decidit,
et paulò post mortuus est.

V. Annibal, novem annos natus, multâ
precatione multisque blanditiis à patre suo
Amilcare obtinuit ut in Hispaniam ipsum
comitaretur.

VI. Si Tito Livio fidem adhibemus, Annibal multo accenso ligno, multoque infuso
aceto rupem emollivit.

457.e RÈGLE : *Pour ne pas dire....., etc.*

I. PLACIDUS et quietus, ne dicam piger
et segnis-erat junior Dionysius.

II. Mentis inops, ne dicam hebes habebatur imperator Claudius.

III. Xerxes in Græciam ingentes, ne
dicam innumerabiles duxit copias. — Liberalis, ne dicam prodigus erat ergà pauperes divus Clodoaldus.

IV. Ingenio moroso ac difficili, ne dicam
intolerabili erat Xantippe Socratis conjux.
— Aiunt imperatorem Vespasianum parcum,
ne dicam avarum fuisse.

V. Nonne Jonathas quem sui patris jusjurandum fugiebat, veniæ dignus, ne dicam
insons videbatur ? — Esaüs et Jacobus, eodem die eâdemque horà, ne dicam eodem
temporis puncto, in lucem editi sunt.

VI. Illud Alexandro vertitur gloriæ, quòd
in ipsius castris asylum tutum, ne dicam

sacratum templum , nactæ sunt Darii mater, conjux ac filiæ.

458.ᵉ Règle : *Avoir le bonheur... le malheur de...., etc.*

I. Tobiæ accidit ut amitteret visum ; at illi dein contigit ut eum recuperaret.

II. Trajano contigit ut amicos fidos nancisceretur. — Dionysio juniori acciderat ut pravè institueretur.

III. Alexandro contigit ut omnes hostes suos devinceret ; at illi accidit ut vitiis domaretur.

IV. Imperatori Constantino contigit ut veram religionem cognosceret ac amplecteretur ; illi verò accidit ut ab Arianis in fraudem illiceretur.

V. Timoleonti contigit ut bello vastatam pacaret Siciliam ; sed posteà illi accidit ut oculos amitteret.

VI. Catoni, quamvis sævâ tempestate jactato , contigit ut in Thracam salvus et incolumis appelleret ; sed illi accidit ut adveniens audiret suum fratrem modò obiisse.

459.ᵉ Règle : *Avoir lieu, sujet* ou *raison, etc.*

I. De rege Saüle querendi Davidi erat locus.

II. Vitellii matri erat lacrymandi locus, cùm audivit istum imperatorem esse.

III. Jacobi filiis erat locus Josephi iram
metuendi ; at Josephus fratribus suis injurias ab illis acceptas ignovit.

IV. Tito imperium adepto erat locus de
Domitiano fratre suo querendi ; attamen
hunc imperii consortem assumpsit, suîque
successorem declaravit.

V. In Claudio nullus inerat injuriæ dolor,
adeò ut qui illi debili ac parvo insultave-
rant, his non esset locus illum imperatorem
formidandi. — Ad sævitiam neutiquam pronus erat Dionysius junior, ità ut sit locus
dicendi, hæreditate illum potiùs quàm ingenio tyrannum fuisse.

VI. Nonne nobis erit contremiscendi locus, si perpenderimus dæmones unum ob
peccatum fuisse reprobatos ? — Josepho
historico fuit locus affirmandi, Vitellii vora-
citatem, si iste diutius regnavisset, quoslibet imperii thesauros hausturam fuisse.

460.ᵉ Règle. : *Vous ne sauriez croire...,*
vous le prendriez...., etc.

I. Dicebat imperator Titus : egomet perire malim quàm alios perdere.

II. Dictitabat imperator Antoninus : malim
ego unum servare civem quàm mille hostes
occidere.

III. Palàm dicebat truculentus Caligula :
vélim populo Romano unum à diis datum
caput : istud mox ictu uno dejicerem.

IV. Sua divo Ludovico dicebat mater :

mi fili, malim ego te mortuum amplexari, quàm uno lethali peccato te inquinatum videre.

V. Quis credat ? sævus Nero qui dicebat : velim orbem succensum videre, olim dixerat, cum chirographum capitali apponendum fuit judicio : scribere ego velim nescire. — — Jocando dicebat Augustus : malim me Herodis porcum quàm filium.

VI. Scire velim utrùm magnus Salomon salutem æternam consecutus fuerit, sancto Nilo quispiam aiebat ; ego verò, sanctus respondit, scire velim an ipse sis consecuturus. — Si prophetam Isaïam Jesu Christi mortem prænuntiantem audias, hunc evangelistam potiùs quàm prophetam existimes.

461.e RÈGLE : *Malgré* devant un nom de personne, etc.

I. AD reipublicæ munera Epaminondas semper invitus promotus est. — Pœni ex Italiâ invitum Annibalem revocaverunt. — Varro prælium invito Paulo Æmilio commisit.

II. Adrianus imperator invitus vixit diutiùs quàm optavisset. — Milites à Salomone missi invitum Adoniam ab altari amoverunt. — Regulus, suis propinquis amicisque invitis, Carthaginem rediit.

III. Divus Ambrosius ad episcopatum invitus promotus est. — Jesus Christus, quia voluit, mortuus est ; non ergò invitum illum Judæi crucifixerunt. — Hannone invito Ro-

mani potuerunt manus in mari Siculo
abluere.

IV. Joabus sanè invitus tribus recensuit.
—Volebat divus Paulus se in conspectum
dare Ephesiorum tumultuantium qui vocife-
rabantur : vivat magna Diana ; at illum invitum tenuerunt discipuli. — Scipio adhuc
juvenis, senioribus invitis, pro ædilitate
quam petebat, consulatum impetravit.

V. Fabius Maximus, consulatum primò
abnuit, nedùm ambiret. illumque posteà
sanè invitus accepit. — Alexander, interfecto Clito, sese occidisset, nî sui illum
in ipsius cubiculum præfecti invitum detu-
lissent. — Alexandri imperio ac potestati se
subjecêre Sidonii, Stratone invito qui Darii
partes amplexus fuerat.

VI. Sylla invitus accipiebat beneficia ;
quæ celeriùs quàm argentum commodatum
referebat. — Perseus confugerat in templum
ubi delitescebat ; illinc illum invitum abri-
puêre milites Romani, illumque suo cum
filio natu maximo ad consulem perduxerunt.
— Athenis servi, collectà sufficienti pecuniæ summà, vel invitis dominis suis, se
redimere poterant.

462.ᵉ Règle : *Malgré* devant un nom de
chose, etc.

I. Susanna, quamvis insons esset, capite damnata est; hanc verò Deus liberavit.
II. Darius, quamvis miti esset ingenio,

Caridemum qui sibi verum non abdiderat, ad supplicium abstrahi jussit.

III. Urbs Tyrus, quamvis septem menses acriter restitisset, ab Alexandro cui portas suas clauserat expugnata est.

IV. Per octo et triginta annorum regnum Dionysius, quamvis largè effusèque donaret, ne unum quidem amicum potuit acquirere.

V. Non veritus est Zoïlus Homeri opera vellicare, quamvis poeta ille jure celeberrimi esset nominis.

VI. Abrahamus, quamvis filium suum Isaacum toto amaret pectore, Deo parere haud dubitavit, cùm jussus est huic illum immolare. — Quamvis fames alias regiones enecaret, affatim semper fuit Ægyptiis undè viverent, imò undè aliis subvenirent gentibus.

463.e Règle : *Au haut, au milieu, au bas*, etc.

I. Tres Danielis socii mediis in flammis ambulabant Deum collaudantes.

II. Aquila, ut refert fabula, in sublimi quercu nidum fecit, feles in mediâ peperit arbore, susque nemorum cultrix, in imâ quercu fœtum posuit.

III. Adonibezec extremos pedes summasque manus amputaverat septuaginta regibus qui sub ipsius mensâ colligebant reliquias : ipsi posteà pedes extremi extremæque manus amputata sunt. — Decius sperans mor-

tem suam saluti fore suæ patriæ, se mediam in aciem immittere non dubitavit.

IV. Die quâdam cùm Moyses gregem
suum in imam solitudinem duxisset, illi
Dominus per flammam è medio dumo erum-
pentem apparuit. — Aiunt sanctum Bessa-
rionem, mediis in spinis stantem, neque
dormientem, neque innixum, quadraginta
noctes traduxisse.

V. Xantippes, Socratis uxoris, ea erat
morositas, ut nonnunquàm mediâ in viâ
suum ei auferret pallium. — Suæ vitæ adeò
timebat Dionysius ut suâ veste æream tege-
rèt loricam, et nunquàm nisi ab altâ turri
ad populum diceret.

VI. Extremos pedes summasque manus
Machabæorum natu maximo amputaverunt,
in conspectu matris ejus et fratrum, qui illius sorti invidebant, nedum vicem dolerent.
— Tyrii, contrà jus gentium occiderunt caduceatores quos Alexander miserat ut ipsos ad pacem compellerent, illosque ab
altis mœnibus medium in mare præcipita-
verunt.

464.e Règle : *Il y a, il y avoit,* etc.

I. Præclarum est injuriæ oblivisci. —
Medio in terrestri paradiso erat arbor scientiæ boni et mali.

II. Nunquàm fuit bellua imperatore Ma-
ximino crudelior. — Regnante Commodo
nullus ferè fuit martyr : quod planè mirum
videtur.

III. A capite ad calcem in Absalone haud minimum inerat vitium. — Ut sunt sapientes virgines, ità et stultæ. — Ferè quatuor ab annis regnabat Caligula, cùm Roma ab isto monstro tandem liberata est.

IV. Quàm multi sunt qui peccati pœnam formidant, nec peccatum oderunt. — In prælio ad Arbela cecidêre Persarum ferè quadraginta millia. — Ferè à tribus et viginti annis regnabat Tiberius, cùm interiit necatus veneno, aut juxtà alios, pulvinis suffocatus.

V. In Indià sunt nonnulli philosophi qui herbis, oleribus et fructibus vescuntur, cunctisque Animalibus sibi immundis abstinent. — Solummodò à duobus annis tribusque mensibus Titus regnabat, cùm obiit à cunctis Romanis desideratus. — Ad Trasimenum cecidêre Romanorum quindecim millia.

VI. Nullum est animal quod multâ curâ non mulceatur. — A tredecim ferè annis octoque mensibus Romæ regnabat Nero, cùm se ipse interemit, ut horrendum sibi imminens supplicium effugeret. — In Cannensi prælio cecidêre saltem quinquaginta millia Romanorum, Pœnorumque circiter octo millia.

Fin du Tome premier.

ERRATA DU TOME PREMIER.

Page.	Ligne.	
21.	10.	plura quàm debat, *lisez* : plura quàm dabat.
50.	22.	sacrificarum vestium, *lisez* : sacrificorum vestium.
59.	14.	pivum Ambrosium, *lis.* divum Ambrosium.
80.	21.	Corduramque, *lisez* : Cordubamque.
98.	23.	Narbazanes, *lisez* : Nabarzanes.
101.	17.	minino, *lisez* : minimo.
104.	3.	Sex annis, *lisez* : A sex annis.
113.	28.	Adrianus, *lisez* : Augustus.
116.	7.	Epheso, *lisez* : Rhodo.
118.	7.	cæteris, *lisez* : vicinis.
147.	6.	pœniteret, *lisez* : tœderet.
150.	1.	don, *lisez* : donis.
152.	21.	ducandum, *lisez* : educandum.
191.	31.	pse est, *lisez* : ipse est.
216.	10.	ntrumque alter, *lisez* : uterque alterum.
231.	16.	huic mirari, *lisez* : non mirari.
247.	14.	anim, *lisez* : animæ.
ibid.	15.	filiiæ, *lisez* : filii,...
288.	11.	rudis dux, *lisez* : peritus dux.
293.	28.	Pisiaci.... Lndovivi Remensis, *lisez* : Pisciaci.... Ludovici Rhemensis.
294.	5.	Neomus, *lisez* : Noemus.
298.	19.	Cæsarem, *lisez* : se Cæsarem.
312.	15.	orcàm, *lisez* : coràm.
332.	17.	sin rectè, *lisez* : si rectè.
ibid.	18.	si autem, *lisez* : sin autem.
335.	31.	pæstitit, *lisez* : præstitit.
358.	29.	et Pœnus, *lisez* : at Pœnus.

www.ingramcontent.com/pod-product-compliance
Lightning Source LLC
Chambersburg PA
CBHW051524060726
47597CB00001B/180